Der Autor

Gordon Smith stammt aus Schottland, wo er als siebter Sohn eines siebten Sohnes geboren wurde und schon als Kind seine übersinnliche Begabung entdeckte. Mit seiner besonderen Fähigkeit ist er zum bekanntesten Medium Großbritanniens geworden und hat Tausenden von Menschen geholfen, mit verstorbenen Angehörigen zu kommunizieren. Die BBC widmete ihm eine eigene TV-Dokumentation, und seine Bücher wurden zu internationalen Bestsellern. Gordon Smith nimmt für seine medialen Sitzungen kein Geld und geht zwischen seinen Vorträgen und Seminaren in Glasgow seinem erlernten Beruf als Friseur nach.

www.gordonsmithmedium.com

Von Gordon Smith sind in unserem Hause erschienen:

Wie man ein Medium wird
Mein Blick ins Jenseits
Medium
Spirit Messenger

Gordon
SMITH

Das Beste aus beiden Welten

Meine Lebensgeschichte als
spirituelles Medium

Aus dem Englischen übersetzt
von Gabriel Stein

Ullstein

Besuchen Sie uns im Internet:
www.ullstein-taschenbuch.de

Allegria im Ullstein Taschenbuch

Titel der Originalausgabe: *THE BEST OF BOTH WORLDS*
Erschienen 2014 im Verlag Coronet, London, UK

Ullstein Taschenbuch ist ein Verlag der Ullstein Buchverlage GmbH
Deutsche Erstausgabe im Ullstein Taschenbuch
1. Auflage April 2015

Übersetzung: Gabriel Stein
Lektorat: Marita Böhm
Umschlaggestaltung: FranklDesign, München
Coverabbildungen: Paul Gill (Porträt Gordon Smith),
John Cleare/fotolibra (Abbildung unten)
Satz: Keller & Keller GbR
Gesetzt aus der Minion
Pamo Super von Arctic Paper Mochenwangen GmbH
Druck und Bindearbeiten: GGP Media GmbH, Pößneck
Printed in Germany
ISBN 978-3-548-74629-6

Inhalt

Für meine Eltern »Lizzy« und »Sammy«:
Glasgower Dickschädel, die aufgrund dieses Buches
niemals wirklich sterben werden.
Mit Liebe und Dank von der ganzen Familie.

Einleitung

Nichts zieht unsere Gedanken tiefer in die Vergangenheit als ein Todesfall in der Familie. Er gehört zu jenen Ereignissen, durch die wir ein besseres Verständnis darüber gewinnen möchten, wer wir sind und wohin wir im eigenen Leben gehen. Ja, gewiss veranlasst uns der Tod, nach Antworten auf solche Fragen zu suchen. Genau das tat ich, als ich in der Kabine direkt über meinem Kopf die Ansage hörte, deren durchdringende Lautstärke mich in meinem Sitz förmlich nach vorn katapultierte: *Crew fertig machen zum Abflug.*

Das Begräbnis meiner Mutter sollte am nächsten Tag stattfinden. Als sie starb, arbeitete ich gerade auf einer spirituellen Tagung in der Schweiz. Die Nachricht ihres Todes hatte mich zurückgelassen mit dem schrecklichen Gefühl der Hilflosigkeit und Trennung von dem Menschen, der in meinem Leben immer völlig präsent gewesen war.

Während der vergangenen vier Tage seit der telefonischen Mitteilung meiner Schwester Joan, dass Mutter von uns gegangen war, hatte ich etliche Geschichten mit dieser sehr besonderen und doch äußerst schwierigen Frau noch einmal vor dem inneren Auge Revue passieren lassen. Sie übte nicht nur auf mich, sondern auf alle ihre Kinder einen großen Einfluss aus.

Auf jener Tagung war die Rede gewesen vom Leben nach dem Tod und dem Überleben des menschlichen Geistes; ich sollte den zahlreichen Teilnehmern die nötigen Antworten geben, worum ich mich nach besten Kräften auch bemühte, jetzt jedoch wollte ich einfach ganz in Ruhe über meine Mutter nachdenken.

Die Drinks waren soeben serviert worden, und der Fremde neben mir unternahm keinen Versuch, ein Gespräch zu beginnen, starrte nur gebannt auf seinen Gin Tonic – als läse er in einer Kristallkugel, dachte ich, ehe ich mich wieder meinen Erinnerungen hingab. Meine Mutter hatte eine derart starke Persönlichkeit, dass offenbar jeder, der ihr begegnete, den Drang verspürte, sie nachzuahmen. Sie war stets voller Elan, der ansteckend wirkte. Lizzy (unter diesem Namen kannte sie jeder in der Familie) war immer größer als das Leben – leicht zum Lachen zu bringen und ebenso leicht in Wut zu versetzen. Sicherlich würden alle Familienmitglieder zustimmen, dass unsere Mutter nie als gewöhnlich, unentschieden oder ausgeglichen zu bezeichnen gewesen wäre; sie war entweder begeistert oder niedergeschlagen, schwarz oder weiß. Bei Lizzy gab es kaum etwas, das zwischen den Extremen lag.

Auf diesem kurzen Flug von Zürich nach London muss ich die gesamte Bandbreite menschlicher Gefühle durchlebt haben. Ich lachte laut auf bei der Erinnerung daran, wie meine Mutter jenen Friseursalon in Glasgow betrat, in dem ich damals vor etwa zwanzig Jahren gearbeitet hatte. Ihr Gesicht bebte vor Zorn, als sie das Kopftuch herunterriss und eine wuschelige Masse hellgrünen Haars enthüllte. Die Farbe kontrastierte mit dem hochroten wutentbrannten Ton auf ihren Wangen und dem Weiß des Tuches, das auf ihre Schultern gefallen war. In diesem Moment ähnelte sie einer zerzausten Version der italienischen Flagge.

Meine Mutter spielte oft mit Haarfärbemitteln herum, und so war es nicht das erste Mal, dass ich mit einer derartigen Situation fertigwerden musste. In Armut aufgewachsen, hielt sie immer wieder Ausschau nach einem Schnäppchen und durchstöberte in Geschäften leidenschaftlich gern die Wühltische mit Sonderangeboten. Aber in diesem Fall hatte sie wohl ein Tönungsmittel gekauft, dessen Haltbarkeitsdatum längst abgelaufen war. So bizarr diese Szene schien, wagte ich es doch nicht, meiner Mutter ins Gesicht zu lachen. Nein, Lizzy war aufbrausend und jähzornig, weshalb all meine Familienmitglieder und Freunde darauf achteten, diese ungestüme Seite in ihr nicht wachzurufen.

»Schau dir mal meine verdammt'n Haare an. Was meinst'n, was da passiert ist?«, fragte sie. Ihre hellgrünen Augen schienen stärker hervorzutreten denn je. (Habe ich bereits erwähnt, dass Lizzy häufig fluchte?)

Das iss bloß 'n Kamm, Mutter, kein Zauberstab!, wollte ich erwidern, meinen Kamm vor ihr schwenkend. Doch das natürliche Taktgefühl des Friseurs gewann die Oberhand, und so setzte ich dessen schockierte Miene auf, sagte zu ihr, welches Pech sie hatte mit diesem schlechten Tönungsmittel, aber wie einfach es sei, das Problem zu beheben.

Ich frage mich, was sie gedacht hätte, wäre ihr bewusst gewesen, was mir – und sicherlich auch meinen Kollegen – dabei durch den Kopf ging: all die witzigen Dinge, die im selben Moment hätten ausgesprochen werden können, etwa Hinweise auf Rasenmäher oder Heckenscheren oder auf Krusty, den Clown aus den *Simpsons*. Ich stellte mir sogar eine Ziege vor, die hinter ihr stand und von dem blattartigen Haar fraß. Mein Körper war so gepeinigt von unterdrücktem Lachen, dass ich nur mit größter Mühe meine Selbstbeherrschung wahren konnte.

Ich spürte, dass der Mann neben mir in meine Richtung schaute. Wahrscheinlich fragte er sich, was diesen verrückten Typ an seiner Seite derart belustigte. Anstatt einen Erklärungsversuch zu unternehmen, vollführte ich eine jener Gesten von Leuten, die an einem öffentlichen Ort dabei erwischt werden, wie sie in sich hineinlachen. Ich hüstelte, rieb mir die Nase und schniefte heftig, als hätte ich Heuschnupfen. Wahrscheinlich wedelte ich mehrmals mit der Hand vor meinem Gesicht und warf dem Mann einen mitleiderregenden Blick zu, ehe ich zurücksank in die Erinnerungen an meine grünhaarige Mutter.

Als würde ich die Schublade einer alten vertrauten Kommode öffnen und nach etwas suchen, das sich darin befinden musste, wollte ich in Gedanken einen sanfteren Charakterzug meiner Mutter zutage fördern. Ich konnte keinen erkennen, entsann mich jedoch, welche Traurigkeit ich für sie empfand, wenn sie uns Geschichten über ihre Erziehung in den Gorbals erzählte, jenem Glasgower Bezirk südlich des Flusses Clyde, wo man zwischen den 1920er- und 1940er-Jahren in ärmlichen Verhältnissen aufwuchs. Viele solcher Geschichten bekamen meine Brüder und ich im frühen Kindesalter zu hören – etwa wie sie zusammen mit ihren jüngeren Geschwistern wartete, dass ihre Mutter am Weihnachtsabend vom Flohmarkt zurückkehrte, auf dem sie gebrauchte Kleidung verkaufte, und sehen wollte, ob ihr und den anderen Geschenke mitgebracht worden waren. Im glücklichen Fall entdeckten sie in einer mit Asche gefüllten Socke eine Orange oder eine Banane. Nie werde ich vergessen, wie mir dabei vor Mitleid schwer wurde ums Herz, wie ich die Tränen unterdrückte. Sammy und John, meine älteren Brüder, fingen an zu lachen und sie zu necken, worauf Lizzy mit ihnen lachte und hinzufügte, dergleichen sei für Leute ihrer Zeit und aus dieser armseligen Gegend ganz normal gewesen; aber ich hatte immer das Gefühl, dass während des Erzählens ein tiefer Kummer von ihr Besitz ergriff, wohl gerade wegen der Asche. Diese erschien mir gleichsam als Metapher für vergebliche Wünsche.

Ihre Zähigkeit angesichts der Dinge, mit denen sie zu kämpfen hatte, erweckte in mir das Bedürfnis, um sie zu weinen, vielleicht weil sie nie imstande war, um sich selbst zu weinen. Traurigkeit war in Lizzys Augen ein Ausdruck von Schwäche. Sie hatte gelernt, über ihre Entbehrungen zu lachen und auf Anhieb witzige Bemerkungen zu machen, die ihr eine gewisse Kontrolle über die eigene Vergangenheit verliehen. Tatsächlich hatten meine Brüder, Schwestern und ich dank ihrer Fürsorglichkeit ein sehr privilegiertes Leben, und möglicherweise wollte sie uns genau diese Einsicht vermitteln, wenn sie uns ihre Geschichten erzählte.

Der Mann neben mir starrte mich erneut an, aber das war mir jetzt, da ich Tränen von meinem Gesicht wischte, ziemlich egal. Ich überlegte, was Lizzy dazu sagen würde. Wahrscheinlich hätte ihr Ausruf gelautet: »Wo schau'n Sie denn verdammt nochmal hin?« Kurz darauf suchte ich Zerstreuung im Bordmagazin. Wie sich herausstellte, war es eher eine Art Bildschirm als Quelle für Lesestoff.

Das Signal zum Anschnallen leuchtete über unseren Köpfen auf, während die Maschine den Anflug auf London begann. Erleichtert spürte ich, dass meine Heimat näher rückte, während das Brummen und Pfeifen der großen Motoren uns sanft auf die Erde zurückbrachte. Ich musste noch den Anschlussflug nach Glasgow erreichen, um mich dem Geist meiner Mutter wirklich verbunden zu fühlen. Keine Ahnung, warum diese Empfindung auftauchte, aber sie war da. Zwar hatte ich den größten Teil meines Erwachsenenlebens damit verbracht, den Menschen mitzuteilen, dass der Geist derer, die wir lieben, uns nah ist und begleitet, wohin wir auch gehen. Obwohl ich davon nach wie vor fest überzeugt bin, hatte ich doch den Geist meiner Mutter seit ihrem Tod nicht mehr nah bei mir gefühlt.

Der Anschlussflug war auf die Minute pünktlich. Das hätte Lizzy gefallen. Im Handumdrehen saß ich wieder angeschnallt auf meinem Platz mit gesenkter Armlehne und aufrechter Rückenlehne, um mich auf den nächsten Start vorzubereiten.

Mir fiel auf, dass es draußen zu dunkeln begann, als wir in den dunstig grauen Himmel über London emporschnellten. In dem Maße, wie das Flugzeug sich vorwärts bewegte, liefen meine Erinnerungen rückwärts, und ich wusste auch, warum. Ich wollte mein Gedächtnis nach jeder wertvollen Reminiszenz an das Leben meiner Mutter durchsuchen, die lustigen ebenso aufspüren wie die traurigen – und vor allem jene, die Lizzy genau erfassten und zu der Frau machten, wie jeder sie kannte.

Ich war gebeten worden, beim Trauergottesdienst über sie zu sprechen, und wünschte mir eine besondere Rede, denn trotz ihrer Fehler bedeutete sie uns wirklich alles. Einige Ereignisse aus ihrem Leben sollten in so authentischer Weise wiedergegeben werden, dass sie für einen weiteren Moment fühlbar bei uns war. Schließlich wollte ich ihr Gerechtigkeit widerfahren lassen und jeden an die wesentlichen Qualitäten und Stärken erinnern, die sie im Laufe ihrer sechsundachtzig Jahre auf dieser Welt gezeigt und hoffentlich an uns weitergegeben hatte.

Als ich mich langsam an die neue Umgebung gewöhnte, kam mir der Gedanke, wie stark Lizzy sowohl physisch als auch mental in ihrem ganzen Leben gewesen war. Auf diesen Aspekt würde ich mich in meiner Rede gewiss konzentrieren. Wie sanfte Wellen zogen Erinnerungen durch meinen Kopf und gaben mir zu verstehen, dass eine wichtige Botschaft an die Oberfläche kommen wollte.

Plötzlich sah ich mich als kleinen Jungen. Ich war ungefähr drei Jahre alt und hielt die Hand meiner Mutter, die neben mir ging. Ich erinnerte mich, dass ich zu ihr aufschaute und redete – ja, zweifellos redete ich, denn meine Mutter hatte stets betont, dass ich vom ersten Augenblick an, da ich sprechen lernte, nie mehr den Mund hielt. Danke, Lizzy.

Wir beide setzten den Weg fort, bis ein vertrautes Gebäude in unseren Blick geriet – das Haus, in dem wir damals und die meiste Zeit meiner Kindheit wohnten: 97 Mansel Street im Stadtteil Balornock, ein großer schwarzer Kasten mit vier Apartments auf der nördlichen Seite von Glasgow. Dorthin waren wir umgezogen, als ich zwei war, weil Papa unbedingt einen Garten wollte. Seltsam, wie lang der Zugang zur Haustür in meiner Erinnerung schien, obwohl er in Wirklichkeit nur etwa fünf Meter maß.

Dann tauchte aus dem Nirgendwo ein schreckliches Ereignis auf, das ich ganz gewiss erlebt hatte, das aber aus irgendeinem mir unerfindlichen Grund in den fernen Tiefen meines Innern verborgen geblieben war. Ich stand auf jenem schwarz geteerten Gartenpfad, als eine heftige Regung mich überkam. Heute ist mir bewusst, dass ich dieses Gefühl zum ersten Mal empfand: Angst. Und mir dämmerte, warum ich mich so sehr fürchtete: Meine Mutter hatte unversehens meine Hand losgelassen. Im Rückblick erkannte ich, dass jenes Kind, das ich beobachtete, die Angst seiner Mutter gespürt haben musste, wohl infolge der abrupten Art, wie sie sich von ihm freimachte. Ich war erfüllt von der Angst des Kindes.

Lizzy ging nun langsam in unser leeres Haus und rief laut: »Wer iss da? Ich weiß, dass jemand hier drin iss.« Als ich mir die Szene vergegenwärtigte, war es, als spürte ich das Adrenalin durch den Körper meiner Mutter schießen. Vorsichtig bewegte sie sich weiter durch den schmalen Flur. Ein Kraftfeld nervöser Stärke, das zu pulsieren schien, hatte sich rings um sie gebildet, und als kleiner Junge fühlte ich mich mit dem Rhythmus dieses Pulsschlags verbunden. Dann verschwand Lizzy in einem der drei Schlafzimmer, das an den Flur grenzte. In diesem Moment vergrößerte sich noch die Angst des Kindes, weil es die Mutter aus den Augen verlor. Merkwürdig war, dass ich seine Angst von jener der Mutter unterscheiden und wahrnehmen konnte, in welcher Weise sie voneinander abwichen. Beide Ängste waren verknüpft und zugleich getrennt. Vor dem inneren Auge sah ich eine Löwin, die die drohende Gefahr wittert und sich anschickt, ihr Junges zu verteidigen, was immer auch geschehen mochte.

Meine Mutter wusste, dass an jenem Tag ein Fremder in unserer Wohnung war, weil sie bei unserer Rückkehr vom morgendlichen Einkauf bemerkt hatte, dass die Eingangstür einen Spaltbreit offen stand. Was ging ihr durch den Kopf, als sie sich in diese unbekannte und potenziell äußerst gefährliche Situation begab? Viele Leute hätten die Flucht ergriffen oder um Hilfe gerufen, aber meine Mutter war nicht wie andere, zumal wenn ihr Heim oder ihre Kinder betroffen waren.

Die völlige Stille, die inzwischen eingetreten war, wurde jäh durchbrochen von einem ohrenbetäubenden Brüllen, wie ich es später noch häufig hören sollte: »Ahhrrrrrrrrr!« Die Jagd war vorbei, und der laute Schrei war der meiner Mutter. Sie hatte einen jungen Mann ertappt, der sich unter einem der Betten versteckte. Hinterher erfuhr ich, dass er in unsere Wohnung eingedrungen war, um aus der Garderobe meines ältesten Bruders Tommy Kleidungsstücke zu stehlen, wobei wir ihn durch unsere Ankunft gestört hatten. Ihm blieb keine Zeit mehr, um einen klaren Gedanken zu fassen. Er wollte gerade durch die Eingangstür Reißaus nehmen, als er mein Geplapper hörte und hastig unters nächste Bett kroch – wahrscheinlich in der Hoffnung, zu entkommen, sobald wir uns im Wohnzimmer aufhielten.

Aus der Sicht des Kindes konnte ich jetzt nur einen Körper erkennen, der sich über einen anderen beugte, und dieser kroch und krabbelte über den Boden unseres Flurs, wurde geschlagen und getreten wie ein alter Hund.

»Du Dreckskerl, ich bring dich um, du verfluchter kleiner Tagedieb!«

»Bitte, Mrs Smith, bitte lass'n Sie mich lauf'n, tut mir leid.«

Der junge Mann rollte durch die Eingangstür, krümmte sich und rappelte sich auf, hielt sich den Magen mit der einen Hand, wollte mit der andern noch immer sein Gesicht schützen, während er an mir vorbeizueilen versuchte.

»Leid tut's dir? Dir wird's noch mehr leidtun, wenn unser Tommy nach Haus kommt, du verdammter feiger Gauner!«

Es handelte sich um einen unserer Nachbarn, der wusste, dass die Prügel meiner Mutter nichts waren im Vergleich zu dem, was mein Bruder ihm später antun würde.

Es war eine andere Zeit und eine andere Generation, die mit den Dingen des Lebens auf andere Weise verfuhr.

»Stärke und Mut«, flüsterte ich vor mich hin, als mir wieder einfiel, wie schnell Lizzy die Einkaufstüte vom Gartenpfad holte, nachdem der Einbrecher davongeschlichen war. Zuvor hatte sie die Tüte neben mir stehen lassen, um ihn zu ergreifen. Dann sah sie zu mir herab, als wäre ich eine weitere Einkaufstüte, die sie abgesetzt hatte, und sagte: »Los, mach schon, komm rein, ich kann nicht den ganzen verdammten Tag hier rumsteh'n.« Sowohl in der Gegenwart wie auch als Kind in der Erinnerung fühlte ich mich voller Energie; ein überschwängliches Gefühl in den Eingeweiden, gepaart mit der Gewissheit, dass man von dieser starken Person wirklich beschützt wurde. Mit drei Jahren weiß ein Mensch nicht, was richtig und was falsch ist, wohl aber, ob er beschützt wird. Das war die Art, wie meine Mutter ihre Liebe zeigte.

Die Maschine setzte nun zum Sinkflug an, und es erleichterte mich, ein Thema zu haben, auf das ich meine Rede aufbauen konnte. Unter mir tauchten die Lichter von Glasgow auf, ein weithin sichtbares orangefarbenes Meer. Als wir in die ersten Turbulenzen gerieten, wusste ich, dass ich meiner Heimatstadt nah war. Sicherlich ist im Himmel über Glasgow ein Loch, denn selbst bei klarer Nacht wird das Flugzeug auf dem Weg zur Landebahn immer über den Campsie Hills hin und her geworfen. Der Stoß rüttelte mein Denken wach, und mir wurde bewusst, dass ich zum ersten Mal ohne Lizzys physische Gegenwart in Glasgow sein würde. Ein weiterer Schlag, ein Scheppern, ein Ruck. Die Stöße fühlten sich an wie die Klapse oder Ohrfeigen meiner Mutter, die mir damit zu verstehen gab, dass ich nicht so denken oder handeln sollte. Manchmal konnte sie äußerst streng sein, dann wieder beruhigend wirken, wenn man es brauchte.

Während der Landung stiegen vielerlei Gedanken, Erinnerungen und Überlegungen in mir hoch. Mit vier Jahren befand ich mich an einem geschäftigen Samstagnachmittag mit Lizzy im Zentrum von Glasgow. Es war eine meiner frühesten und emotional am stärksten aufgeladenen Erinnerungen. Wie üblich hielt ich ihre Hand fest, das hatte sie mir immer wieder beigebracht. Ich sah mich um, musterte all die Leute in der belebten Straße. Dieser Anblick erfüllte mich mit Aufregung und Staunen. Plötzlich ließ ich aus irgendeinem Grund die Hand los. Ein oder zwei Sekunden lang war mir, als käme in der Straße voller Menschen, die in mehreren Richtungen an mir vorbeieilten, die Welt zum Stillstand: Das hektische Treiben ringsum war zu viel für einen Vierjährigen. Dann erst *wurde mir klar*, dass ich Lizzys Hand losgelassen hatte und ganz auf mich allein gestellt war. Die gleiche Angst ergriff mich jetzt bei dem Gedanken, meine Mutter zu verlieren, und zum zweiten Mal in den vier Tagen, seit ich die Nachricht von ihrem Tod erhalten hatte, kam ich mir so hilflos vor wie jener kleine Junge in meiner Erinnerung.

Ich entsann mich, wie ich aus purem Entsetzen »Mami, Mami, Mami, Mami, Mami!« schrie, und empfand diesen schrecklichen Moment so, als wäre er gestern gewesen. Mitten auf der überfüllten Argyll Street hielten Passanten inne und reagierten. »Hat wer 'n kleinen Jungen verlor'n?«, rief jemand über die Köpfe der Menge hinweg, und sofort war Lizzy zur Stelle, brüllte und fluchte. Sie kauerte sich vor mich, hielt mich an beiden Armen, wahrscheinlich genauso erleichtert wie ich, und sagte: »Alles okay, ich hab dich jetzt, Sohn.« Ich war in Sicherheit. Wie merkwürdig, dass mich gerade in dem Augenblick, als das Flugzeug in Glasgow landete, das gleiche Gefühl von Erleichterung überkam, wieder bei meiner Mutter zu sein. Es spielte keine Rolle, dass ich nun fünfzig Jahre alt war oder dass ich etwas wusste vom Leben nach dem Tod. Während ich die Stimme des Chefstewards sagen hörte: »Meine Damen und Herren, willkommen in Glasgow!«, fühlte ich mich wirklich wie jener kleine Junge, der von seiner Mutter wohlbehalten in Empfang genommen worden war.

* * *

Mutter, Musik und Chaos

Es war der Sommer 1966, und ich war vier Jahre alt. Ein sehr heißer Tag, alle Fenster im Haus geöffnet und die Straße erfüllt von Geräuschen spielender Kinder. Einige Jungen kickten einen aufgeplatzten Lederfußball von einem Bürgersteig zum andern, während ein Hund dem alten, luftleeren Objekt hinterherjagte und in tiefer Frustration dauernd bellte.

Weiter unten auf dem Bürgersteig spielten Mädchen mit Hüpfseilen und sangen beim Springen kleine Lieder wie dieses: *»On the mountain stands a castle and the owner Frankenstein with his daughter Pansy Potter she my only valentine.«* (Auf dem Berg, da steht ein Schloss und der Schlossherr Frankenstein mit der Tochter Pansy Potter, mein geliebter Sonnenschein.) Von meinem Aussichtspunkt in unserem Wohnzimmer konnte ich vieles überblicken, was in der Straße vorging, und der Lärm, der aus verschiedenen Richtungen kam, schien voller Lebenskraft und Freude. Alles Geschehen schien das auszudrücken, was für mich nichts anderes bedeutete als LEBEN.

Meines Erachtens habe ich ein gutes Gedächtnis, aber die meisten Erinnerungen an mich im Alter von vier Jahren sind, gelinde gesagt, bruchstückhaft. Aus irgendeinem seltsamen Grund ist mir jedoch die folgende Situation deutlich gegenwärtig. In einem Zimmer schmetterten die Beatles ihren neuesten Top-Hit, während mein ältester Bruder Tommy laut mitsummte und sich zum Ausgehen fertig machte. Aus einer anderen Richtung hörte ich ein Stück von Diana Ross und den Supremes, die mit den Beatles konkurrierten, derweil meine Schwester Betty ihrem Song zu folgen und mitzusingen versuchte. Meine Mutter hingegen konnte den ganzen Radau noch übertreffen, indem sie rief: »Sammy, sag denen, sie soll'n die verdammte Musik ausmach'n, ich kann hier ja nicht mal mehr meine eig'nen Gedanken hör'n!«

Es muss ein Sonntag gewesen sein, denn nur an diesem Tag der Woche schienen Vater und Mutter gleichzeitig in der Küche zu sein. Ich kann mich nicht daran erinnern, dass er in meinen frühen Jahren häufig da gewesen wäre. Nicht weil er ein abwesender Vater war, nein, sondern weil er all die von Gott gewährten Stunden arbeitete und gewöhnlich eine Art von schwerer körperlicher Tätigkeit ausführte. Den Sonntag verbrachte er gern mit der Familie und half Lizzy oft, das Mittagessen zuzubereiten, oder spielte mit einigen von uns im Haus oder im Garten, was uns natürlich am besten gefiel.

»Lizzy, um Himmels willen, die sind doch noch jung, lass sie ihre Musik spiel'n«, erwiderte er beschwichtigend.

Von der Stimmung meiner Mutter hing es ab, wie sie darauf reagieren würde. Wenn sie angespannt war, konnte sie dagegenhalten: »Meine Nerven lieg'n blank, also mach dies'n Mist aus!«

Während meiner gesamten Kindheit klagte meine Mutter ständig über ihr Nervenkostüm. Sie fluchte wie ein Landsknecht, aber bestimmte Worte kamen ihr nie über die Lippen. Was immer mit Geschlechtsteilen oder Frauenleiden zu tun hatte, durfte keinesfalls ausgesprochen und schon gar nicht erörtert werden. Wenn Lizzy dagegen glücklich war, lächelte sie Papa manchmal einfach an, schüttelte den Kopf und gab einen lauten Seufzer von sich. Bisweilen versuchte sie sogar, den Text eines Liedes mitzusingen, wenn sie es mochte – meine Mutter war, wie Betty, eine sehr gute Sängerin. An diesem besonderen Tag sang sie, und das war einer der wunderbarsten Augenblicke meiner frühen Kindheit: die ganze Familie vereint und die Luft rings um mich von Harmonie erfüllt.

Diese Erinnerung verbinde ich mit dem Gefühl, zum ersten Mal glücklich zu sein in der Welt. Sie hebt sich deutlich ab von anderen Erinnerungen an viel härtere emotionale Erfahrungen. Wenn ich auf mein junges Leben zurückblicke, empfinde ich gewiss eher Angst und Wut als Freude. Das wusste ich damals nicht, aber ich war ein sensibles Kind. Nicht weichlich oder zimperlich, doch äußerst empfänglich für die Atmosphäre, die mich umgab.

Im Sommer 1966 war ich gerade vier Jahre alt geworden und das jüngste von sieben Kindern: Tommy, Betty, Joan, Agnes, Sammy, Jonny und schließlich ich. Nach mehrmonatiger erfolgloser Behandlung eines Magenleidens war Agnes, nicht einmal zweijährig, einige Jahre vor meiner Geburt gestorben. Wir anderen lebten dicht aneinandergedrängt in dem Haus im nördlichen Teil von Glasgow. Und als wären wir nicht schon zahlreich genug gewesen, wohnte auch noch meine Cousine Sandra – zu jener Zeit etwa achtzehn oder neunzehn Jahre alt – bei uns. All diese menschliche Energie konnte eine Quelle der Freude sein, wenn der Alltag reibungslos und harmonisch verlief, aber auch ziemlich explosiv werden, wenn zwischen uns Konflikte ausbrachen.

Eine weitere frühe Erinnerung stammt aus der Zeit, als ich ungefähr sechs war. Sandra ärgerte sich zunehmend über die Art und Weise, wie der zehnjährige Sammy sein Abendessen verspeiste. Er konnte ein echter Störenfried sein, der die Leute gern schockierte, besonders die älteren Familienmitglieder. In jener Situation schlürfte er absichtlich seine Speise, wohlwissend, dass Sandra davon wirklich genervt wäre, und sich taub stellend, sobald sie ihn aufforderte, derlei zu unterlassen.

»Sammy, das dreht mir total 'n Magen um!«

»Ich tu doch gar nix!«

»Ich schwör bei Gott, dass ich dir deinen blöd'n Schädel einschlag!«

Vielleicht geschehen solche Dinge in allen großen Familien, aber was dann folgte, war bestimmt eher ungewöhnlich. Beim Abendessen saßen wir alle, wo sich uns Platz bot, im Wohnzimmer herum, balancierten die Teller auf dem Schoß und schauten meistens fern – die Serie *Crossroads* oder was sonst gerade lief. Ich merkte, wie sich mein Magen zusammenzog, bis mir schließlich der Appetit verging. Meine Mutter kam aus der Küche herein, wo sie für jeden die Speise zubereitet hatte. Sie hatte jene typische irische Blässe, die sich vor Ärger leicht rot färbte. Jetzt war sie knallrot, atmete hastig und schrie mich an:

»Iss die verdammte Mahlzeit, die du dir gewünscht hast!«

Ich war zu jener Zeit ein sehr wählerischer Esser – Gemüse schmeckte mir nicht – und bedurfte anderer Kost als die übrigen Familienmitglieder. An dem Tag lag vermutlich ein in Milch gekochter Fisch auf meinem Teller.

Doch diesmal war mein mangelnder Appetit auf die ringsum herrschende Spannung zurückzuführen. Ich ahnte, dass augenblicklich etwas Schlimmes passieren würde. Die Sticheleien zwischen meinem Bruder und meiner älteren Cousine genügten, um bei meiner Mutter schnell die Sicherungen durchbrennen zu lassen. Mit jedem weiteren Kommentar schien sich die Atmosphäre im Raum noch stärker aufzuladen.

»Sammy«, sagte Sandra, »hör lieber auf damit! Ich warn dich. Wenn du das nochmal machst, kriegste 'ne Tracht Prügel, du kleines Miststück!«

Sobald Sandra wütend wurde, traten ihre Augen hervor, was ihr ein ziemlich furchterregendes Aussehen verlieh. Aber da Sammy nie den Anfeindungen von jemand anders nachgab, fuhr er in seinem Treiben fort und sah mit dem unschuldigsten Gesichtsausdruck zu unserer Mutter auf.

»Mama, weiß nicht, was die meint, ich tu überhaupt nix, Ehrenwort. Die denkt sich irgendwas aus – und iss total übergeschnappt.«

So ging es weiter, bis Lizzy schließlich genug hatte und explodierte.

»Was seid ihr nur für Dreckschweine!«

Ein Teller voller Essen krachte gegen die Wand und zersplitterte in tausend Stücke, direkt über der Stelle, wo mein Bruder saß. Mutter hatte das Porzellan Sammy und Sandra entgegengeschleudert, ohne darauf zu achten, wen sie damit treffen würde. Ehe irgendein Protest sich erheben konnte, hatte sie die eine Hand um Sandras Kehle gelegt, während die andere in Sammys Richtung schlug. Joan, Betty und Jonny gelang es, auszuweichen und in den Flur zu entkommen, aber ich, starr vor Schreck, blieb wie angewurzelt auf meinem Stuhl. Mittlerweile war das ganze Essen über den Boden verteilt, da Cousine und Bruder wild gestikulierten, um sich zu schützen. Lizzy hielt den beiden eine Strafpredigt, die zugleich eine Art Monolog war und im Rhythmus der ausgeteilten Schläge erfolgte:

»Ich-hab's-euch-schon-mal-gesagt-hab-euch-Lumpenpack-tausendmal-eingetrichtert-dass-ich-beim-Abendessen keinen-Streit-will!«

Ihre Tobsucht war ausgebrochen, und die verzweifelte Reaktion des Sohnes bestand im Gegenangriff.

»'s iss bloß wegen ihr, Mami, die iss einfach durchgeknallt!«, brüllte Sammy von irgendwo unter dem Körper meiner Mutter hervor.

»Halt-dein-verdammtes-Maul-wenn-ich-dich-verdresch-du-elende-Nervensäge!«, erwiderte Lizzy, während sie ihn weiter malträtierte.

Sandra hingegen verstand sich offenbar darauf, stillzuhalten und die Schläge einzustecken. Sie wusste, dass die leidige Sache schneller vorbei wäre, wenn sie sich zusammenkrümmte und keine Silbe sagte.

Ich erinnere mich nicht genau, wie oft sich solche Szenen während meiner frühen Jahre ereigneten, aber es waren gewiss viele. Zweifellos fühlte ich die emotionalen Auswirkungen dieser Szene und anderer Streitigkeiten so tief in mir, dass ich heute den jeweiligen Vorfall noch einmal durchlebe, wenn ich davon erzähle. Jede Empfindung der groben Wirklichkeit, die den damaligen Moment kennzeichnete, ist mir deutlich bewusst und füllt mich aus. Es ist, als würde ich blitzschnell zurückbefördert in die Vergangenheit, an die früheren Orte.

Nachdem Lizzy die beiden endlich losgelassen hatte, eilte sie in die Küche, um Lappen und Schaufel zu holen und die Unordnung zu beseitigen. Dabei redete sie erneut laut vor sich hin. Unterdessen richtete Sandra sich mühsam wieder auf, wandte sich mit rotem Gesicht und wirrem Haar Sammy zu und brach in hysterisches Lachen aus. Sie konnte nicht aufhören damit, und ihr schallendes Gelächter war äußerst ansteckend. Dann fiel sie auf die Knie, wobei ihr Tränen über die Wangen liefen. Sie lachte derart heftig, dass ihre Schultern zitterten und manchmal der Eindruck entstand, als würde sie nicht mehr atmen, nur um sogleich wieder prustend loszulachen. Sie schaute mich an, und ich lachte mit ihr, obwohl ich gar nicht wusste, warum eigentlich. Vielleicht um die Anspannung zu lösen? Zugleich aber fürchtete ich mich davor, Lizzy könnte zurückkommen, uns ertappen und abermals außer sich geraten. Sandra indes lachte einfach weiter und drehte völlig durch, als Sammy, der den Witz nicht verstand, ihr zurief: »Du blöde Kuh, ah, ich hasse dich!«

Daraufhin rannte er aus dem Wohnzimmer, während sie und ich vor Lachkrämpfen über den Boden rollten. Es stellte sich heraus, dass meine Mutter Sandras Lachen irrtümlicherweise für Weinen hielt und meinen Schwestern im anderen Zimmer aufgeregt mitteilte, derlei würde jedem widerfahren, der sie in Rage brächte und ihre Warnungen nicht todernst nähme.

Im Rückblick erkenne ich natürlich, dass all diese Geschehnisse auch ihre komischen Seiten hatten. Die Schilderung einer solchen Szene erinnert an Kaspertheater wie *Punch and Judy* oder an alte Slapstickkomödien, aber zu jener Zeit war ich vor Angst wie gelähmt. In diesem Zustand verbrachte ich den größten Teil meiner Kindheit, betete dafür, dass die Auseinandersetzungen enden mögen, oder befürchtete, sie könnten erneut beginnen. So zog ich mich tief in meine Innenwelt zurück und versuchte, mit den Gedanken abzuschweifen, irgendwo anders zu sein.

***

In unserer Familie gab es viele Kämpfe, aber egal, wie heftig wir innen und außen rangen, schlossen wir uns doch immer wieder zusammen, wenn jemand anders unsere Gemeinschaft bedrohte. Selbst Sammy und Sandra legten dann ihre Streitigkeiten bei. Lizzy war natürlich besonders ungestüm.

Der erste dieser Kämpfe ereignete sich, als ich noch ein Baby war und auf Armen herumgetragen wurde. Wie mein Bruder Tommy erzählte, stand eines Morgens eine stämmige Nachbarin aus der Straße, in der wir damals wohnten, vor unseren Fenstern und schrie nach oben:

»Mrs Smith, Mrs Smith, komm'n Sie sofort runter, ich will mit Ihnen red'n.«

Tommy hatte das Gebrüll gehört und erkannt, dass es von der Mutter eines Jungen stammte, mit dem er sich angefreundet hatte. Ihm sei fast schlecht geworden, denn er hatte nichts Gutes im Schilde geführt. Meine Mutter befand sich gerade auf dem Treppenabsatz im zweiten Stock, hielt mich auf dem Arm, redete mit Mrs MacKay, die unter uns wohnte, und merkte nicht, dass sie von jener Frau angeschrien wurde:

»Ihr Sohn, dieser verdammte Gauner, hat meinen Sohn beklaut. Wenn Sie nicht runterkomm'n mit Ihr'm Verbrecher, komm ich hoch und schleif Sie raus, hab'n Sie mich gehört?«

Kampfsprache, in der Tat.

In dem Augenblick, da meine Mutter mitbekam, was los war, wusste Tommy, dass Unheil drohte, und hielt es für am besten, die Initiative zu ergreifen.

»Mama, da iss 'ne Frau draußen, die ruft, ich hätt was gestohl'n. Ehrlich, Ma, das war ich nicht, ich schwör's.«

Als Lizzy ihr Gespräch mit Mrs MacKay abgebrochen habe, um ihn zu befragen, sei das Gezeter von draußen in den Eingang unseres Wohnhauses geplatzt.

»Okay, wo iss dieser verfluchte Dieb, liefern Sie ihn mir aus!«

Die Frau eilte die Stufen hoch, das Gesicht leuchtend rot vor Wut.

»Wo iss er denn, versteckt der sich vielleicht im Klo und hat die Hos'n zu voll, um rauszukommen und sich zu stell'n?«

Meinem Bruder zufolge passierte dann alles sehr schnell und ohne Umschweife.

»Scher dich zum Teufel«, erwiderte Lizzy, machte offenbar eine halbe Körperdrehung und schlug eine kurze rechte Gerade, die direkt auf dem Kinn ihrer Gegnerin landete. Dadurch fiel diese in der Ecke des unteren Treppenabsatzes auf ihr Hinterteil. All das geschah, während Lizzy mich mit dem linken Arm an sich presste und zugleich noch imstande war, beim Reden ihre Zigarette zwischen den Zähnen festzuklemmen.

»Mein Sohn iss kein verdammter Dieb, also zieh Leine, raus

hier, wenn du nicht willst, dass ich den Kleinen da ableg und dich so richtig in die Mangel nehm!«

Ein anderes Mal – ich war etwa fünf – spielte ich Fußball im Garten und hatte meine Jeansjacke am Zaun des Nachbarn aufgehängt. Als der Ball erneut in seinen Garten flog, gab er seinem Ärger dadurch Ausdruck, dass er meine Jacke auf den Boden schleuderte und mich ermahnte, nie wieder Bälle in seinen Garten zu kicken. Plötzlich schoss meine Mutter aus dem Haus und streckte mit einem heftigen Schlag diesen Mann nieder, der doppelt so groß war wie sie. Als er auf dem Rücken lag und mit den Beinen in der Luft herumstrampelte, stand Lizzy breitbeinig über ihm und befahl ihm, meine Jacke aufzuheben, was er dann auch unterwürfig tat. Bei Lizzy gab es keine Widerrede. Sie maß nur eins sechzig, kämpfte aber mit ihren Fäusten wie ein Mann.

Der erste Kampf, an dem ich direkt beteiligt war, fand irgendwann im Jahr 1967 statt. Das Datum ist mir deshalb in Erinnerung, weil ich eine Schulkrawatte trug, also musste ich bereits in die Grundschule von Balornock eingetreten sein. Der Kampf richtete sich gegen eine andere Familie in unserer Straße, die Urquharts.

Meine Schwester meint, es sei ein Freitagabend gewesen. Sie machte sich gerade zum Ausgehen fertig. Betty war eine Blondine mit großen blauen Augen, damals ungefähr siebzehn Jahre alt. Sie sang in Pubs oder Klubs und nahm manchmal an Gesangswettbewerben teil. Sie erübrigte ziemlich viel Zeit für ihr Outfit, Frisur und Make-up, damit sie auf der Bühne so gut wie möglich aussah. Man bedenke, es waren die 1960er-Jahre, und allein die künstlichen Wimpern anzukleben dauerte mindestens eine Stunde.

Wieder spielte ich Fußball, diesmal mit meinem Freund Ian Harvey in unserem vorderen Garten. Nichts schien ungewöhnlich. Die Harveys wohnten neben uns, und seine wie meine

Mutter sprachen miteinander, während sie den Weg fegten. Plötzlich kam ein älteres Mädchen namens Anna Barr schreiend in unsere Richtung gelaufen.

»Mrs Smith, Mrs Smith, beeil'n Sie sich! Zwei Jungs raufen mit Sammy! Sie sollten ihm aus der Patsche helf'n, denn die andern sind größer, es sind die Urquharts!«

Meine Cousine Sandra, die rauchend vor der offenen Haustür stand, hörte dies ebenfalls und rief meiner Schwester zu:

»Betty, beweg dich, einige Dreckskerle schlagen unsern Sammy, es sind die verflucht'n Urquharts!«

Sie schnippte ihre Zigarette weg und rannte den Weg hoch, nachdem Lizzy schon losgerast war, kampfbereit die Bürste in der Hand. Ich, der in diese Sache mit hineingezogen wurde, jagte ihnen hinterher. Dann tauchte mein Bruder Jonny aus dem Nirgendwo auf, überholte mich und peilte das Ende der Straße an, wo die Familie Urquhart lebte.

Eine kleine Gruppe hatte sich versammelt, um zuzuschauen, wie Sammy, erst etwa neun Jahre alt, mit den beiden Urquhart-Brüdern kämpfte, die, weit über zwanzig, gerade von der Arbeit nach Hause gekommen waren. Seltsame Vorstellung, aber die Leute taten früher solche Dinge, bildeten einen Kreis um die Kampfhähne, benahmen sich wie Zuschauer und riefen ihnen manchmal sogar aufmunternde Worte zu. Wenn ich mich recht entsinne, sah es überhaupt nicht danach aus, als würde mein älterer Bruder zusammengeschlagen. Vielmehr hielt er wacker stand, aber zwei gegen einen ist niemals fair. Bis ich den Schauplatz erreicht hatte, waren sämtliche Mitglieder der Familie Urquhart auf die Straße getreten: Sie waren ebenso viele wie wir, wenn nicht noch mehr.

Lizzy und Sandra gingen direkt auf das Haus der Urquharts zu. Sandra griff sich die Mutter, brachte sie zu Boden und rief: »Lizzy, willste auf die eindresch'n?«

Unterdessen flitzte Lizzy in die Küche, griff sich eine Bratpfanne, schlug damit einem der Söhne ins Gesicht und brüllte die Mutter an: »Schau dir bloß diese verschmierte Bratpfanne an, du dreckige, versaute Schlampe!«

Daraufhin wurde ich von Cathy, der Jüngsten der Urquharts, die nur ein Jahr älter war als ich, an der Krawatte gepackt und herumgewirbelt. Mein erster Kampf sollte also gegen ein Mädchen ausgetragen werden. Die Kleine drückte mir die Luft ab und zerrte mich zugleich an den Haaren. Meiner Erinnerung nach war es Betty, die mich rettete. Stark geschminkt, mit frisch gesprayter Frisur und in voller Montur für den Nachtklub warf sie sich ins Getümmel, wo ihr ein anderer Urquhart als Erstes einen Eimer mit schmutzigem Wasser übergoss und sie von Kopf bis Fuß durchnässte. Mit schriller Stimme schrie sie auf.

Die ganze Angelegenheit endete abrupt, als die Polizei eintraf. Die Kämpfenden wurden getrennt, ebenso die verfeindeten Familien. Niemand war schlimm verletzt, nur hier und da ein paar Prellungen und aufrecht stehende Haare, besonders die meinen. Außerdem erinnere ich mich, dass meine Krawatte enger um den Hals gezogen war. Aber alles in allem ging die Sache glimpflich aus, auch weil niemand Anzeige erstatten wollte … Beide Mütter kamen mit einer scharfen Rüge und Verwarnung durch einen Polizeibeamten davon, der offenbar erkannt hatte, dass die zahlreichen Personen nicht in seinen kleinen Kombi passen würden. Der einzige echte Verlust bestand in Bettys ruinierter Frisur und zerlaufener Schminke. An diesem Abend war ihr das Schicksal nicht gewogen, und sie musste sich damit begnügen, zu Hause zu bleiben.

Erneut lachen wir alle im Rückblick auf solche Situationen, weil sie wahrscheinlich äußerst komisch wirkten, aber wir lebten an einem Ort und in einer Zeit, wo man Meinungsverschiedenheiten handgreiflich klärte, ohne mit der Wimper zu zucken.

Mein armer Vater bekam oft nicht einmal die Hälfte derartiger Vorfälle mit, während er auf der Arbeit war. Wenn er abends nach Hause kam, hatten sich die Gemüter wieder beruhigt. Mutter befahl uns, ihm nichts zu sagen und für eine friedliche Atmosphäre zu sorgen, damit er unbehelligt sein Abendessen einnehmen könne. Dachte er etwa, wir wären kleine Engel? Ich weiß es nicht.

Doch im Gegensatz zu meiner launenhaften Mutter war er geradezu nachdenklich. Lizzy war eine ebenso ungestüme wie beschützende Kraft, er wirklichkeitsnah, stark und mutig, sodass man sich in seiner Gegenwart zwangsläufig sicher fühlte und den anderen auch mehr Respekt erwies. Wenn er das Zimmer betrat, verstummten wir alle. Er brachte uns bei, die Hausaufgaben zu machen, und überprüfte sie, bevor wir zu Bett gingen. Er zeigte uns, wie man die Krawatte für die Schule bindet oder die Uhrzeit liest, und machte uns mit vielerlei Dingen vertraut, die einem liebevollen Vater am Herzen liegen. Er erzählte uns Geschichten über seinen Dienst in der Marine und all die Orte, die er gesehen hatte, bereicherte unser Vorstellungsvermögen mit exotischen Bildern, die für angenehme Träume und ruhigen Schlaf sorgten. Ja, unser Vater war ein guter Mensch.

Manchmal setzte er mich auf sein Knie und sang schottische Liedchen. Ich erinnere mich an den Duft von Brylcreem, sein bevorzugtes Haargel, und von Arbeit – an Overalls und Ölgeruch. Obwohl ich sehr früh zu Bett gebracht wurde, widmete er mir immer etwas Zeit, ehe ich einschlief. Außerdem habe ich angenehme Erinnerungen daran, wie er mich und meine beiden älteren Brüder Jonny und Sammy auf Tagesausflüge zur Küste in Ayrshire mitnahm, im Sommer oder an Feiertagen auf Bootsfahrten über den River Clyde. Er liebte es, seine Kinder glücklich zu machen, und bis zum Tag seines Todes wurde er von ihnen vergöttert.

Sicherlich war er kein Heiliger – ja ich *weiß*, dass er es nicht war –, verfügte jedoch über einige kostbare Werte, die er an uns weiterzugeben versuchte.

Im Gegensatz zu meiner Mutter wollte mein Vater immer eine diplomatische Lösung finden. Wenn etwa Sammy in einen Kampf verwickelt war, ging er mit ihm zu den Eltern des anderen Jungen, und gemeinsam sprachen sie darüber, was vorgefallen war, um den Konflikt zu klären. Falls dieser weiterhin schwelte, fragte er die Jungs, ob sie bereit wären, die Angelegenheit durch einen fairen Faustkampf vor den Augen beider Elternpaare zu regeln. Das schreckte die Kampfhähne meistens ab, weil keiner in Gegenwart seiner Eltern verlieren wollte.

Im Rückblick auf meine frühe Kindheit kommt mir auch in den Sinn, wie sauber und schön eingerichtet unser Zuhause war. Mein Vater war ein großartiger Handwerker und Ausstatter, ein Tausendsassa, der vielerlei Metiers beherrschte. Er hatte unser Haus in der Mansel Street modernisiert, weshalb Nachbarn gern hereinkamen und staunten, wie er die Decke gesenkt, Spots daran befestigt und einen Kamin gebaut hatte, der ebenfalls kunstvoll ausgeleuchtet war. Er und meine Mutter waren stolz auf ihr Heim und bisweilen merklich von sich eingenommen, wenn die Leute ihnen dafür Komplimente machten.

Lizzy, der ein blitzblankes Zuhause das Allerwichtigste war, verbrachte jeden Tag viel Zeit damit, es auf Hochglanz zu bringen, und das meine ich wörtlich. Sicherlich gab es Krankenhäuser, die nicht so hygienisch waren wie 97 Mansel Street. Das lag meines Erachtens daran, dass sie aus derart ärmlichen Verhältnissen stammte und nur wenige oder gar keine materiellen Dinge besessen hatte. In völliger Armut ist die Sauberkeit einer der wenigen Vorteile, die man gegenüber anderen armen Familien haben kann. Nicht von ungefähr schrubbte sie stundenlang die Treppe zum Hauseingang, als würde sie ständig darum kämpfen, die schmutzige Flut zurückzudrängen, die durch die Eingangstür hereinzuschwappen drohte, zumal wenn es regnete. In der großen Industriestadt Glasgow schien selbst der Regen schwarz zu sein.

* * *

Die Gorbals, Gangs und Mumm

Sowohl mein Vater als auch meine Mutter kamen 1926 in den Glasgower Gorbals zur Welt. Es war hier, auf der Südseite des River Clyde, wo nacheinander zahlreiche Einwanderer – Iren, Juden und später Inder – von den Booten stiegen und sich niederließen, um in den Fabriken und Werften nach Arbeit zu suchen. Meine Mutter Elizabeth Davis wurde am 4. August in der Crown Street geboren, mein Vater Samuel Turtin Smith nur zweiundzwanzig Tage später etwa fünfzig Meter entfernt in der Ballater Street. Einmal sagte sie über ihn: »Dieser mickrige Kerl verfolgt mich seit meiner Geburt, ich glaub nicht, dass ich den je wieder loswerd.«

Stimmt, Lizzy, nicht für sehr lange Zeit hast du ihn abgeschüttelt.

Obwohl beide ihr Leben in unmittelbarer Nähe begannen, hätten ihre Welten sich nicht ferner sein können: Mein Vater wuchs nämlich in einer protestantischen Familie auf. Samuel und Joanne, meine Großeltern, starben bereits vor meiner Geburt. Mit ihren acht Kindern teilten sie sich eine Zweizimmerwohnung. Mein Vater war das siebte, also zweitjüngste. Im Vergleich zu vielen anderen Familien in der Gegend lebten sie in passablen Verhältnissen. Dass all diese Personen über so wenig Wohnraum verfügten, mag den Anschein von Entbehrung und Leid erwecken, doch ihre Situation war immer noch deutlich besser als die der meisten Familien in den Gorbals während der Zwanziger- und Dreißigerjahre des letzten Jahrhunderts.

Bei den wenigen Gelegenheiten, die mein Vater ergriff, um Einblicke in seine Kindheit zu gewähren, sprach er liebevoll über seine Eltern. Die Mutter starb, als er noch ziemlich jung war, aber in seinen Erinnerungen lebte sie fort als eine gutmütige und anständige Frau, die ihren Kindern gern von den familiären Beziehungen zu den schottischen Highlands erzählte. Der zärtliche Ton seiner Stimme, während er dies schilderte, ist mir weiterhin im Ohr. Nach ihrem Tod in den frühen Dreißigerjahren heiratete mein Großvater wieder – eine Frau namens Kate, die meines Wissens »Auld Kate« (Alte Kate) genannt wurde.

Mein Vater liebte seinen Vater wirklich und schaute zu ihm auf, weil er an harte Arbeit und familiäre Werte glaubte. Auld Sammy wollte, dass all seine Kinder so viel wie möglich lernten und ergründeten, eingedenk dessen, wie wenig gute Erziehung zu jener Zeit in den Armenvierteln angeboten wurde. Schulbildung setzte sich im Wesentlichen nur aus den drei R zusammen: *r*eading, w*r*iting, a*r*ithmetic (Lesen, Schreiben, Rechnen), aber das war immerhin eine solide Grundlage, die mein Großvater erweiterte, indem er seine Kinder nach dem Abendessen ermunterte, Texte laut vorzulesen. Er sorgte dafür, dass sie ihre Prüfungen bestanden und Abschlüsse erwarben, was früher eine Art von Ehre bedeutete. Gerade diese Erfahrung, von seinem Vater gewissenhaft unterrichtet worden zu sein, weckte dann in meinem Vater das Bedürfnis, die eigenen Kinder in ganz ähnlicher Weise zu inspirieren, wenn es ums Lernen ging.

Die Männer seiner Generation leisteten in Zwölfstundenschichten wahrhaft schwere körperliche Arbeit, sechs Tage pro Woche. Dazu kam die Zeit, in der sie täglich mit dem Fahrrad zur Arbeit und wieder zurückfuhren – oder gar zu Fuß gingen. Dennoch fand mein Vater stets Freiräume, um das Zusammensein mit seinen Kindern zu genießen und ihre sämtlichen Lektionen durchzusehen. Ich kann mich wirklich nicht daran erinnern, dass er je gesagt hätte, müde oder erschöpft zu sein. Wahrscheinlich hätte er an seinem Familienleben gerne mehr Anteil genommen. Er liebte Kinder und war beglückt darüber, uns zu helfen oder mit uns zu spielen, doch sein vorrangiges Ziel bestand darin, hart genug zu arbeiten und damit für uns zu sorgen. Obwohl er also nicht immer physisch anwesend war, übte seine Gegenwart einen großen Einfluss auf unser Leben aus.

In den Gorbals hatten viele Menschen nie lesen und schreiben gelernt, nie Zärtlichkeit oder Liebe gekannt, geschweige denn eine ordentliche regelmäßige Mahlzeit oder ein heißes Bad. Papas Familienmitglieder waren jedenfalls gute, anständige Menschen, die aus ihrem Schicksal das Beste machten und sich wacker durchs Leben schlugen.

Meine Mutter hingegen sah sich von vornherein völlig anderen Bedingungen ausgesetzt. Den Geschichten zufolge, die sie uns erzählte, kreisten fast alle ihre Kindheitserinnerungen um Elend und Not. Ihr frühes Leben war äußerst instabil. Die Familie konnte nie lange in einem Zuhause bleiben und wurde schon bald irgendwo anders untergebracht. Es gab einige Höhepunkte, als sie ein wenig älter war, aber mehr Tiefpunkte und einen Alltag, der sich von dem unseren deutlich unterschied.

Die Angehörigen meiner Mutter waren irische Katholiken. Ihre Eltern hießen Bernhard Davis und Sarah Riley. Lizzy war das zweitälteste von fünf Kindern. Sie hatte einen älteren Bruder namens Barney, eine jüngere Schwester Sadie und zwei jüngere Brüder John und Michael.

Meine Großeltern mütterlicherseits waren ungestüm und aufbrausend; ihre Ehe zerbrach, nachdem mein Großvater einige Zeit im Gefängnis verbracht hatte wegen eines Delikts, über das uns nie berichtet wurde. Wenn man den Geschichten über die

Jugend meines Großvaters Glauben schenken soll, scheint er ein etwas brutaler Mann gewesen zu sein, ein Straßenkämpfer, der für Geld kämpfte und in einige Diebstähle und Banküberfälle verwickelt war. Bernhard war ein sehr großer, gutaussehender, muskulöser Typ, der mit seinen schönen Crombie-Mänteln und Seidenkrawatten etwas von einem Dandy hatte und vielen eher zwielichtigen Frauen in den Gorbals die Augen verdrehte.

Lizzy zufolge stammte Bernhard aus einer überraschend rechtschaffenen Familie in einem der besseren Viertel Glasgows. Sie erinnerte sich an mehrere Anlässe, bei denen Mitglieder seiner Familie vorbeigekommen waren, um mit Geld und Geschenken auszuhelfen, als er im Gefängnis saß. Mein Großvater erscheint mir wie ein schwarzes Schaf, das die Stabilität einer äußerst achtbaren Familie der höheren Arbeiterklasse eintauschte gegen ein wildes Leben mit meiner Großmutter.

Sie stammte offenbar vom Nomadenvolk der Irish Travellers ab, doch obwohl einige Mitglieder meiner Familie ihre Wurzeln zurückzuverfolgen versuchten, scheint es bisweilen fast, als hätte sie in dieser Welt nie existiert.

Nur einmal sah ich meine Mutter weinen, nämlich als sie uns erzählte, wie sich ihre Mutter für ein paar Shillings die Seele aus dem Leib ackerte, nur damit die Familie ein bisschen Kohle für den Ofen und Nahrung für wenige Tage hatte. Das zu hören brach mir das Herz.

Sarah Riley war eine kleine, gutmütige und hübsche Frau, die ihr mattbraunes Haar sehr kurz trug. Ihre charakteristischen Merkmale bestanden in auffallend hohen Wangenknochen und großen, mandelförmigen dunkelbraunen Augen. Sie war charismatisch, ausgestattet mit der irischen Gabe der Schmeichelei, zugleich aber stahlhart. In einigen Geschichten tauchte sie auf als diejenige, die Männer durch einen Stoß mit dem Kopf zu Boden schlug, und einmal lief sie mitten hinein in die

Orange Parade, die gerade durch die Gorbals zog, und entriss den Ohren protestantischer Frauen die Ohrringe. Anschließend kämpfte sie mit den Männern, die den Marsch anführten, bis die Polizei ihrer habhaft wurde.

Ich erinnere mich vage daran, dass die Augen der Verwandten, die in meiner frühen Jugend zu uns nach Hause kamen, aufzuleuchten schienen, sobald von Sarah die Rede war. Daher hegte ich den sehnlichen Wunsch, ihr einmal zu begegnen. (In gewisser Weise fand diese Begegnung auch statt, aber das ist eine andere Geschichte, die an späterer Stelle erzählt werden soll.) Zweifellos wurde sie von all ihren Kindern vergöttert, und so nimmt es nicht wunder, dass später, wann immer meine Mutter mit ihrer Schwester, ihren Brüdern oder mit Cousins und Cousinen zusammensaß, das Gespräch oft um Sarah kreiste und darum, wie schwer sie schuftete, um für ihre kleinen Kinder zu sorgen. Die in der Runde zum Ausdruck gebrachten Gefühle waren vielfältig – froh, traurig und auch ein bisschen von echter Magie umgeben.

Meine Großmutter verdiente den Lebensunterhalt für ihre Familie, indem sie von frühmorgens bis spätnachts die Häuser anderer Leute putzte. Hinterher stöberte Sarah in Mülleimern nach brauchbaren Sachen, reinigte diese und zog durch die Straßen, um sie aus einer Tasche zu verkaufen, bestehend aus einer Decke, die über ihre Schulter geworfen und mit einem Stück Schnur zusammengebunden war, oder brachte sie zu dem alten Glasgower Flohmarkt (dem »Brigget«), wo viele der irischen Straßenhändler kauften und verkauften, um sich und ihre Nächsten über Wasser zu halten.

Mama erzählte auch, dass ihre Mutter manchmal sogar die Nacht durcharbeitete, um Kleidung und Bettzeug heiß zu waschen. Hinterher bügelte sie alles bis zur Perfektion mit einem alten unverwüstlichen Bügeleisen, das auf glühenden Kohlen erhitzt werden musste; so wirkte alles, was sie verkaufte, wie neu. Heutzutage mag dies ohne jeden Wert erscheinen, aber damals wurde sie von Nachbarn dafür gelobt, wie makellos ihre Sachen waren und wie sauber sie ihr Zuhause und ihre Kinder hielt. Ein solches Lob galt in den Gorbals tatsächlich als große Ehre. Ich kann nach wie vor die Worte meiner Mutter hören: »Über die weiße Wäsche meiner Mutter hab'n sie in der Straße geredet und manchmal gesagt, die iss so weiß, dass sie blau iss. Brauchst kein Geld, um sauber zu sein.«

Das hämmerte Lizzy uns förmlich ein. Wieder und wieder teilte sie uns Kindern mit, wie blitzblank ihre bescheidene Wohnung war und wie frisch sie roch. Eigentlich war es gar keine Wohnung, sondern nur ein Zimmer mit Spülbecken, das sie zu sechst beherbergte, doch Mutter verkündete stolz: »Nichts da drin hätt' sich zu klau'n gelohnt, aber 's war die sauberste Bude in den Gorbals.«

In jenen Tagen waren die Gorbals einer der am meisten übervölkerten Orte Großbritanniens; auf kleinem Gebiet teilten dreimal so viele Menschen ein Zimmer als irgendwo sonst in Glasgow. Diese Enge, mit vielerlei Entbehrungen verbunden, war eine Sache, aber die Menschen verschlimmerten ihr Leben noch durch übertriebene Frömmigkeit.

In der ganzen Stadt standen sich Protestanten und Katholiken feindlich gegenüber, doch die Straßenkämpfe wurden vor allem in den Gorbals ausgetragen. Gangs benutzten bei ihren Angriffen Waffen wie Hämmer, Beile und Rasiermesser, die gleichsam zu ihren Wahrzeichen wurden. Davon handelten ausgiebig solche damals verfassten Bücher wie *No Mean City* und *The Gorbals Story*. Der Hass zwischen den Konfessionen wurde weiter geschürt auf den Rängen der beiden Fußballstadien, in denen hier die Rangers, dort Celtic spielten. Die Gorbals lagen genau dazwischen, sodass die rivalisierenden Anhänger zwangsläufig zusammenprallten. An Samstagabenden endeten ihre Streitereien oft in Schlägereien auf den Straßen. Ich erinnere mich, wie ich als Kind einmal im Bus saß, um den verfeindete Fangruppen sich scharten und mit Steakmessern aufeinander einstachen. Leider dachten die schlecht gebildeten Bewohner der Gorbals, dieses ebenso hasserfüllte wie lächerliche Verhalten hätte etwas mit Religion zu tun.

Ich frage mich wirklich, wie Mama und Papa angesichts derartiger Geschehnisse und trotz ihrer konfessionellen Unterschiede zueinander finden konnten.

Sie begegneten sich dank der Schwester meines Vaters, Tante Agnes. Im Alter von siebzehn Jahren träumte Aggy (unter diesem Namen kannten wir sie) davon, Mitglied der Moccasin Girls zu sein, einer Tanztruppe, die damals landauf, landab in Theatern auftrat. Lizzy hatte den gleichen Traum, obwohl beide durch den Graben zwischen den Konfessionen getrennt waren.

Die eine wie die andere wünschte sich, den Gorbals zu entfliehen – und natürlich auch, hübsche Kostüme zu tragen, in denen sie von jungen Soldaten angehimmelt würden. So kam es, dass zwei heranwachsende Mädchen mit ein und demselben Traum in den Hinterhöfen der düsteren, rattenverseuchten, schmutzigen und bigotten Straßen der Gorbals Freundschaft schlossen.

Meine Mutter war ein Jahr jünger als Aggy, die bereits Tanzunterricht genommen hatte und sich damit brüstete, in Bauchlage die Fersen auf den Rücken setzen zu können und den Spagat zu beherrschen. Dabei habe ich die raue Stimme meiner Mutter im Ohr, die jetzt sarkastisch aus dem Mundwinkel spricht, die Lippen geschürzt, um ihren Worten die größte Wirkung zu verleihen: »Geh jede Wette ein, dass sie's verdammt nochmal nicht konnte.«

Lizzy war jeder Anlass recht, um ihrer besten Freundin eins auszuwischen. Dennoch, die beiden waren *echte* Freundinnen – es ist einfach Glasgower Art, über den besten Kumpel herzuziehen. Aber das gestattet man niemand anderem, und ohne die Freundschaft zwischen den beiden hätten meine Mutter und mein Vater sich wohl nie kennengelernt.

Mit sechzehn war meine Mutter eine gutaussehende junge Frau mit rotbraunen, gewellten Haaren, die sie ordentlich aus ihrem hübschen Gesicht mit den großen grünen Augen kämmte. Sie folgte der Mode, insoweit als sie es sich leisten konnte. Lizzy mochte immer schöne Dinge. Im Teenageralter half sie ihrer Mutter beim Putzen als auch beim Verkauf der Kleidungsstücke auf dem Flohmarkt und unternahm alles Nötige, um Geld zu sparen und sich damit die neuesten verfügbaren Sachen zu kaufen oder sie gegebenenfalls sogar selbst zu nähen. Aber es war das Jahr 1943, es herrschte ein eklatanter Mangel an so vielem – und die Haushaltskasse war fast immer leer.

Leidenschaftlich gern ging Lizzy Davis mit ihrer neuen Freundin Aggy Smith ins Kino und träumte davon, am Zauber und Glanz der geschmeidigen Mädchen teilzuhaben, die sie auf der großen Leinwand verblüfften. Mama trug den gleichen Namen wie einer der größten Hollywoodstars jener Zeit: Bette Davis, wie sie als Elizabeth Davis geboren. Im Laufe der Jahre wiesen mehrere Leute darauf hin, dass es weitere Ähnlichkeiten zwischen den beiden gab …

Ich kann mich noch gut daran erinnern, wie die Augen meiner Mutter aufblitzten und wie sie lachte, wenn sie uns Geschichten von damals erzählte. Sie schilderte, dass alle Tänzerinnen ihre Beine dunkler färbten mit altem Tee, der zu lange gezogen hatte, und auf deren Rückseite lange gerade Linien zeichneten, weil Nylonstrümpfe für sie unerschwinglich waren. Manchmal hatten sie nur genug Haarspray für den vorderen

Teil ihrer Frisur, weshalb sie beim Abgang von der Bühne dem Publikum nie den Rücken zuwenden konnten, ohne Gefahr zu laufen, die platte Stelle am Hinterkopf zu entblößen.

Offenbar gab es selbst in so deprimierenden Zeiten vielerlei Vergnügungen. Wenn Lizzy in Erinnerungen schwelgte, zog sie bisweilen den Mund zur Seite, um des gesteigerten Effekts wegen Rauchschwaden auszublasen, worauf dann eine bissige Bemerkung über Tante Aggy folgte: »Ich mein', sie war keine schlechte Tänzerin, bei *den* X-Beinen ... Ständig hatt' ich Bammel, die dumme Kuh würd' stolpern und hinfall'n.« Oder: »Die sah nicht schlecht aus, wenn man im Theater weit hinten gesess'n iss.«

Aber Mama betonte stets, dass Aggy jeden so behandelte, wie sie von ihm behandelt wurde.

Ich konnte mir meine Mutter kaum auf einer Bühne vorstellen, tanzend und stolz ihre Beine vorzeigend, von denen sie immer behauptete, sie seien die wohlgeformtesten und am meisten bewunderten in der Tanztruppe gewesen. Die Lizzy, die ich kannte, war eher gehemmt und hielt Frauen, die zu viel Haut zeigten, für Schlampen und Huren. Doch sie konnte auch sehr lustig sein. Bei der Hausarbeit redete sie vor sich hin und kommentierte, was gerade im Viertel passierte. Ich sehe sie vor mir, die Wangen gerötet vor Heiterkeit, Hände auf den Hüften, den Kopf leicht schüttelnd: »Bin nicht so verrückt wie diese verdammte Hure unten in der Straße.«

Dazu gehörte auch, dass sie eine große Imitatorin und Pantomimin war. »Schau bloß, wie die dasteht, als hätt' sie sich grad in die Hos'n gemacht«, sagte sie und nahm die entsprechende Pose ein.

Es war ein lebendiges, lustiges, reizendes junges Revuegirl, in das mein Vater sich verliebte. Lizzy meinte, er sei immer wieder um die Theater herumgeschlichen, um zu warten, bis ihre

Vorstellung beendet war und er fragen konnte, ob er sie nach Hause begleiten und ihr Feuer geben dürfe.

1944 meldete sich Papa bei der Royal Navy, und Lizzy versuchte das Gleiche beim Women's Royal Naval Service (Wrens), bestand aber nicht die schriftliche Prüfung. Stattdessen schloss sie sich rasch dem Auxiliary Territorial Service (ATS) an, ging als Tänzerin auf Tour und sang manchmal im Chor. Meine Mutter hatte eine sehr kräftige Singstimme – man stelle sich Shirley Bassey vor, gemischt mit George Melly –, laut und tief. Als Papa zum ersten Mal in den aktiven Dienst geschickt wurde, blieben er und meine Mutter für das nächste Jahr durch Briefe in Kontakt. Nach seiner Rückkehr im Frühjahr 1945 heirateten die beiden, nämlich am 7. April.

Ich erinnere mich, dass mein Sohn ihr, der über Achtzigjährigen, folgende Frage stellte: »Oma, weißt du noch, wie Großvater dir einen Heiratsantrag gemacht hat?«

Sie überlegte einen Moment und erwiderte: »Er hat mir mitgeteilt, dass er für weit're zwei Jahre weggeht und mich heiraten will, bevor er wieder in 'en Krieg zieht. Ich hab bloß gesagt: ›Ja, wenn du's willst.‹«

Das ist wie eine Szene aus *Vom Winde verweht.*

Wie die meisten jungen Männer im Krieg wollte mein Vater einen Liebling haben, dem er schreiben und zu dem er nach Hause kommen konnte. Er habe einfach gewusst, erzählte er mir später, dass sie die Richtige für ihn war. Offenbar bevorzugte Samuel lebhafte und entschlossene Frauen. An jenem Morgen kaufte er also im Leihhaus der Gorbals auf der Oxford Street einen Ring – mehr konnten sich beide damals nicht leisten. Anschließend gingen er und Lizzy zusammen mit zwei Zeugen zum Standesamt in Glasgow, um den Bund der Ehe zu schließen. Seiner Schilderung zufolge habe er sich an diesem Tag nicht vor der Heirat gefürchtet, sondern davor, dass sein Vater, ein frommer Protestant und treuer Anhänger des Oranier-Ordens, Lizzys Mutter würde treffen müssen, eine sture Katholikin, die sich nicht scheute, ihre religiöse Überzeugung offen zu bekunden.

Ich habe bereits erwähnt, wie Großmutter manchmal Leute behandelte, die mit dem Oranier-Orden in Verbindung standen, und auch mein Großvater, der vermutlich gebildeter war als sie, stellte Porträts von Wilhelm II. (»King Billy«) auf weißem Pferd in sein Fenster, wann immer die Katholiken demonstrativ durch die Gorbals zogen.

In den paar Jahren seit ihrer ersten Begegnung hatten meine Mutter und mein Vater ihre Schwiegereltern nie richtig kennengelernt, denn sie wussten, dass es umso besser war, je weniger sie über das Verhältnis zwischen einer Katholikin und einem Protestanten redeten. Damals waren viele solcher Beziehungen verboten. Sobald dieser oder jener Elternteil davon erfuhr, blieb einem oft keine andere Wahl, als die Flucht zu ergreifen. Doch am Hochzeitstag ließen Sarah und Auld Sammy ihre Meinungsverschiedenheiten beiseite, tranken ein Glas mit dem Brautpaar und lachten bisweilen sogar. Die Ehe schien gut zu beginnen, aber mehr war auch nicht vorgesehen, denn mein Vater hatte nur wenige Tage Landurlaub, ehe er wieder in See stechen musste. Gleichzeitig erhielt Lizzy die Mitteilung, dass ihr älterer Bruder gerade verhaftet worden war.

Der Hochzeitstag hätte für meine Mutter ein beglückendes Ereignis sein sollen: der erste Tag ihres neuen und künftigen Lebens. Sicherlich ging ihr dieser Gedanke durch den Kopf, als sie und mein Vater ihre erste gemeinsame Nacht im zurückgesetzten Bett in der Einzimmerwohnung ihrer Mutter verbrachten, Seite an Seite mit Sarah und deren drei jüngsten Kindern, die neben ihr schliefen. Viele Male habe ich mir vorzustellen versucht, welche Träume und Überlegungen meine Mutter, das gutaussehende junge Revuegirl, in diesem Moment wohl beschäftigten.

Ich frage mich, ob sie über ihre Karriere auf der Bühne nachdachte oder über einige der Orte, zu denen ihr Mann reisen würde, Orte, die zu besuchen Leute aus den Gorbals – außer in Kriegszeiten – nie hoffen konnten. Wahrscheinlich sinnierte sie darüber, am Ende des Krieges ein eigenes Zuhause mit ihm zu haben und eine Familie zu gründen.

Immerzu hoffe ich, dass die von jenen Träumen hervorgerufenen Gefühle nie ganz fortgeschwemmt wurden. Sie war erst neunzehn, und dies war ihre Hochzeitsnacht. Von meinem Vater erfuhr ich, was anschließend in dieser Nacht geschah.

Er lag neben meiner Mutter, aber trotz der vielen, auf engstem Raum zusammengepferchten Menschen herrschte eine tiefe Stille, die er – seinen Worten nach – nie vergessen werde. Irgendwann merkte er, dass Lizzys Mutter Sarah, die einen echten Raucherhusten hatte, nicht mehr hustete, war sich jedoch im Halbschlaf nicht sicher, für wie lange.

»Weiß nicht«, sagte er zu mir, »wie ich's gewusst hab, aber mit dieser Frau stimmte irgendwas nicht. Mein ganzer Körper wurd plötzlich starr, dann hab ich deine Mutter geweckt und ihr gesagt, dass mit ihrer Mutter irgendwas los iss.«

Lizzy schien zu ahnen, was ihr Mann spürte. Beide sprangen aus dem Bett, am Vorhang vorbei, der sie von den übrigen Familienmitgliedern trennte, und eilten zu Sarah. Mein Vater versuchte, sie aufzuwecken. Dadurch wurden die Kinder an ihrer Seite wach, und meine Mutter führte sie durch die Eingangstür auf die Straße. John, Sadie und Michael, die noch sehr jung waren, fragten sich schlaftrunken, was da vor sich ging, während Lizzy sie tröstete und beteuerte, alles werde gut.

Später erzählte mir meine Mutter, der Klang von Samuels Stimme, die sagte: »Sarah, Sarah, schnell, wach auf!«, habe sie jahrelang verfolgt, weil sie mit einem Mal tief im Herzen wusste, dass ihre Mutter nicht wieder aufwachen würde. Diese war gewöhnlich jeden Tag zwanzig Stunden auf den Beinen, um zu kochen, zu putzen und Kleidungsstücke zu waschen, die sie für ein paar Münzen auf dem Flohmarkt verkaufte. Sie nahm all ihre Kinder fast überallhin mit und ließ sie nie aus den Augen. Instinktiv erkannte Lizzy, dass es ein schlechtes Zeichen war, wenn ihre Mutter, die den leichtesten Schlaf hatte, nicht reagierte, als die Kinder von ihr genommen wurden. Dieser entsetzliche Gedanke beherrschte sie in ihrer Hochzeitsnacht. Sie muss das Gefühl gehabt haben, dass jede Wunschvorstellung und Hoffnung, die sie je zu hegen wagte, ihr wie Wasser durch die Finger rann. Sie war nur für ein paar Stunden Ehefrau gewesen, aber in ihrer Hochzeitsnacht wurde sie schlagartig Mutter von drei Kindern.

Sarah war an ihrem Erbrochenen erstickt. Sie war keine schwere Trinkerin, aber an jenem Abend hatte sie mit ihrer Tochter, deren Bräutigam und den Schwiegereltern gefeiert; wer weiß, vielleicht war die alte Frau so erschöpft, dass die Alkoholmenge genügte, sie in den ewigen Schlaf zu versetzen. Als ich noch jung war, sprachen meine Eltern nur selten über dieses Geschehnis. Wahrscheinlich hatten beide einen tiefen Schock erlitten, der die Seele durchbohrte, weshalb es ganz natürlich war, ihn zu verdrängen. Viele Jahre später, in meinen Dreißigern, teilte mir Papa einmal mit, er habe durch einen Blick auf Sarahs Gesicht sofort gewusst, dass sie tot war. Ihre Haut sei grünlich gewesen und der Hals auf die doppelte Größe angeschwollen.

Besonders faszinierte mich seine Aussage, dass er sich im Rückblick auf die Situation einige Jahre später daran erinnerte, eine seltsame innere Stimme gehört zu haben, die ihn aufweckte. Über solche Dinge – Stimmen, Visionen und dergleichen – redete mein Vater sonst nicht. Nein, er gehörte gewiss nicht zu denjenigen, die an derlei glaubten, aber etwas oder ein körperloses Wesen veranlasste ihn, seine gerade erst angeheiratete Schwiegermutter nur wenige Meter vom eigenen Schlafplatz entfernt tot im Bett vorzufinden.

Durch den Tod ihrer Mutter änderte sich das Leben der jungen Lizzy grundlegend. Wegen des Trauerfalls wurden meinem Vater lediglich zwei Tage Sonderurlaub gewährt, sodass er an der Beerdigung teilnehmen konnte; dann musste er zurück zur See. Infolgedessen trug meine Mutter allein die Last, ihre jüngeren Geschwister großzuziehen, alle noch im Schulalter, den Verlust ihrer Mutter beklagend, die das Zentrum ihrer Welt gewesen war. Wie ging sie damit um – und mit *ihrer* Trauer um die entschwundene Mutter wie in gewisser Weise auch um ihre Ehe? Jahrzehnte später erzählte sie meiner Schwester, sie sei sich nie sicher gewesen, ob ihr Mann nach dem Krieg zu ihr zurückkehren würde. Wenn er überlebte, so glaubte sie, würde er nicht die Verantwortung für ihre kleinen Geschwister übernehmen wollen. Offenbar kannte sie damals meinen Vater noch nicht.

Schon lange bin ich überzeugt, dass meine Mutter zu jenem Zeitpunkt wirklich in Wut geriet, eine tiefsitzende und kalte Wut. Diese unterscheidet sich stark vom Zorn, der heiß ist und irgendwann ausbrennt. Eine kalte Aggression hingegen kann jahrelang tief in der Seele feststecken. Immer wieder sagte meine Mutter, dass sie Gott hasse: »Gott, dieser Schweinehund, red mir von keinem verdammten Gott. Ich verfluch den Kerl und hoff nur, dass sich sein Himmel in 'ne Hölle verwandelt, wenn er mal wegschaut.«

Das meinte sie ernst, und solche Angelegenheiten wie die Querelen zwischen Protestanten und Katholiken waren ihr von da an völlig gleichgültig. Nie wieder setzte sie einen Fuß in irgendeine Kirche. Sie muss das Leben gehasst haben und wagte es nicht, noch einmal vom Glück zu träumen.

Zu mir sagte sie während eines Gesprächs, dass es Unglück bringe, sich schöne Dinge zu wünschen, denn gerade dann würden schlimme Dinge geschehen. Ist das nicht traurig?

Nach dem Tod ihrer Mutter wurde Lizzy hart und starrsinnig. Vermutlich hatte sie keine andere Wahl. Sie war eine neunzehnjährige Frau, die mit drei Kindern von zwölf, zehn und acht Jahren in einem Zimmer zusammenwohnte. Ihr Mann war auf hoher See, ihr älterer Bruder im Gefängnis, und ihr Vater hatte sie alle schon Jahre vorher im Stich gelassen. Da es keinen Gott gab, zu dem sie beten konnte, würde sie Realistin werden und an ihre eigenen Fähigkeiten glauben müssen, um sich durchzusetzen, egal, mit welchen Widrigkeiten das Leben sie konfrontieren mochte.

Einige Menschen zerbrechen innerlich an Tragödien, die ihnen widerfahren. Andere, wie Lizzy zum Beispiel, scheinen sich dadurch förmlich aufzuladen und trotzig auf die nächste stürmische Phase zu warten, mit der sie dann fertigzuwerden versuchen. Ich habe sagen hören, der Goldadler schrecke nicht vor dem Sturm zurück, sondern stürze sich kopfüber hinein. So war in gewisser Weise auch meine Mutter.

Einmal erzählte sie uns eine Geschichte aus der Zeit, als die Familie immer noch in der Portugal Street wohnte, in demselben Zimmer, wo ihre Mutter gestorben war. Lizzy kroch auf allen vieren über den Boden und säuberte mit einer altmodischen Schrubberbürste das Linoleum, als sie Rufe und Schreie von der Straße hörte. Das war an sich nichts Besonderes, wohl aber das, was folgte. Plötzlich vernahm sie ein lautes Geräusch und sah auf. Sie begriff nicht, was geschah, doch ein riesiger, aus dem Nichts aufgetauchter Gegenstand verdunkelte kurz ihr Fenster – und dann ein ohrenbetäubender KNALL … Ein Pferdekopf hing über ihr, spie aus allen Poren Blut. Völlig perplex schrie sie aus voller Lunge, ohne zu wissen, was noch auf sie zukommen würde. Langsam verblutete das Tier vor ihren Augen.

Anscheinend hatte das Pferd einen Karren gezogen und sich aus der Halterung losgerissen, war in Panik geraten und schließlich durch ihr Vorderfenster gestürzt.

Sekunden später drängten sich Scharen von Menschen in dem kleinen Zimmer, und alle versuchten, die Splitter zerschmetterten Glases aus dem Tier zu entfernen, die es förmlich aufspießten.

Die Wohnung war früher ein Geschäft mit großem Schaufenster gewesen, also kann man sich vorstellen, wie teuer die Reparatur gewesen wäre, selbst in jenen Tagen. Damals hatten die Leute keine Hausratversicherung, jedenfalls nicht in den Gorbals. Doch einige der Anwohner kamen Lizzy zu Hilfe und ersetzten das Glas durch Holz, um wenigstens die Kälte fernzuhalten.

Als mein Vater von dem Vorfall erfuhr, schickte er den Sold, den er gespart hatte, nach Hause, damit seine Frau eine neue Glasscheibe einsetzen lassen konnte, was sie dann auch tat, aber erst im Jahr darauf. Sie beschloss, das Geld lieber für Nahrung und Kleidung zu verwenden. Ich erinnere mich, wie sie sagte: »Wir hatten Vorräte nötiger als 'n Blick auf diese verdammte Müllkippe.«

Meine Mutter, die unermüdliche Pragmatikerin.

Während mein Vater in der Navy war, muss meine Mutter zahllose Kämpfe mit Frauen und Männern in den Gorbals ausgetragen haben, um ihre Geschwister vor den zwielichtigen Gestalten zu beschützen, die dort herumhingen. Sie erzählte uns, dass ihr Bruder John, der erst zwölf Jahre alt war, für sein Alter aber reif wirkte, mit einigen Typen im höheren Teenageralter dem Kartenspiel um Geld frönte. Das fand sie erst in letzter Minute und höchster Gefahr heraus. Dieses Kartenspiel zog nämlich viele unerwünschte Personen an. Ein junger Mann, etwa so alt wie meine Mutter, erwischte John beim Mogeln, ging auf ihn los und packte ihn an den Schultern. Dann drückte er John gegen die Wand des Mietshauses neben der Wohnung meiner Mutter. Lizzy hörte laute Rufe und schoss nach draußen. Mir nichts, dir nichts hatte sie dem älteren Kerl einen Faustschlag versetzt, wodurch er rückwärts taumelte, und statt zu warten, bis er sein Gleichgewicht wiederfand, landete sie einen zweiten und dritten Hieb, bis er am Boden lag. John beteuerte ihr gegenüber seine Unschuld, als der Typ ihn von unten einen Betrüger nannte, aber meiner Mutter war es egal, wer recht oder unrecht hatte. Während das Herz ihr bis zum Hals pochte, wusste sie ganz genau, dass niemand ihren jüngeren Bruder verletzen durfte. Regungslos auf den jungen Mann starrend, die Fäuste geballt, war sie weiterhin außer sich wie eine Furie und bereit für jeden, der ihr oder ihrem Bruder an den Kragen wollte.

Es gab keine Widerrede mehr, und so befahl sie den jungen Männern, aus ihrer Straße zu verschwinden, um sich dann dem Bruder zuzuwenden.

»John, hast du diese Typen übers Ohr gehau'n?«, fragte sie.

»Ja, Lizzy, ich hab 'n bisschen getrickst. Tut mir leid, aber schau, der Batzen Geld iss für dich.«

Meine Mutter meinte, sie habe ihm nicht böse sein können. Sie liebte ihren Bruder und wäre buchstäblich für ihn gestorben. Die Jungs, die er betrogen hatte, machten wahrscheinlich das Gleiche, nur war er besser darin. Sie kratzte einige Münzen aus seiner Hand, erlaubte ihm, den Rest für sich zu behalten, und gab ihm einen Klaps auf den Hinterkopf.

Nicht lange vor seinem Tod bestätigte mir Onkel John, dass diese Geschichte wahr sei, außer dass sich das gewonnene Geld in seiner Socke befunden und Lizzy nie etwas darüber erfahren habe.

Die Nachbarn hatten Mitleid mit der jungen Frau, und obwohl sie alle arm waren, boten viele ihre Hilfe an, so geringfügig diese auch sein mochte. Lizzy war immer dankbar dafür und vergaß nie jene, die ihr und ihrer Familie die Hand der Freundschaft gereicht hatten. Es war diese Art von Unterstützung, die ich auch bei meinen Eltern liebte. Beide waren rasch zur Stelle, um nach besten Kräften zu helfen, wenn jemand in unserer Straße Schwierigkeiten hatte. Ich glaube, dass die meisten Menschen, die während der Kriege lebten, diesen Gemeinsinn erbten, um in all den Wirren einander beizustehen.

***

Der Krieg war vorbei, und trotzdem herrschte schreckliche Not. Unser Vater gehörte nicht zu denen, die früh heimkehrten, aber viele der Männer, die in die Gorbals zurückkamen, müssen das Gefühl gehabt haben, einer Kriegszone nur entronnen zu sein, um in eine andere einzutauchen. Die Kriminalitätsrate war drastisch angestiegen. Aus schierer Verzweiflung stahlen die Leute, was nicht niet- und nagelfest war. Zum Glück kannte meine Mutter in den 1940er-Jahren ein paar richtige Verbrecher. Zahlreiche Familien konnten ordentliche Nahrungsmittel ausschließlich über die lokalen Gangs erhalten, die in der Unterwelt das Sagen hatten. Meiner Ansicht nach muss das zu jener Zeit im ganzen Land so gewesen sein.

Eines Tages betrat meine Mutter das Haus der Frau, mit der ihr Vater damals zusammenlebte. Lizzy wollte sich von Angesicht zu Angesicht mit ihm auseinandersetzen und herausfinden, ob er bereit wäre, ihr finanziell auszuhelfen, um für seine Kinder zu sorgen. In den Straßen ging das Gerücht, er verdiene sich nebenher etwas dazu und es sei doch schlimm, dass seine Tochter allein für ihre Geschwister aufkommen müsse. Die Familie, die das Haus bewohnte, hieß Lyons – eine mächtige, hartherzige Familie mit weitreichenden Beziehungen, wenn Sie wissen, was ich meine. Lizzy, die sich nie von Äußerlichkeiten abschrecken ließ, steuerte direkt auf die Hausherrin Kate Lyons zu, allem Anschein nach eine stattliche Frau. Angeblich sagte sie zu meiner Mutter: »Entweder du bist dumm, Lizzy Davis, und weißt nicht, wer ich bin, oder du bist ziemlich mutig, Schätzchen.«

Lizzy hob die Faust, um sie zu schlagen, aber die Männer im Wohnzimmer griffen ein und zogen sie weg.

Meine Mutter erinnerte sich, wirklich verängstigt gewesen zu sein, weil die Leute in diesem Haus allesamt berüchtigte Gang-Mitglieder, Gauner und andere schwere Jungs waren. Sie bezeichnete sie als »die Gemeinsten unter den verdammten Gemeinen«. Zur großen Erleichterung meiner Mutter kam Großvater Bernhard aus einem Zimmer im hinteren Teil des kleinen Hauses. Kate Lyons gab ihm Geld für meine Mutter und ihre Familie und teilte ihm mit, seine Tochter sei stark und großherzig und sollte respektiert werden.

Fortan stattete er seinen Kindern gelegentlich einen Besuch ab und brachte einige Dinge mit, was Lizzy das Leben ein wenig erleichterte, denn wie ihre Mutter musste sie Häuser putzen und die Wäsche anderer Leute waschen. Die kleine Wohnung in der Portugal Street war makellos, genau so wie zu Sarahs Lebzeiten, und Lizzy gelang es, ihre Geschwister zu ernähren und einzukleiden. Doch natürlich sehnte sie den Tag herbei, an dem ihr Mann zurückkehren würde. Obwohl er ihr schrieb, bald nach Hause zu kommen, konnte sie dessen nie sicher sein. Meine Schwester Betty erzählte mir, Mutter habe ihr anvertraut, dass die Ehe vor seiner Abreise nicht vollzogen worden sei, weshalb sie sich zur Auflösung ihres Bundes bereit erklärte, falls er dies wünsche. Sicherlich hoffte sie, dass ihre schlimmsten Ängste sich nicht bewahrheiteten, aber wie sie selbst sagte: Der Wunsch nach dem Guten und Schönen brachte nur Unglück.

An dem Morgen, als mein Vater heimkehrte, stand Großvater Bernhard gerade am Gorbals Cross, also an der Kreuzung Gorbals Street und Ballater Street, zwei Minuten von der Wohnung meiner Mutter entfernt. Er sah Seeleute, die aus der Clyde Street über die Brücke in die Gorbals gingen, erkannte meinen Vater und rannte los, um seine Tochter zu benachrichtigen: »Lizzy, Sammy Smith kommt über die Brücke, mach schnell, um ihn zu treffen!«

Doch das tat sie nicht, sondern stellte sich ans Ende der Straße und wartete, ob er nach rechts zu ihr abbiegen würde oder nach links in Richtung Ballater Street, wo sein Vater wohnte.

An der Kreuzung hielt er inne. Kinder fragten ihn, was in seinem Seesack sei: »Mister, Mister, hab'n Sie Schokolade dabei? Mister, hab'n Sie Glimmstängel mitgebracht oder sonst was aus 'm Ausland?«

Er wandte sich nach rechts in die Norfolk Street. Als Lizzy dies sah, ging sie zu ihrer Wohnung zurück, richtete sich zu ihrer ganzen Größe von eins sechzig auf, zündete sich eine Zigarette an und nahm im Eingang ihre gebieterische Pose ein.

»Sammy, bevor du irgendwas sagst, will ich eins klarstellen: Ich zieh meine Geschwister groß, und wenn du da nicht mitmachen willst, dann setz keinen Fuß über diese Türschwelle. Mein Leben iss jetzt total anders als früher, wo du fortgegangen bist, aber wenn du mich immer noch willst, dann begleiten die mich; also liegt's bei dir, ob du hier reingehst.«

Daraufhin ließ sie den Kopf hängen und schaute auf die blitzblanke Stufe aus grauem Sandstein, die zwischen ihnen lag.

* * *

Die Geheimnisse von 1969

Es waren die späten Sechzigerjahre, und jedes Zimmer unserer Wohnung in der Mansel Street im nördlichen Glasgow war mit Teppichboden ausgelegt, den meine Mutter dank ihrem neuesten Gerät zu reinigen liebte. Der Teppichroller machte eine Art schnarchendes Geräusch, während er jeden Morgen und Abend – oder wenn jemand Krümel fallenließ – durch die ganze Wohnung geschoben und gezogen wurde. Im hinteren linken Eck des Wohnzimmers stand der große, in einen walnussverkleideten Schrank eingepasste Schwarz-Weiß-Fernseher, darauf die Antenne, eine Halbkugel aus Hartplastik mit zwei dünnen Metallstäben, die wie ein V herausragten. Was wir Kinder jedoch in unserem äußerst bunten Wohnzimmer mit am meisten mochten, war die cremefarbene, vorn mit Nieten versehene Cocktailbar aus Kunstleder.

Bezüglich des Dekors fielen besonders die braunen, gelben und orangefarbenen Streifen, Flecken und Wirbel auf. All diese tollen Farben und Muster ergossen sich über Boden, Wände und Möbel. Außerdem gab es Papas handgefertigten Steinkamin mit eingefügten roten Leuchten, die einen warmen Glanz verströmten. 1969 war die Welt natürlich ein bisschen psychedelisch. Leute, die high werden wollten, hätten bloß die Farben und Muster auf den Wänden und Böden der vorderen Zimmer eine Weile anschauen müssen.

Ab dieser Zeit kann ich mich an viel mehr Dinge in meinem Leben erinnern. Ich vermute, dass die meisten Kinder während der ersten Jahre nicht vollständig mit ihrem bewussten Geist verbunden sind, dass das Bewusstsein wie jeder andere Teil von uns sich an diese physische Welt erst anpassen, sich entwickeln und festigen muss, ehe es ganz ausgebildet ist. Möglicherweise sind gerade deshalb Erinnerungen an die frühe Kindheit schwer zugänglich. Und vielleicht war es aus diesen Gründen, dass ich mich in dem Jahr, als ich sieben war, sowohl in meinem Körper als auch in der Welt weitaus präsenter fühlte. Die Erinnerungen an Ereignisse in meinem Leben und dem der Menschen ringsum sind von da an wesentlich klarer und leichter wachzurufen.

Die Phase zwischen Ende 1968 und Anfang 1969 ist mir deutlich im Gedächtnis, weil mein ältester Bruder Tommy wieder zu uns nach Hause zurückkehrte. Seine Ankunft zwischen Weihnachten und Neujahr war der ganzen Familie höchst willkommen. Tommy war immer lustig und äußerst ausgelassen gewesen, ein echtes Glasgower Original. Dass er Weihnachten mit uns verbrachte, war genauso gut wie ein Besuch vom Nikolaus. Er gehört zu denen, die leicht zum Lachen zu bringen sind, und ist seinerseits imstande, andere fröhlich zu stimmen.

Seine Abwesenheit war mir ein Rätsel gewesen. Sobald ich nach ihm fragte: »Mami, wann kommt'n Tommy heim, iss er nicht schon seit Ewigkeiten weg?«, erwiderte sie gewöhnlich: »Sei still jetzt, frag mich nicht mehr über Tommy aus, und tu das ja nicht, wenn Leute im Haus sind. Los, geh raus, spiel mit deinen Brüdern und stell keine Frag'n mehr über Dinge, die Jungs nicht stell'n sollten.«

Ein weiteres dieser Familiengeheimnisse, an die ich mich gewöhnen würde …

Tommy, mittlerweile einundzwanzig, voller Begeisterung für das Leben, hatte stets faszinierende Gesprächsthemen – Orte, an denen er gewesen war, Menschen, die er getroffen hatte, seine vielfältigen Interessen. Wie ich viele Jahre später erfuhr, war er deshalb fort gewesen, weil man ihn in eine Jugendstrafanstalt gesteckt hatte, die ihn irgendwie veränderte. Einmal sollte er tagsüber auf mich aufpassen, aber statt zu Hause zu bleiben, nahm er mich mit in die Stadt. Sämtliche Einzelheiten dieses Ausflugs sind mir noch immer deutlich gegenwärtig. Es begann damit, dass wir in den Bus Nummer vier stiegen, der durch die Mansel Street fuhr. Wir saßen oben, und Tommy rauchte. Daran erinnere ich mich, weil ich genau beobachtete, wie er das tat. Er rauchte anders als meine Mutter, hielt die Zigarette zwischen Zeigefinger und Daumen, wohingegen Lizzy sie äußerst angespannt zwischen den Spitzen von Zeige- und Mittelfinger hielt, was den Eindruck erweckte, als könnte sie jeden Moment herunterfallen. Seltsam, was Kinder alles wahrnehmen.

In der Stadt kamen wir an einem riesigen grauen Gebäude oben in der Cathedral Street vorbei. Tommy sagte zu mir, dass Betty und Sandra in diesem Gebäude arbeiteten. Es trug den Namen des Verlags Collins, wo meine Schwester wie auch meine Cousine als Buchbinderinnen angestellt waren. Wir bewegten uns weiter zur Bath Street im Norden der Stadt und stiegen aus. Danach ging Tommy mit mir in ein Plattengeschäft – nie werde ich vergessen, wie er mich in eine Art großen Glaskasten setzte, eine Tonkabine. Er zog eine kleine Flasche Limonade aus der Tasche und reichte sie mir. Mir war, als würde ich eine Belohnung bekommen.

Kurz darauf veränderte sich sein Gesichtsausdruck, der Blick wurde sehr ernst, und er gab mir folgende Anweisungen: »Hör zu, Gordon, ich muss kurz weg. Wird nicht lang dauern, also bleibste einfach hier sitzen und rührst dich nicht von der Stelle, okay? Der Mann da drüben wird dich im Auge behalt'n, vergiss nicht, bin bloß 'n paar Minuten unterwegs.«

Ich verstand die Botschaft: Er ließ mich gerade in der Stadt allein und ging los, um die eine oder andere Angelegenheit zu erledigen – irgendetwas, wovon ein Siebenjähriger nichts wissen sollte. Das Gute war, dass er mir eine Limonade gegeben und einen großen gepolsterten Kopfhörer über die Ohren gezogen hatte, den er entsprechend zurechtrückte, um sich dann schleunig zu entfernen.

Was für ein seltsamer Augenblick für mich! Ich hatte keine Ahnung, wo ich war, saß einfach nur mit bedeckten Ohren in einem Glaskasten. Meine Mutter hätte ihn wahrscheinlich umgebracht, wäre ihr klar gewesen, was er getan hatte, oder wenn ich ihr davon erzählt hätte, also von der Limonade und den überdimensionierten »Dosen« an meinem kleinen Kopf. Doch dann geschah etwas, das ich bis dahin noch nie erlebt hatte. Ein Sound erfüllte meinen ganzen Körper mit einem Takt und Rhythmus, die mit meiner Seele harmonierten und den Pulsschlag extrem beschleunigten. Eine außergewöhnliche Empfindung, die mir bis auf den heutigen Tag unvergesslich ist. Es handelte sich um das Intro von Marvin Gayes damaligem Hit *Heard it through the Grapevine*, und die Melodie drang lauter in mein Ohr als jede Musik, die ich vorher gehört hatte. Das Gefühl, das sie in mir auslöste, war wirklich berauschend. Wow, das haute mich völlig um! Noch heute bekomme ich eine Gänsehaut, wenn die ersten Takte dieses Stücks im Radio oder im Fernsehen gespielt werden. Dann spüre ich, wie ich zurückdrifte in die Vergangenheit und den Glasgower Plattenladen mit seinen alten Tonkabinen. Dafür werde ich Tommy immer dankbar sein, denn aus dieser frühen, wunderbaren Erfahrung entwickelte sich im Laufe meines Lebens eine große Liebe zur Soulmusik, und sie begann in jenem Moment.

Gewiss, Tommy war mein Bruder, den ich verehrte, aber auch ganz schön cool; viele Leute hatten damals bestimmt den gleichen Eindruck. Er war stets von vielen Freunden und gutaussehenden Mädchen umgeben und schien die Freude – manchmal jedoch das Unheil – förmlich anzuziehen. Mir war das gleichgültig, denn ich genoss einfach seine Nähe. Er war und ist weiterhin voller Leben. Das Einzige, was sich bei ihm verändert, ist das Alter.

Gleichzeitig aber änderte sich die Dynamik in unserem Zuhause. Ständig kamen und gingen Leute, und die Vorbereitung der Schlafplätze glich einem Stuhltanz, bei dem immer ein Stuhl fehlt. Alles hing davon ab, wer von der Familie nach Hause kam oder ob ein zusätzlicher Streuner über Nacht blieb. Wenn zum Beispiel Tommy da war, schlief er in Jonnys Bett, der wiederum das Bett mit Sammy teilte, während ich am unteren Ende von Joans Bett lag. Das kann man sich bestimmt gut ausmalen, doch Anfang 1969 passierten in kurzer Folge einige Dinge, weshalb ich schließlich das Sofa im Wohnzimmer eine Zeitlang für mich hatte, ein wahrer Luxus.

Im Jahr zuvor hatte Betty geheiratet und war mit ihrem Mann Joe zusammengezogen. Als an Neujahr die Glocken läuteten, konnte sie jeden Moment niederkommen – und brachte dann in den frühen Morgenstunden des 3. Januar einen Jungen zur Welt. Wieder einmal sollte ich keine Fragen stellen, vor allem nicht über Babys und wie meine Schwester schwanger geworden war. Lizzy hätte mir nicht nur die Leviten gelesen, sondern mich vielleicht sogar geohrfeigt und früh ins Bett geschickt – zumindest bis jemand anders es gebraucht und mich aufs Sofa gehoben hätte.

Ich weiß nicht viel über Bettys Hochzeit, erinnere mich aber genau an eine Party in der Wohnung über der unseren, wo nun meine Schwester mit ihrem Mann Joe Flood lebte. Eine kleine Zusammenkunft war wohl alles, was die beiden Familien sich leisten konnten. Ich befand mich mit meinen Brüdern Sammy und Jonny in unserer Wohnung. Außerdem waren die Kinder von Onkel John da, beide genauso alt wie Sammy und Jonny. Wir hatten riesigen Spaß beim Spiel mit den Mänteln, die die Gäste auf unserem Sofa übereinandergelegt hatten. Fünf Kinder können sich prächtig amüsieren mit einem hohen Haufen Mänteln, sich darunter verstecken und damit verkleiden oder für einen Lacher Zigarettenkippen und Zuckerstücke in die Taschen stecken. Unser Sammy ergatterte sogar ein paar Shillings, die er darin fand oder durch den Weiterverkauf der dabei erbeuteten Gegenstände einheimste.

Wir waren derart vergnügt, dass wir unsere Eltern und Familien überhaupt nicht vermissten. Lizzy sorgte dafür, dass alle fünf Minuten jemand herunterkam, um nach uns zu schauen. Es herrschte eitel Sonnenschein – bis zu jenem Klopfen an der Eingangstür, die Sammy schließlich öffnete: Ein Ehepaar wollte wissen, wo die Party stattfand. Sammy dachte zuerst, die beiden hätten sich in der Tür geirrt, aber es stellte sich heraus, dass mein Cousin Mick, der gerade die Treppe heruntereilte, sie kannte: Ihre Namen waren Margaret und Alec Marshall, Freunde meines Onkels John. Mick teilte ihnen mit, zur Wohnung einen Stock höher zu gehen, und damit schien die Sache erledigt. Aber dem war nicht so.

In der Nachbarschaft machte man sich über die Marshalls ein bisschen lustig. Alec war ein kleiner, ziemlich dürrer Schmeichler, der nie einen Job hatte, aber für Onkel John den einen oder anderen Auftrag erledigte. Wir bezeichneten ihn manchmal als Warze auf dessen Hintern. Margaret war wesentlich größer und breiter, kommandierte ihren Mann gern herum und beklagte sich über ihn. Die Marshalls waren zur Party nicht eingeladen gewesen, ja Mrs Flood, Joes Mutter, kannte sie überhaupt nicht. Sie begegnete den beiden auf dem Treppenabsatz vor ihrer Wohnung, hielt sie für ungebetene Gäste und schickte sie zum Teufel. Damals in Glasgow mogelten sich Leute oft auf Partys, um einen Drink für umsonst zu bekommen.

In unserer Wohnung unten hatten wir alle gerade einen Riesenspaß, als die nicht verschlossene Eingangstür aufsprang, Alec hereinstürmte und in sehr hohem, fast hysterischem Ton über die Schulter seiner Frau etwas zurief, die wie ein Berserker hinter ihm hereinplatzte. »Margaret, mein Schatz, ich liebe dich, bitte schlag mich nicht, ich liebe dich, Darling, Süße, bitte, nein, warte …«

Das Geschrei ließ uns in unserem Spiel erstarren, und so richteten wir die Augen auf dieses Schauspiel. Alec, wie erwähnt ein kleiner, schmächtiger Typ, rannte jetzt um unser Sofa herum, auf dem weiterhin der Berg Mäntel ruhte, und schien völlig außer Atem. Margaret war ihm trotz ihrer Leibesfülle dicht auf den Fersen, konnte aber nur mit Mühe wenden.

»Du dürrer, verlogener, schlangenhafter Lump, wenn ich dich erwisch, erwürg ich dich, bleib steh'n und nimm's wie 'n Mann, du verdammter Aal!«

Das war packender, faszinierender Stoff.

»Liebling, Schatz, Süße, bitte!«

Seine Worte hätten direkt aus einem Song von James Brown stammen können, doch dem Wirbelsturm Margaret stand nicht der Sinn nach säuselndem Geplauder.

»Nenn mich nicht ›Schatz‹, bin keine ›Süße‹, du verfluchte Ratte, ich werd …«

In diesem Moment fing sie ihn ein, vor dem Sofa, holte mit ihrem dicken Arm weit aus und versetzte ihm einen rechten Kinnhaken, der ihn in hohem Bogen auf die Mäntel warf. Sein Körper überschlug sich, vollführte eine Art Rolle rückwärts und landete mit dem Kopf nach unten hinter der Couch.

Die Sache war damit aber noch nicht beendet, weil Margaret ihre mächtige Gestalt mit voller Wucht gegen das Sofa schleuderte, wodurch dieses umkippte und Alec fast unter sich zerquetschte. Sie drehte sich auf den Rücken, während er durchs nahe offene Fenster zu entfliehen versuchte. Doch Margaret war blitzschnell zur Stelle und zeigte erneut große Geschicklichkeit, indem ihre Wurstfinger nach seinem zerbrechlichen Knöchel schnappten und ihn fest umschlossen. Es sah aus, als würde ein Bär mit seiner Pranke einen glitschigen Lachs ergreifen.

»Ahhhhhh!«, schrie Alec wie ein entsetztes Mädchen, als seine Frau an ihm zerrte. Er steckte jetzt im Fenster fest – der Oberkörper draußen, der Rest drinnen – und hatte sich etwas vorwärts bewegt, nur um dann mit dem Unterleib hart gegen den hölzernen Sims zu prallen.

»Ahhhhhhhh!«

Weitere schrille Schreie von Alec – und lautes Gelächter von all den Kindern, die herumstanden und sich am Spektakel ergötzten.

Plötzlich erschienen meine Eltern und Onkel John im Wohnzimmer, um diese Szene mit erstaunten Blicken zu verfolgen. Dann strömten weitere Leute von der Party herbei, die sehen wollten, was da vor sich ging. Margaret lag mittlerweile auf der klapprigen Gestalt ihres Mannes, der sich unter ihrer alles bedeckenden Masse wand. Die Gegenwart der anderen Personen im Zimmer musste Mrs Marshall dazu bewogen haben, den Kopf nach hinten zu drehen, wodurch Alec sich ihrem Zugriff entziehen konnte. Er hüpfte durchs Fenster, direkt in die Brennnesseln unseres vorderen Gartens.

»Verflucht nochmal, was iss'n hier los?«, schrie Lizzy.

Doch Margaret ignorierte sie und zwängte sich ihrem Mann hinterher durchs Fenster, das ganz aufging, als der Oberkörper nach draußen strebte; die Beine schossen in die Höhe, sodass ihr Schlüpfer nun für alle sichtbar war. Sie schien gewillt, ihm eine weitere Lektion zu erteilen, wohlwissend, dass sie die

Schamgrenze längst überschritten hatte. Mitten im Garten rollte Alec auf den Rücken, während Big Maggie über ihm stand wie ein Gladiator, der darauf wartete, dass die Menge mit dem Daumen nach oben oder nach unten zeigt. Damals hatten wir kein Bezahlfernsehen, aber das brauchten wir doch wirklich nicht, oder? Sie fing an, mit ihren starken fleischigen Armen auf ihn einzuprügeln, ein Volltreffer nach dem anderen, bis schließlich mein Vater hinter ihr auftauchte, mit sanfter Kraft den Arm um sie legte und sie zurück ins Haus führte – diesmal durch die Tür.

»Sammy, tut mir echt leid, aber bin total sauer, dass dieser hinterfotzige Kerl mich angelog'n hat. Was für 'n verdammtes Theater vor all den Leuten.«

Die arme Margaret war völlig erschöpft und benötigte jetzt einen Drink.

Die Show war vorbei und damit offenbar auch die Party in der Wohnung der Floods. Typisch Papa, er regelte die Angelegenheit und bat sämtliche Gäste in unsere Wohnung, um weiterzufeiern. Sogar die Marshalls kamen in Fahrt und schwangen das Tanzbein. Alles in allem genoss jeder den Abend in vollen Zügen. Bei Partys in Glasgow war es normal, Kämpfe auszutragen, und wenn die Streitereien schon zu einem frühen Zeitpunkt begannen, konnte man doch hinterher fröhlich zusammensingen, und das geschah auch bei diesem Anlass. Alec gab das Lied *Too Many Chiefs … Not Enough Indians* (Zu viele Häuptlinge … nicht genug Indianer) zum Besten, während er mit verdrehten Augen, die aus seinem schmalen, abgespannten Gesicht Protest bekundeten, seine Frau anstarrte. Ich glaube, Big Margaret antwortete ihm mit dem Song *Who's Sorry Now* (Wem tut's jetzt denn leid).

***

Nachdem einige Türen weiter eine Familie eingezogen war, sollte ich abermals miterleben, wie meine Eltern sich um die Angelegenheiten in der Nachbarschaft kümmerten. Gewöhnlich spielte ich mit einem der Jungen meines Alters auf der Straße, aber an einem sonnigen Abend waren einige von uns in der Küche versammelt. Plötzlich hörten wir laute Schreie, die von draußen kamen. Es war die Stimme einer Frau, und sie klang verzweifelt. Mein Vater eilte hinaus und schrie zwei Männer an, die unsere Nachbarin festhielten und versuchten, sie aus ihrer Eingangstür zu zerren.

»Hey, ihr zwei, lasst sie los!«

Die Männer trugen feine Anzüge, was uns ein Wink hätte sein müssen. Lizzy und mein Bruder Tommy flitzten an Papa vorbei, nahmen die beiden zwischen sich und schlugen auf sie ein.

»Eine arme, wehrlose Frau schlag'n, das macht man nicht, du verdammter Feigling!«, brüllte Lizzy den einen an, während sie ihn zu Boden rang.

Es stellte sich heraus, dass unsere Nachbarin mit der Miete in Rückstand geraten war und dass der Hauseigentümer diese Typen losgeschickt hatte, um sie aus ihrer Wohnung zu werfen. Als es meinem Vater gelungen war, die handgreifliche Auseinandersetzung zu beenden, und er sichergestellt hatte, dass weder gegen seine Frau noch seinen Sohn Anzeige erstattet würde, erklärte er sich bereit, die Mietschulden zu begleichen und unserer armen Nachbarin eine Chance zu geben, mit sich und ihrer Situation wieder ins Reine zu kommen.

Der Auszug meiner Schwester Betty gehörte zu den großen Veränderungen, die um 1969 eintraten. Auch meine Cousine Sandra, die jahrelang bei uns gelebt hatte, verließ die Wohnung, jedoch unter ganz anderen Umständen.

Glasgower Banden hingen an Straßenecken herum, scharten sich manchmal zusammen, um gegen Banden aus anderen Vierteln zu kämpfen. Im Norden der Stadt trug eine der berüchtigtsten Gangs den Namen *Springburn Peg.* Die Mansel Street, wo wir wohnten, lag in einem Gebiet namens Balornock, das wirklich nur eine Verlängerung von Springburn war, weshalb viele Gang-Mitglieder in unserer Nachbarschaft lebten. Sandra hatte sich mit einem von ihnen angefreundet, der Sammy Divers hieß. Ursprünglich aus den Gorbals stammend, machte sie den Typen der Springburn-Gang klar, dass sie Übergriffe auf Leute von hier keine Minute überstehen würden. Tatsächlich hatte sie eine Vorliebe dafür, diese jungen Männer zu demütigen, und forderte manch einen sogar zum Kampf heraus. Ihrer Meinung nach konnte selbst eine Frau aus den Gorbals mit einer Gruppe von Männern im Faustkampf fertigwerden. Obwohl wir alle Sandra sehr gern mochten, weil sie lustig und freundlich war, hatte sie doch auch ein besitzergreifendes Wesen mit dem Hang zur Aggression.

Offensichtlich war sie innerlich durcheinander. So hatte man sie nach heftigen Kämpfen mit Jungen zu uns geschickt, damit etwas mehr Ordnung in ihr Leben käme.

Es war ziemlich klar, dass sie weiterhin Ärger suchte, aber Sandra wusste, dass wir immer für sie da wären, falls die Dinge aus dem Ruder liefen. Außerdem hatte sie in den Gorbals viele Freunde, deren Name und Ruf einiges Gewicht besaßen, und wahrscheinlich war es das, was die Springburn-Boys davon abhielt, auf ihre Drohungen zu reagieren. Doch eines Nachts ging Sandra ein bisschen zu weit, wodurch sich die Spannungen explosionsartig entluden und sie zwangen, schnellstens in die Gorbals zurückzukehren; vielleicht fürchtete sie weniger die Gangs in Springburn als die Strafe meiner Mutter für ihr unbesonnenes Verhalten.

Zu jener Zeit war Betty gerade mit ihrem neugeborenen Sohn Stephen aus dem Krankenhaus gekommen. An einem Samstagabend hielt sie sich mit ihrem Mann Joe und dem Säugling in unserer Wohnung auf, um ihn Tante Sadie zu präsentieren, der Schwester meiner Mutter. Sie war mit ihrem Mann Abby bei uns zu Besuch. Ich weiß, dass es ziemlich spät war, als es zum Knall kam, denn meine Brüder und ich lagen schon im Bett. In dieser Nacht teilte ich es mit Jonny, also muss jemand anders für das Sofa eingeplant gewesen sein. Alles war in Ordnung, wir hörten die vertrauten Stimmen der Erwachsenen im Wohnzimmer – bis dann der lauteste Donner erfolgte, den ich je in meinem jungen Leben gehört hatte. Als wäre eine Bombe explodiert: Das Geräusch von berstendem Glas dröhnte so tief in meinen Ohren, dass mein Kopf für einen Moment erstarrte.

Voller Entsetzen sprang ich zusammen mit meinen beiden Brüdern aus dem Bett. Als wir die Schlafzimmertür aufrissen, sahen wir, dass die Erwachsenen bereits durch die Eingangstür geeilt waren, die weit offen stand. Und wie es in unserer Familie manchmal geschah, rannten auch wir los, wenn die Erwachsenen es taten.

So seltsam es klingt: Ich kann mich nicht daran erinnern, dass jemand von uns geschrien oder geweint hätte. Wir waren vor Fassungslosigkeit einfach ganz still. Betty, die uns Kindern am nächsten vor dem Weg zum Haus stand, schaute zum fernen Ende der Mansel Street. Als sie uns drei in ihrem Rücken bemerkte, drehte sie sich um und forderte uns auf, ins Haus zurückzugehen. Sie schien schockiert, und auch wir stellten fassungslos fest, dass alle Fenster unseres Hauses zerstört worden waren. Sogar die kleine quadratische Scheibe im oberen Teil der Eingangstür war zerbrochen. Alle Mitglieder einer Bande mussten mit Stangen oder Ziegelsteinen vor jedem der Fenster postiert gewesen sein, um auf ein Zeichen gleichzeitig zuzuschlagen.

Das Gefühl von panischer Angst überwältigte mich erneut, als ich drinnen noch einmal Betty ansah. Sie hob ihren Säugling aus dem großen Kinderwagen, wo er geschlafen hatte, und wiegte ihn. Sie zitterte wie wir alle, schaute sich verwirrt um, nahm dann Jonny und mich neben sich auf das Sofa – eine der wenigen Stellen ohne Glassplitter – und versuchte uns zu beruhigen.

»Okay, ihr zwei bleibt jetzt hier sitz'n und rührt euch nicht vom Fleck, bis ich euch's sag, verstanden?«

Keiner von uns brachte ein Wort über die Lippen, aber Sammy marschierte schnurstracks ins Schlafzimmer, um sich anzuziehen. Wahrscheinlich wollte Betty ihre letzte Kraft nicht mit einer Diskussion darüber verschwenden, dies zu unterlassen. Jedenfalls würde nichts und niemand ihn hindern, nach draußen zu gehen und die Lage in Augenschein zu nehmen. Meine große Schwester wirkte erschöpft und tief besorgt, während sie Stephen in ihren Armen wiegte, um ihn dann in den hohen blauen Kinderwagen zurückzulegen. Anschließend bückte sie sich und fing an, einige größere Scherben aufzuheben, die überall im Wohnzimmer verstreut lagen.

Angst hatte ich bereits vorher erfahren, aber jetzt fühlte ich etwas weitaus Schlimmeres. Es begann mit einem inneren Geräusch, ähnlich einem Alarm. Ich wusste, dass es in mir war und von niemandem gehört werden konnte, aber es erschreckte mich. Es wurde immer lauter, viel zu laut, um andere Gedanken oder Gefühle zu hegen als jene, die von Panik zeugten.

Betty hatte uns unmissverständlich befohlen, so lange auf dem Sofa sitzen zu bleiben, bis feststand, dass wir in Sicherheit und alle Glassplitter im Wohnzimmer beseitigt waren. Wenigstens erfüllte eine laute Stimme den Flur, und sie fühlte sich weitaus besser an als der Donnerschlag, der kurz zuvor jede

Scheibe unseres Hauses zersplittert hatte. Diese Stimme schien ganz vertraut.

»Diese verfluchten Hur'nsöhne, du hättest zulassen soll'n, dass ich den Mistkerl abmurkse, Sammy.«

Es war Tante Sadies Stimme, die wir zuerst hörten.

»Hab ihn schon im Schwitzkasten gehabt, genau so, jawoll.«

»Alle beruhigen sich jetzt mal, da drauß'n iss die Polizei«, erwiderte mein Vater mit vernehmlicher, doch angespannter Stimme.

Die Wohnzimmertür öffnete sich, und meine Mutter stürmte herein. Sie schwieg, kein gutes Zeichen. Ihr Gesicht bebte vor Zorn, was darauf hindeutete, dass sie bereit war, jemanden umzubringen.

»Sind die Kleinen okay, Betty? Sorg dafür, dass die sich nicht von der Stelle rühr'n, bis ich dieses verdammte Chaos aufgeräumt hab.«

Während das Blut in ihren Adern kochte, ging sie doppelt so schnell wie meine Schwester an die Arbeit.

»Was iss passiert, Ma? Wer war's, weißt du's schon? Haste sie erwischt?«

Angsterfüllt bombardierte Betty meine Mutter mit Fragen. Aus dem Flur drangen Seufzer, dann hörte ich, wie mein Vater mit jemandem sprach.

»Du kommst hier nicht raus, Junge, bevor du mir nicht gesagt hast, wer du bist und warum ihr das getan habt, kapiert?«

Mein Vater hatte einen aus der Bande geschnappt, der für den Anschlag mit verantwortlich war. Er hielt ihn durch eine Art Halbnelson am Nacken fest, sodass der Typ nicht fliehen konnte. Offenbar hatte er ihn am fernen Ende der Straße eingefangen und mit diesem Griff bis ins Haus gezerrt. Der Ganove hatte Glück, meinem Vater in die Hände geraten zu sein und nicht Lizzy …

Der weitere Verlauf jener Nacht liegt wie in einem Nebel, ja ich weiß nicht einmal mehr, wie ich nach all den Ereignissen einschlafen konnte, erinnere mich aber deutlich an den nächsten Morgen. Es schien, als stünden sämtliche Bewohner der Mansel Street vor unserem Anwesen und betrachteten die Bretter, die mein Vater zusammen mit Joe an den Fensterrahmen vorn, seitlich und hinten angebracht hatte.

»Was ist denn nur passiert, Gordon?«, fragte mich Cathy Urquhart. »Meine Ma meinte, 's hätte was zu tun mit deinem Bruder Tommy, stimmt das?«

»Nö, mein Pa hat gesagt, die durchgeknallten Verwandten deiner Mama wär'n letzte Nacht aufgekreuzt und zwischen allen hätt's mächtig Zoff gegeb'n«, warf Alex White ein, der ein Jahr älter war als ich und ein paar Häuser weiter wohnte. Es kursierten mehrere Theorien darüber, wer aus welchem Grund unsere Fensterscheiben zerschlagen hatte. Aber da die Atmosphäre im Haus zum Zerreißen gespannt war, wagte ich es natürlich nicht, diesbezügliche Fragen zu stellen. Erst einige Jahre später erzählte mir Betty, was tatsächlich vorgefallen war.

Am Abend zuvor war meine Cousine Sandra auf einer Party in Springburn gewesen und hatte meine Schwester Joan mitgenommen, obwohl die erst fünfzehn war. Hinterher sagte Joan, Sandra habe mit einem der Mädchen des Viertels gestritten, der Freundin von Sammy Divers, dem Bandenchef. Diese habe ihren nagelneuen Pelzmantel vorgeführt, den Sammy für sie gekauft hatte, und alle anderen Mädchen seien vor Neid fast geplatzt. Anscheinend hatte Sandra beobachtet, wie die junge Frau ihren Mantel auf das Bett in einem der Schlafzimmer legte, ehe sie ins Wohnzimmer ging, um mit ihrem Freund zu tanzen. Daraufhin begab sich meine Cousine in die Küche, entdeckte ein großes Tranchiermesser und schlich damit ins Schlafzimmer. Dort zerschnitt sie den Pelz, dessen Teile nun in Streifen nebeneinanderlagen.

»Hey, du blöde Kuh, warum ziehste nicht deinen Pelzmantel an und führst für uns alle ’ne kleine Modenschau auf?«, fragte Sandra.

In diesem Moment hielten sämtliche Partygäste inne und richteten den Blick auf meine Cousine, die mit dem großen Messer dastand und laut auflachte. Das Mädchen raste ins Schlafzimmer und stieß einen schrillen Schrei aus.

Dann wandte sich Sammy Divers an Sandra und rief: »Biste total ballaballa? Was iss’n los mit dir?«

Joan zufolge geschah an diesem Abend nichts weiter, vor allem deshalb, weil Sandra einen gewissen Ruf hatte und zudem ein scharfes Messer in der Hand hielt. Man ließ sie ohne Probleme ziehen, aber natürlich war dem Bandenchef vor seiner Freundin, den Bandenmitgliedern und anderen Gästen ein Zacken aus der Krone gebrochen.

So kam es, dass sich am darauffolgenden Abend die Rache der Bande mit voller Wucht an unserem Haus entlud. Der Typ, den mein Vater erwischt hatte, war Sammy Divers. Er übergab den jungen Mann jedoch nicht der Polizei, sondern nahm die Sache selbst in die Hand und führte (oder zerrte) ihn zu seinen Eltern. Als sie von der Zerstörung an unserem Haus erfuhren, ganz zu schweigen von den kleinen Kindern, die sich darin aufhielten, boten sie sofort an, sämtliche Reparaturkosten innerhalb von zwei Tagen zu begleichen. Die Eltern waren aufgebracht, und mein Vater hatte den Eindruck, dass sie ihren Sohn mit eigenen Mitteln züchtigen würden.

Zwei weitere Bandenmitglieder, die meine Familie am Ende unserer Straße dingfest gemacht hatte, wurden am nächsten Morgen mit kleineren Verletzungen aus dem Krankenhaus entlassen. Diese beiden jungen Männer waren in eine Gasse gerannt, wohl fest davon überzeugt, dass die Bewohner des Hauses, auf das sie gerade einen Anschlag verübt hatten, zu geschockt und verängstigt wären, um nach draußen zu gehen und irgendwelche Maßnahmen zu ergreifen. Wie sehr man sich doch irren kann … Mama und meine Tante schnappten sich jeweils einen von ihnen. Betty und Joe mussten Sadie offenbar daran hindern, dem Typen das Genick zu brechen, denn sie war drauf und dran, ihm mit bloßen Händen den Kopf abzureißen.

Lizzy wiederum hatte ihre übliche Methode angewandt und den anderen mit Fausthieben zu Boden gestreckt. Als er keine Gegenwehr mehr leistete, ließ sie ihn liegen und eilte meinem Vater und Abby zu Hilfe. Beide versuchten, des Bandenchefs habhaft zu werden, der sie mit einem Messer bedrohte und in Schach hielt. Lizzy ging unerschrocken auf Sammy Divers zu und verpasste ihm einen Kopfstoß. Er fiel hintenüber, vermutlich ebenso fassungslos wie unter Schock.

Ich entsinne mich nur undeutlich, was Sandra infolge dieses Vorfalls widerfuhr, weiß aber genau, dass sie unser Haus verließ, ohne je wieder dort zu wohnen. Nicht lange danach ging ich mit meiner Mutter zu einem Haus in den Gorbals, das Kate Lyons gehörte, Sandras Großmutter, wo lautes Stimmengewirr herrschte. Unser Besuch hatte zum Ergebnis, dass Sandra zu ihrem eigenen Schutz in die Gorbals zurückkehren sollte, denn auf den Straßen von Springburn war sie nicht mehr sicher. Zugleich aber sah sich meine Mutter in Anbetracht der Ereignisse außerstande, mit Sandra fertigzuwerden. Ich war erst drei Jahre alt gewesen, als meine Cousine 1965 bei uns einzog, weshalb sie wie eine große Schwester für mich war, lustig, großzügig und stets bereit, uns zu beschützen, wenn wir in Gefahr schwebten. Ihre Abwesenheit versetzte mir einen Stich, schmerzte mich zutiefst.

Eines dürfte inzwischen klargeworden sein: Meine Familie war eine verschworene Gemeinschaft, die mir trotz der extrem gewalttätigen Umgebung ein Gefühl von Sicherheit vermittelte. Doch schon bald erwies es sich als trügerisch.

Ich war wohl gerade sechs, als ein älterer, halbwüchsiger Junge, der ein paar Türen weiter wohnte, mich über seinen Gartenzaun hob. An der Rückwand des Hauses stand ein Motorrad, bedeckt mit einer Plane, unter der er sich mit mir verkroch.

»Tut nicht weh«, sagte er.

Hinterher gab er mir ein Zweishillingstück mit den Worten: »Das iss unser Geheimnis.«

Dieser Vorgang wiederholte sich viele Male.

Ich erinnere mich nicht, penetriert worden zu sein, wohl aber an den Geruch und das Geräusch der sich bewegenden Plane sowie an die Empfindung, inmitten eines schlimmen Geschehens ohnmächtig zu werden, als hätte ich mich vom Rest der Welt abgekoppelt. Manchmal schien mir sogar, als würde ich meinen Körper verlassen, um dem Gräuel zu entfliehen, den man ihm antat.

Doch jener Halbwüchsige war nicht der Einzige. Etwa zur gleichen Zeit wurde ich in unserer Straße von einem älteren Mann sexuell missbraucht. Er ermunterte kleine Kinder, sich auf seinen Schoß zu setzen, sagte ihnen lustige Sachen, legte Münzen in ihre Hände und drückte sie fest an sich. Dann forderte er einen auf, in seine Hosentasche zu greifen und nach Geld zu suchen, aber die Tasche war ohne Futter, und so stieß man auf seinen erigierten Penis. Ich weiß noch, wie er flüsterte: »Sch, darfst niemandem was drüber sag'n, das iss 'n Geheimnis.« Einmal führte er mich hinter das Gebäude, in dem seine Familie lebte, und vergewaltigte mich. Es passierte am helllichten Tag, als unsere Straße belebt war, und mir ist schleierhaft, dass kein Mensch etwas davon mitbekam. Ich kann mich wirklich nicht erinnern, wie sich diese Erfahrung anfühlte. Wahrscheinlich hat mein kindlicher Geist die ganze Angelegenheit einfach verdrängt, oder ich bin in einer Art Tagtraum versunken. Der sexuelle Akt jedoch, der an mir vollzogen wurde, ließ in meinem Gedächtnis keine Spuren zurück. Ich habe Jahre in Meditationskursen verbracht, über zwanzig Jahre lang Selbstbewusstheit eingeübt und unterrichtet, aber aus irgendeinem Grund ist jener Augenblick nicht mehr abrufbar. Meines Erachtens verfügt unser Bewusstsein während der Kindheit und Jugend über natürliche Reaktionen, die solchen Eingriffen entgegenwirken. Jedenfalls scheint mir, dass ich dadurch weder mental noch emotional geschädigt wurde; dieser Mann konnte meine Seele nicht berühren. Bei meinem Gang durchs Leben habe ich nie mehr zugelassen, zum Opfer seines ungehörigen Verhaltens zu werden.

Das Gefühl, in einem tranceartigen Zwischenzustand zu sein, kehrte von Zeit zu Zeit zurück, meistens dann, wenn etwas Schlimmes geschah, bisweilen aber einfach nachts. Plötzlich wachte ich auf, sah meine Brüder in tiefem Schlaf liegen, hörte dabei jedoch verzerrte Stimmen in der Dunkelheit. Ab und zu erspähte ich auch den Umriss einer Gestalt am Fußende meines Bettes.

Dergleichen ereignete sich auch tagsüber. Dann hatte ich eine Vorahnung oder stellte fest, dass ich die Gedanken gewisser Leute lesen konnte. Des Öfteren fürchtete ich mich davor, jenes Summen zu vernehmen, das dem eines Wespenschwarms ähnelte und aus der Bauchgegend kam. Es deutete darauf hin, dass ich gerade in eine andere Dimension gezogen wurde. Von Natur aus war ich ein verträumtes Kind, was meine Mutter ungeduldig machte, zum Beispiel wenn sie mich dabei ertappte, wie ich abwesend zur Decke starrte. Gewöhnlich packte sie mich dann am Genick, warf mich hinaus auf die Straße und sagte, ich solle loslaufen und mit anderen Kindern spielen. Sicherlich war sie besorgt darüber, ich könnte ein Sonderling sein oder – wie sie sich ausdrückte – ein »totaler Trottel«.

Immer wieder war es die Angst – vor Gewalt oder der ständigen Androhung von Gewalt –, die mich ergriff und weiter vorantrieb. Wenn sie sich derart steigerte, dass sie unmöglich zu überwinden schien, platzte etwas in mir, und ich wusste, jenseits der Angst in eine andere Sphäre gelangt zu sein. Mit einem Mal befand ich mich in jenem Zwischenzustand, wo ich mich sicher fühlte, eben weil ich nicht mehr wirklich existierte. Und genauso plötzlich kehrte ich dann wieder in die reale Welt zurück.

* * *

Krankheit, Geister und Stephen

Mittlerweile war meine Familie aus der Einzimmerwohnung meiner Großmutter in der Portugal Street in einen Neubau umgezogen. Er lag im Glasgower Randbezirk Easterhouse, der errichtet worden war, um allzu dicht besiedelten Vierteln wie den Gorbals mehr Luft zu verschaffen, aber schon bald ebenso berüchtigt wurde.

Verglichen mit der Bleibe in der Portugal Street muss die Wohnung in Easterhouse wie ein Palast gewirkt haben. Sie war groß, hell und sauber, mit eigener Toilette, fließendem warmem und kaltem Wasser. Direkt vor der Tür lagen mehrere Hektar Land, die erforscht werden konnten. Doch der Umzug nach Easterhouse war nicht für jeden ein Anlass zur Freude. Lizzys Bruder Michael, damals achtzehn, und dessen mehrere Jahre älterer Bruder John waren über den Aufbruch meiner Eltern entsetzt und flehten sie an, nicht fortzugehen. Lizzy hatte ihre jüngeren Brüder über so viele Jahre wie ihre Söhne behandelt, aber jetzt musste sie ihnen beibringen, unabhängig von ihr zu werden. Betty zufolge litt meine Mutter besonders im ersten Jahr nach dem Umzug unter Depressionen, und obwohl sie diese Gefühle zu verbergen suchte, kamen ihr die Tränen, sobald von Michael und John die Rede war.

Unangenehme Dinge zu verbergen scheint eine charakteristische Eigenschaft meiner Familie gewesen zu sein. Aber wie mein Bruder Tommy herausfand, musste man sicher sein, dass nicht gerade die Dinge, die man geheim halten wollte, einen im

Grunde verraten würden. Seine in Easterhouse verübten Taten nahmen kein Ende, offenbar ging er von der einen Schwindelei zur nächsten über. Natürlich kam er meist ungestraft davon, denn es handelte sich nie um schwerwiegende Delikte, sodass meine Eltern kaum etwas bemerkten. Doch eine seiner verrückten Unternehmungen brachte meine Mutter wirklich auf die Palme.

Tommy war bezichtigt worden, einem Nachbarjungen, mit dem er sich angefreundet hatte, Tauben gestohlen zu haben. Daraufhin hatte die Mutter des Freundes in unserem Treppenhaus Lizzy angefahren, die nicht lange fackelte und, mich in einem Arm haltend, ihre Gegnerin mit der freien Faust niederschlug. Wie bereits erwähnt, war dies mein erster Kampf, den ich in der Familie miterlebte. Er war blitzschnell vorbei, und Tommy konnte sein Glück nicht fassen – überzeugt, dass Mutter ihm seine Unschuldsbeteuerungen geglaubt hatte. Die Frau zog stillschweigend ab, und Tommy dachte, damit sei die Sache erledigt.

Unsere Mutter war vieles, aber sie war nicht dumm. Sie ahnte, dass Tommy etwas angestellt hatte, aber ihr Grundsatz bestand darin, dass niemand sich ihrer Familie in feindlicher Absicht nähern durfte oder das Recht hatte, eines ihrer Mitglieder zu bestrafen. Nur *sie* konnte das tun. Also fasste sie, als die andere fort war, Tommy um die Schulter und sagte: »Okay, du, lüg mich nicht an, haste dir irgendwas untern Nagel geriss'n, das diesem Jungen gehört?«

In der Hitze des Gefechts hatte Lizzy nicht auf die Worte der anderen geachtet, was genau deren Sohn von Tommy angeblich entwendet worden war.

»Ma, ich schwör auf die Bibel, ich hab nie was aus diesem Haus mitgenommen, ehrlich, Ma, ganz im Ernst, Gott iss mein Zeuge.«

Lizzy betrachtete ein Jungengesicht, das vollkommene Unschuld ausstrahlte. Seine blauen Augen waren weit geöffnet und schutzlos.

»Okay, aber wenn ich rausfind, dass du irgendwas gestohl'n hast, mein Junge, kriegste das Gleiche ab wie die Alte, nur schlimmer.«

Tatsächlich hatte Tommy am Abend zuvor die prämierten Vögel aus dem Taubenschlag des Jungen gestohlen, sich mehrere davon unter den Pulli gestopft, um dann zurückzukehren und weitere Exemplare mitgehen zu lassen, bis das Häuschen leergeräumt war. Als der Kamerad dies bemerkte, verzweifelte er, denn anscheinend waren die Vögel sein ganzer Stolz, seine größte Freude. Unterdessen hatte Tommy sie in Schachteln mit Atemlöchern gesetzt und unter seinem Bett versteckt. Er wollte einen eigenen Taubenschlag auf dem Speicher über unserer Wohnung im obersten Stock bauen. Das hätte ihm vielleicht gelingen können, aber er bedachte nicht den Lärm, den ein kleiner hungriger Taubenschwarm machen kann, und wie sich dieser Lärm zur frühen Morgenstunde in einer bescheidenen Wohnung verstärken würde. Rasch entdeckten meine Eltern, dass sich das Zimmer ihres Sohnes gerade in eine Szene aus Alfred Hitchcocks Film *Die Vögel* verwandelte.

Tommy lacht noch heute, wenn er uns erzählt, was in jener Nacht geschah.

»Sammy, hörst du auch so'n komisches Gebrummel?«

Beide Elternteile waren gleichzeitig aufgewacht wegen diesem monotonen wiederkehrenden Geräusch, das aus dem Zimmer nebenan zu kommen schien.

»*Grugru, grugru, grugru …*«

Es wurde lauter, wie bei einem Chor, der aus immer volleren Kehlen singt.

»*Grugru, grugru, grugru …*«

Tommy versuchte, jede Taube einzeln zu füttern, aber die Nahrungszufuhr versetzte sie alle in helle Aufregung, und sofort erhob sich ein lärmendes Gurren.

»*GRUGRU, GRUGRU, GRUGRU*!«

»Ich glaub … sind das nicht Vögel?«, fragte mein Vater zuerst in ungläubigem Tonfall, aber je länger er lauschte, desto sicherer war er. »Das sind Vögel, hundertprozentig. Sind die vielleicht auf'm Dach oder im Speicher, Lizzy?«

Noch während er dies sagte, sprang meine Mutter aus dem Bett und raste ins Zimmer meines Bruders.

»Verdammt nochmal, was iss'n das? Sammy, komm her, schnell!«, rief sie, den Blick auf Tommy gerichtet, der verzweifelt den Tauben begreiflich zu machen versuchte, endlich still zu sein. Lizzy schwenkte die Arme durch die Luft und schrie.

»Ahhhhh, ihr dreckigen, flohverseuchten Viecher! Los, raus aus meinem Haus!«

Ich glaube nicht, dass irgendein Vogel wegen dieser Beleidigungen gekränkt war, aber im allgemeinen Aufruhr stieß Tommy einige der Schachteln um, wodurch weitere, von Panik erfüllte Tauben durchs Zimmer schwirrten.

Bis mein Vater im Türeingang stand, waren überall Federn, am Boden und in der Luft, während verschreckte Tauben um Lizzys Kopf und wedelnde Hände flogen. Wieder einmal entpuppte sich mein Vater als der Retter. Er öffnete das Fenster so weit wie möglich, scheuchte die Vögel langsam, mit seiner typisch ruhigen Art aus dem Zimmer und beendete so den Albtraum meiner Mutter, die sich schon wie Tippi Hedren in Hitchcocks Film vorkam. Doch meine Mutter war damit noch keineswegs beschwichtigt …

»Was zur Hölle machst du mit diesen Schmutzfinken in meinem Haus? Haste die etwa bei dem Jungen geklaut, du kleines dreckiges Lügenmaul, du verdammter Gauner, ich werd …«

Lizzy war jetzt in voller Fahrt und schlug auf Tommy ein, der sich unter der Bettdecke verkroch.

»Mami, ich hab die nicht geklaut, die sind mir einfach zugeflog'n, weil ich Brot auf'n Fenstersims gelegt hab, ich schwör's, so war's, ehrlich!«

Auf diese Antwort hin musste er viele weitere Schläge einstecken … Doch da es sich um Brieftauben handelte, konnten sie gefahrlos und unversehrt zu ihrem Schlag zurückkehren. Tommy hatte den dämlichen Plan ausgeheckt, sie so »umzuerziehen«, dass sie zu ihm zurückkämen. Dann wollte er sie verkaufen in der Hoffnung, sie flögen immer wieder zu ihm, wodurch er sie an andere Leute weiterverkaufen könnte.

Das letzte Jahr der Sechzigerjahre war für mich wirklich von besonderer Bedeutung. Zunächst deshalb, weil ich infolge eines rheumatischen Fiebers kurz vor meinem siebten Geburtstag zwei Monate im Krankenhaus verbringen musste. Ich erinnere mich deutlich an das erste Gefühl, krank zu sein, als ich auf der Straße mit anderen Kindern spielte, plötzlich umfiel und nicht mehr gehen konnte. Meine Kameraden dachten, ich würde herumalbern, und lachten mich aus. Einer von ihnen, Alex White, versetzte mir einen Tritt und ermahnte mich, aufzustehen. Gerade er, der doch ein Freund war …

Ich weiß nicht einmal mehr, wie ich an jenem Tag heimkam. Später wurde mir gesagt, dass mein Vater auf die Straße rannte, mich hochhob und auf den Armen ins Haus trug, wo ich bewusstlos blieb, bis der Arzt eintraf. Er rief sofort den Krankenwagen, der mich ins nahe gelegene Stobhill Hospital bringen sollte. Meine Erinnerung an diese Situation ist aufgrund der schweren Erkrankung allerdings ziemlich verschwommen.

Mehrere Kinder auf der Station namens Edward Unit hatten die gleiche Krankheit, und ein Junge starb während meines

Aufenthalts. Meine Eltern fürchteten um mein Leben. Lizzy hatte bereits ein Kind verloren und dachte ernsthaft, dass auch ich sterben könnte.

Das Krankenhaus war von uns aus gut zu Fuß erreichbar, weshalb viele Menschen mich besuchten.

»Haste von rheumatischem Fieber geredet, Gordon, oder war's nicht doch eher dramatisches Fieber, hahaha?«, hänselte mich mein Bruder Jonny vor der kleinen Gruppe von Leuten, die um mein Bett herumsaßen und nun auch laut loslachten.

Auch Sandra kam regelmäßig zu Besuch und brachte Sachen aus dem Scherzartikelladen mit. Alle Kinder auf der Station mochten am meisten ein Pupskissen, das meine Cousine unter einem Tuch auf dem Stuhl neben meinem Bett versteckte, um dann verschiedenen Besuchern diesen Sitzplatz anzubieten. Der andere Lieblingsgegenstand war ein Spielzeughund, den sie nahe dem Stationszimmer auf dem Boden abstellte, weswegen dann die Oberschwester einer Pflegediensthelferin die Leviten las.

Ich war zwei Monate lang auf dieser Station, vollgepumpt mit Antibiotika. Was einem siebenjährigen Kind wie eine Ewigkeit hätte vorkommen können, fühlte sich wie ein kurzer Moment an. Dennoch erinnere ich mich an die traurige Stimmung, von meiner verrückten, ungestümen Familie getrennt zu sein. Wenn meine Eltern mich nach Ende der abendlichen Besuchszeit verließen, brach ich in Tränen aus. Einmal versuchte ich zu fliehen, wurde aber zwanzig Minuten später in der Küche des Krankenhauses erwischt, weil ich Halt gemacht hatte, um Biskuitkuchen und Vanillesoße zu stehlen. Die Frau, die mich einfing – offenbar eine Dienstbotin auf der Station –, setzte sich neben mich und las mir aus einem Kinderbuch vor, bis ich einschlief.

Als ich schließlich zu meiner Familie zurückkehrte, um eine Zeitlang zur weiteren Genesung daheimzubleiben, schien das

Haus zunächst leer. Da die anderen in der Schule oder in der Arbeit weilten, war ich mit meiner Mami allein. Jeden Morgen etwa um elf Uhr, wenn Lizzy beim Saubermachen und Waschen eine Pause einlegte, brachte sie mir Milch und Kekse. So habe ich glückliche Erinnerungen an jene Zeit, gepaart mit dem starken Gefühl, von meiner Mutter gehegt und geliebt zu werden, ohne Einmischung von jemand anders. Die übrigen Familienmitglieder behandelten mich nach meiner Entlassung aus dem Krankenhaus ebenfalls eine Weile anders, was mir das großartige Gefühl gab, besonders zu sein.

Kurze Zeit später ermunterte mich meine Mutter, in den vorderen Garten zu gehen. Es war ein schöner Tag, und sie dachte, die frische Luft und der Sonnenschein würden mir helfen, Kraft zu sammeln. An diesem Tag war nichts anders, nichts eigenartig, bis ich mir jener Empfindung im Bauch bewusst wurde, dass etwas an mir zerrte, mich aus dem Garten hinaus und auf den Bürgersteig vor unserer niedrigen Hecke zog. Diesen Vorgang kann ich jetzt, während der Niederschrift, noch immer deutlich sehen. Daran knüpft sich meine wirklich reinste Erinnerung.

Die Mansel Street schien länger als üblich, vielleicht weil weit und breit niemand unterwegs war. Normalerweise spielten hier viele Kinder, stiegen an der fernen Ecke ganze Gruppen von Erwachsenen aus den Bussen – und genau dorthin war ich nun gezwungen zu schauen. Ich entsinne mich genau an eine männliche Gestalt, die plötzlich am Ende der leeren Straße stand, sich in Bewegung setzte und auf mich zuging. Es war Ummy, ein Freund meiner Familie.

Niemand konnte sich entsinnen, wie oder warum er seinen Spitznamen bekommen hatte, aber nur unter diesem kannten wir ihn. Ummy war ein Mann jener Zeit, ein netter Mensch.

Später fand ich heraus, dass er aus Polen stammte, als Buchmacher bei Pferderennen arbeitete und in einem Wohnheim übernachtete. Außerdem erfuhr ich, dass er der Geliebte meiner Großmutter Sarah gewesen war, nachdem ihr geschniegelter, oft in Straßenkämpfe verwickelter Mann Bernhard sie verlassen hatte.

Gewöhnlich stattete Ummy uns einen Besuch ab, wenn er auf der Rennbahn hohe Summen gewonnen hatte. Dann brachte er meiner Mutter und uns Geld und Geschenke mit. Außerdem gab er jedem Kind in unserer Straße einen großen braunen Penny. Sobald sie ihn aus dem Bus Nummer vier aussteigen sahen, stellten sie sich in einer Reihe auf, und einige umringten ihn sogar. Manchmal mussten sie lachen über seine banalen Liedchen oder blöden Witze und erhielten dann ihre Belohnung. Doch an diesem Tag war niemand da außer Ummy und mir.

Er schien vollkommen glücklich, lächelte mich an, und ich lächelte zurück. Ummy hatte genau das gleiche Lächeln wie meine Tante Sadie. Damals wusste ich es nicht, aber er war ihr Vater wie auch der meines Onkels Michael. Von unserer Begegnung prägte sich mir besonders auch das Liedchen ein, das er sang. Es ergab überhaupt keinen Sinn, aber die Worte setzten sich in meinem Kopf fest und sind mir noch heute deutlich gegenwärtig: *We will be buried in Dalbeth, we will be buried in Dalbeth* … (Wir werd'n in Dalbeth begrab'n, wir werd'n in Dalbeth begrab'n …) Wieder und wieder sang er diesen Satz, bis ich anfing, mitzusingen. Doch als ich die Worte artikulierte, wich er langsam zurück bis zum Ende der Straße, entglitt mir genauso schnell, wie er auf mich zugegangen war. Ich wollte mich ihm anschließen, einfach loslaufen, um ihn zu erreichen, aber meine Füße hafteten am Bürgersteig. Ummy winkte mir aus der Ferne zu, und ich hörte ihn »Auf Wiedersehen!« rufen.

Das war das Letzte, was passierte, ehe er verschwand und ich mich wieder bewegen konnte.

Weiterhin trällernd, machte ich kehrt und rannte ins Haus, wo meine Mutter vor dem Spülbecken stand und Kartoffeln schälte. Ungeduldig griff ich nach ihrem Rock und rief: »Ummy war da, Ummy war da!«

Lizzy drehte sich um, ihr feuriger Blick schien mich zu durchbohren, aber sie schwieg. Ihr Mund öffnete sich nur ein wenig.

Dann sprudelten die Worte aus mir hervor: »Wir werd'n in Dalbeth begrab'n, wir werd'n in Dalbeth begrab'n!«

»Hör auf damit!«

Meine Mutter wirkte in einer Weise erschrocken, wie es mir nie zuvor an ihr aufgefallen war, und das Glücksgefühl, das Ummy in mir ausgelöst hatte, verflüchtigte sich rasch.

»Er hat dieses Lied gesungen, Mami: *Wir werd'n in Dalbeth begrab'n …*«

»Raus hier, sofort, und erzähl keine Lügen mehr. Du hast Ummy nicht geseh'n, los, hau ab.«

Ihre offene Hand schlug mir kräftig auf die Oberschenkel.

Ich fühlte mich niedergeschlagen und verängstigt. Keine Ahnung, warum meine Mutter mich derart ausschimpfte, wo ich ihr doch nur die frohe Botschaft überbracht hatte, dass ihr Freund draußen auf der Straße war und ein lustiges Lied sang. Anschließend ging ich nicht vor die Haustür, sondern in den hinteren Garten und spielte mit einem Ball. Was sonst noch über die Geschehnisse in der Küche an jenem Tag gesagt wurde, ist mir nicht mehr im Gedächtnis.

Viele Jahre später befragte ich Lizzy über Ummy, worauf sie erwiderte, er sei bei einem Unfall ums Leben gekommen. Man habe ihn an der Endhaltestelle des Busses Nummer vier gefunden, und einige Tage darauf sei er im Krankenhaus seinen Verletzungen erlegen. Früher war die Rückseite der Busse offen, und niemand wusste, ob er von der Ausstiegskante gefallen oder gestoßen worden war. Ummy hatte keine Familie, die für sein Begräbnis aufkam, also halfen meine Eltern mit dem wenigen Geld aus, das ihnen zur Verfügung stand. Meiner Mutter war es peinlich, darüber zu sprechen, denn sie konnten sich nur ein sogenanntes »Armengrab« leisten, und zwar auf dem Dalbeth-Friedhof am östlichen Ende von Glasgow.

Ich hatte Ummy auf der Straße eine Woche nach seiner Beerdigung gesehen. Deshalb geriet meine Mutter völlig außer sich. Sie sagte mir, dass nur wenige Familienmitglieder in den Gorbals von dem Grab wussten. Darüber wurde niemals gesprochen, wenn Kinder in Hörweite waren.

***

»Hey, stell dir vor, Onkel Mick und Tante Sylvia kommen uns besuch'n, hab grad gehört, wie's Ma unserm Pa erzählt hat, aber sag niemand, dass ich dir's gesagt hab, oh, und übrigens, unser Tommy läuft in 'en Hafen der Ehe ein!«

Jonny liebte es, uns die neuesten Nachrichten zu überbringen. Er verstand sich darauf, an der Wohnzimmertür zu lauschen, wenn unsere Eltern leise miteinander über Dinge redeten, die wir nicht erfahren sollten. Normalerweise wollte er für seine Information etwas abhaben, doch diesmal war er wohl so aufgeregt über den anstehenden Besuch, dass er auf die fällige Belohnung verzichtete.

Ich dachte: *Wer sind eigentlich Onkel Mick und Tante Sylvia?* Diese Leute waren mir nie zu Gesicht gekommen. Michael hatte nur selten bei uns vorbeigeschaut. Er war einer von Lizzys Brüdern, die sie in der Portugal Street zurückgelassen hatte, als der Rest der Familie nach Easterhouse umzog. Später hatte mein Vater ihn überredet, sich der Marine anzuschließen, und so war er schon vor meiner Geburt zur See gefahren. Nach seiner Rückkehr lebte er in London und begegnete Sylvia. Ein paar kurze Monate gemeinsam verbrachter Zeit genügten ihnen, um zu heiraten. Bald darauf überzeugte Sylvia ihren Mann, seine eigene Dachdeckerfirma zu gründen, die sich dann als äußerst erfolgreich erwies.

Jonnys zweite Nachricht, nämlich dass Tommy heiraten würde, versetzte mich in höchste Aufregung. Ich hatte noch nie an einer Hochzeit teilgenommen, aber einiges von dem miterlebt, was dabei geschah. In Glasgow scharten sich Kinder um die Autos, die die Hochzeitsgesellschaft zur Kirche fuhren. Beim Aufbruch fand das sogenannte Wedding-Scramble statt: Die Fenster wurden heruntergekurbelt, und einer der Insassen warf eine Handvoll Münzen in die jubelnde Menge. Daraufhin stoben die Kinder in alle Richtungen, um die fliegenden Penny-, Drei- oder gar Sechspencestücke, wenn man Glück hatte, zu erhaschen. Schon der Gedanke daran weckte meine Vorfreude auf die bevorstehende Hochzeit meines Bruders. Allerdings war mir nicht in den Sinn gekommen, dass ich ja in einem der Autos sitzen würde …

Am Hochzeitstag von Tommy und seiner Frau Maureen trug ich einen Anzug mit Weste und Fliege. Von fünf Uhr morgens an war ich in derart nervöser Aufregung, dass ich einschlief, als die Feier anfing. Onkel Mick und Tante Sylvia trafen sehr spät aus London ein, sodass ich ihnen erst am nächsten Tag begegnete. Ich öffnete die Tür zum Schlafzimmer meiner Eltern und erblickte eine Frau mit perfekt toupiertem blondem Haar, die mit völlig durchgestrecktem Rücken auf dem Bett saß. Sie war in eine Lektüre vertieft und sah aus wie ein Filmstar.

»Hallo du, du bist bestimmt Gordon, nicht wahr?«

Ich nickte auf die verschämteste Art und drückte mein Kinn gegen die Brust. Ein Teil von mir war versucht, auf dem Absatz kehrtzumachen und wegzulaufen, aber diese Frau hatte etwas, das mich unwiderstehlich anzog, und so konnte ich mich nicht von der Stelle rühren. Ihre Stimme klang ganz anders als jede, die ich bisher vernommen hatte. Sie war Engländerin, und ich hatte – abgesehen von Fernsehen oder Radio – noch nie eine englische Stimme gehört. Doch hier und jetzt sprach zum ersten Mal eine Engländerin zu mir.

»Ich hoffe, du bist nicht schüchtern, denn ich hab gehört, dass du gern Witze erzählst und Lieder singst, stimmt das?«

Wieder brachte ich kein Wort heraus und nickte nur. Ich spürte, wie mein Gesicht zu glühen begann.

»Schau, das ist für dich.«

Sie hatte etwas aus einer Handtasche neben ihr auf dem Bett genommen. Als ich sah, dass es sich um einen großen grünen Einpfundschein handelte, blieb mir fast das Herz stehen.

O mein Gott!, dachte ich. Beim Ergreifen der Banknote war mir, als würde ich Sylvia zwei Finger abreißen.

»Jonny, Sammy, schaut her, was ich gekriegt hab, 'n Pfund, 'n echtes Pfund!«

Inzwischen war ich den halben Flur entlanggelaufen, aber sicherlich konnte man meine Stimme auf der ganzen Straße hören.

So traf ich meine Tante Sylvia. Sie und mein Onkel blieben die folgenden beiden Tage bei uns, die bis dahin wohl die glücklichsten meines jungen Lebens waren. Sylvia war elegant und vornehm, eine echte Dame, die mich total verwöhnte. Ich konnte nicht aufhören, ihren Namen auszusprechen: »Sylvia, Sylvia, Sylvia ...« Nie zuvor war er mir zu Ohren gekommen, nun aber redete ich so oft über sie, dass es meine Brüder nervte.

Es stellte sich heraus, dass Sylvia und Michael einen Sohn hatten, der etwa so alt war wie ich. Er wolle mich unbedingt kennenlernen, sagte Sylvia, und deshalb würden sie mich an Weihnachten für ein Treffen mit nach London nehmen.

Als mein Bruder sah, wie die beiden mich verwöhnten, wollte er sich meiner bedienen, um ihnen noch mehr Geld zu entlocken.

»Gordon, frag mal Onkel Mick, ob er was vom Geschäft braucht, dann bezahlt er dich dafür, dass du's ihm holst.«

Es widerstrebte mir, meinem Onkel das Geld aus der Tasche zu ziehen. Außerdem würde ich dank dem Pfund, das Sylvia mir geschenkt hatte, ein paar Jahre lang reich sein.

»Nee, werd ihn um nichts bitten, lass mich in Ruh und sei nicht mehr so gierig.«

Jonny gehörte ganz und gar nicht zu denen, die allzu schnell das Handtuch werfen. Er wusste, dass er mich immer dazu bringen konnte, bestimmte Dinge zu tun, und nur den rechten Augenblick abzuwarten brauchte.

»Ah, stell dir vor, Tante Sylvia will, dass du ihr die Haare bürstest; also gehste zu ihr und fragst, ob du das für sie tun sollst.«

Er drehte allmählich durch, aber auch auf diesen Vorschlag ging ich nicht ein. Von meiner neuen Lieblingsperson wollte ich gar nichts, außer ihr nah zu sein und ihren Worten zu lauschen.

Als Sylvia unser Haus verließ, um nach London zurückzukehren, brach ich fast in Tränen aus, obwohl sie mir versicherte, dass ich Weihnachten mit ihnen verbringen könne. In meinem kindlichen Geist schienen die sechs Wochen bis dahin eine Ewigkeit zu dauern. Ich hatte das gleiche Gefühl wie zuvor im Krankenhaus, sobald meine Eltern mich abends verließen. Diese Situation muss Jonny als Möglichkeit betrachtet haben, Geld von *mir* zu bekommen.

Er versuchte, mir einzureden, dass ich mein Pfund mit ihm teilen solle, denn Sylvia würde mich umso mehr mögen, wenn sie dächte, dass ich ein ebenso freundlicher Mensch sei wie sie.

Ich überlegte und war fast bereit, nachzugeben, weil mir sein Argument einleuchtete, aber irgendetwas hielt mich zurück. Dann fing er damit an, dass die Tante jedem ein Geschenk gemacht, ihn aber offensichtlich übergangen habe, und er wollte sie nicht danach fragen, denn das wäre ihm nicht richtig erschienen.

Seine Stimme klang so aufrichtig, als er sagte: »Macht nichts, Gordon, aber vielleicht könntste mir 'ne kleine Süßigkeit oder sonst was kaufen, wenn's für dich okay iss, ich will ja nicht viel, bloß was Kleines, wenn du einverstanden bist.«

Sein erbarmungswürdiger Tonfall brach mir das Herz. Nun konnte ich nicht anders und gab ihm am Ende nicht nur die Hälfte von meinem Geld, sondern ging in seinem Auftrag auch noch zu den Geschäften, wechselte es und brachte ihm das Kleingeld, den ganzen Weg im Laufschritt zurücklegend, weil ich so großes Mitleid mit ihm hatte.

»Hier, Jonny, hast du deine Hälfte. Geht's dir jetzt besser?«

Das folgende Weihnachtsfest war die schönste Belohnung für jede Freundlichkeit, die ich je gezeigt hatte. Diese eine Woche war einfach himmlisch. Meine Schwester Joan reiste mit mir im Zug nach London, was in jenen Tagen etwa zehn Stunden dauerte.

Später berichtete sie mir, dass ich während der ganzen Fahrt geplappert hätte. Ich erzählte den Mitreisenden von meiner Tante und meinem Onkel, dass ich zum ersten Mal meinen Cousin Stephen treffen würde, mit dem ich aber bereits telefoniert hätte, und wie komisch er redete, denn er sei Engländer ... Dann ahmte ich für alle, die zuhören wollten, seine Stimme nach. Ich kann mir vorstellen, wie unangenehm und ärgerlich das für meine Schwester gewesen sein muss, die damals ungefähr sechzehn war.

Nichts konnte mich in den Schlaf wiegen, und als wir schließlich ihr Haus im Stadtteil Morden erreichten, war Stephen im gleichen aufgeregten Wachzustand wie ich. Sofort rannten wir in sein Spielzimmer, das er mir unbedingt zeigen wollte. Ich glaube, dass ich meine Tante und meinen Onkel nicht einmal begrüßt habe. Nie zuvor war ich in einem solchen Haus gewesen. Die geräumige Doppelhaushälfte verfügte über vier große Schlafzimmer, zwei Wohnzimmer, ein Esszimmer, ein Badezimmer und eine separate kleine Toilette.

Stephen war der einzige Junge in meinem Bekanntenkreis, der ein Zimmer nur für seine Spielsachen hatte. Im Garten befanden sich ein Tor mit Netz und ein großer Teich mit Goldfischen. Das alles konnte man vom Wohnzimmer aus sehen, durch hohe gläserne Schiebetüren, die sich auf das Grün öffneten. Stephens Fahrräder standen in der Garage, und am nächsten Tag durfte ich nach dem Aufwachen mit einem davon spielen. Ich kann mich nicht erinnern, irgendwo Erwachsene erblickt zu haben. Wir standen sehr früh auf, dann zog mich Stephen in den Schuppen, um mir seine Modelleisenbahn vorzuführen, anschließend holten wir die Räder hervor – drei Chopper, die mit ihren hoch aufragenden Lenkstangen den Motorrädern der Marke Harley Davidson ähnelten.

Diese zahlreichen Eindrücke überforderten mich ziemlich, weshalb Joan, sobald wir in unserem Gästezimmer allein waren, mir nahelegte, doch wieder zur Ruhe zu kommen. Sie konnte ermessen, wie überwältigt ich war, sah nach mir und erinnerte mich, dass wir nur zu Besuch hier weilten und dass ich mich nicht allzu sehr hinreißen lassen sollte.

»Vergiss nicht, Gordon, du kannst mit diesen Ding'n nur spiel'n, sie aber nicht mit nach Hause nehmen.«

Sie hätte sich keine Sorgen zu machen brauchen. Viele der Sachen, mit denen ich mich beschäftigte, würden auf der Rückreise bei mir sein, weil ich – ebenso wie Stephen – einen ganzen Stapel neuer Spielzeuge zu Weihnachten bekam.

Offen gestanden, es war für einen Jungen meiner Herkunft absolut verblüffend, so viele Geschenke zu erhalten. Joan schien ebenfalls buchstäblich geschockt, denn Tante Sylvia hatte auch ihr einige herrliche Dinge gekauft. Ich erinnere mich, wie verlegen meine Schwester war, als wir die Geschenke tauschten und sie sah, wie bescheiden unsere kleinen Aufmerksamkeiten wirkten, die meine Mutter sich gerade noch hatte leisten können, um Sylvia, Michael und Stephen zu erfreuen.

Doch auch dafür hätte Joan sich nicht schämen müssen. Sylvia war eine der großzügigsten und anmutigsten Personen, die mir je begegnet sind. Mit jeder Faser ihres Wesens vermittelte sie Leuten das Gefühl, sich wohlzufühlen, ungeachtet deren Identität und sozialer Situation. Sie war einer der größten Menschen, die mein Leben berührt haben, und die Lehren, die sie mir mit auf den Weg gab, haben sich, neben den kostbarsten Erinnerungen an ihre Gegenwart, meinem Herzen tief eingeprägt.

Sylvias Eleganz bedeutete nicht, dass sie kalt und förmlich war. Nein, sie war sanft, anschmiegsam, liebevoll und erkundigte sich immer wieder nach meinem Befinden, was für mich etwas völlig Neues war. Sie war im besten Sinne mütterlich, und wo ich mich vorher verkrampft und ängstlich gefühlt hatte, bedroht von Streitigkeiten und Gewalt, konnte ich nun allmählich entspannen. Sylvia brachte mir bei, ein Kind zu sein und einfach zu spielen. Natürlich hatte ich mit anderen Jungen in den Straßen von Glasgow gekickt – und mein Kamerad Alex White wohnte direkt neben uns –, aber nun hatte ich zum ersten Mal einen Freund, mit dem ich Spielen in der Fantasie frönen und über bestimmte Dinge sprechen konnte, nicht zuletzt auch über persönliche Angelegenheiten.

Sylvia bescherte mir das wunderbarste Weihnachtsfest, das ein kleiner Junge wie ich sich vorstellen konnte, und mir ist inzwischen klargeworden, dass sie daraus sogar noch mehr Freude gewann als ich. Wer immer sie anschaute, sah mit eigenen Augen, wie jede ihrer Gesten ein Ausdruck von Glückseligkeit war. Damals war mir dies nicht bewusst, doch später erzählte sie mir, sie habe einfach eine innere Stimme vernommen, die sagte, dass ich ihr in einer Weise helfen würde, die durch keine materielle Belohnung je aufzuwiegen war. Welch seltsame Empfindung einer Erwachsenen gegenüber einem kleinen siebenjährigen Jungen …

* * *

Singende Geschwister und die Mode der Siebzigerjahre

Hogmanay ist ein wichtiger schottischer Festtag, der vom Abend des 31. Dezember bis in die frühen Morgenstunden des 1. Januar gefeiert wird. Zumindest war dies so, als ich aufwuchs. Aus diesem Anlass bereitete meine Mutter gewöhnlich eine Rindfleischpastete mit Gemüsesuppe zu. Den ganzen Tag roch es in der Küche einfach köstlich. Es war der Abend des Jahres, an dem die Kinder bis nach Mitternacht aufbleiben durften. Kurz zuvor, wenn die Glocken vom Stobhill Hospital am Ende der Straße läuteten, stellte Lizzy Buttergebäck, Madeira-Kuchen, Sandwiches, Chips und Limoflaschen auf den Tisch. Mein Vater reihte Biere und andere alkoholische Getränke auf der Bar aneinander. Man erinnere sich: Sie war ein kleines Prachtstück, mit Kunstleder und Nieten versehen.

In Schottland hatte Silvester größere Bedeutung als Weihnachten, vorausgesetzt natürlich, man verbrachte den Heiligabend nicht gerade in London. Ich war soeben mit Spielzeugen, Geld und allerhand tollen Sachen zurückgekommen, die den Neid jedes Kindes in unserer Straße weckten.

»Gordon, haste echt 'n Chopper-Rad gefahr'n?«

»Hat dein Cousin drei Räder, oder sind's vier?«

»Sind dein Onkel und deine Tante denn total reich?«

»Wie groß iss'n ihr Haus?«

Solche Fragen und viele weitere wurden mir nach meiner Rückkehr in die Mansel Street gestellt, sodass ich das Gefühl hatte, das außergewöhnlichste Kind in ganz Schottland zu sein.

Die Luft war von Aufregung erfüllt, nicht nur um mich herum. Es ging nicht bloß ein Jahr zu Ende – ein ganz neues Jahrzehnt brach an. Offenbar dachten die Leute, Punkt Mitternacht würde eine Erscheinung am Himmel auf dieses besondere Ereignis hinweisen. Ständig tauchten Nachbarn, Verwandte, Freunde bei uns auf, und zum ersten Mal hatten wir eine Party ohne handgreifliche Auseinandersetzung. (Einige würden vielleicht sagen, dann sei es keine richtige Party gewesen.)

Es war eine Nacht des Tanzes und des Gesangs – in unserer Familie bedeutete das einiges. Im Haus tummelten sich viele gute Sänger und Sängerinnen, ein Zeichen dafür, wie ernst man den Anlass nahm. Nach stillschweigender Übereinkunft traten sie gemäß ihrem Talent der Reihe nach auf. Als Koryphäen auf diesem Gebiet galten mein Onkel John, seine Frau Cathy und deren Bruder Peter, wenn er zu Besuch war, und gewiss auch meine Mutter sowie meine Schwester Betty.

Gewöhnlich wurden andere – Nachbarn, Kinder oder Fremde, die zufällig von der Straße hereingekommen waren – ermuntert, zuerst zu singen, um die Stimmung anzuheizen.

»Okay, wie wär's, wenn uns die kleine Frau im braunen Kleid ein Liedchen trällern würde, das wär's doch, oder?«

Auf diesen Partys lag wirklich ein Hauch von Showbusiness, zumal wenn die Stars in Fahrt kamen. Betty sang gerne eines ihrer Lieblingslieder wie etwa *Will You Still Love Me Tomorrow* … (Wirst du mich auch morgen noch lieben …), aber an jenem Abend versetzte Lizzy die Menge in Ekstase, als sie Stevie Wonders *For Once in My Life* … (Einmal in meinem Leben …) schmetterte und am Ende dramatisch die Arme ausstreckte. Das war der Höhepunkt. Niemand wollte ihr nachfolgen. Der Vorhang fiel unter stürmischem Applaus.

»Das war klasse, Lizzy, los, noch eins!«, bettelte mein Onkel John. Er wollte, dass die ganze Nacht durchgesungen würde.

»Nee, John, ich bring jetzt lieber die Bratwürste zum Dampfen!«, erwiderte Lizzy verlegen und ging hinaus zur Küche, als würde sie ihren Auftritt bereuen, aber ich bin sicher, dass sie ihn eigentlich in vollen Zügen genossen hatte.

Die Atmosphäre war bestimmt mit ungeahnter Energie aufgeladen, als wir uns von den Swinging Sixties verabschiedeten und die sensationellen Seventies begrüßten. Allerdings vermute ich, dass der Gott der Mode sich sinnlos betrunken und dann für mehrere Jahre das Bewusstsein verloren hatte. Denn auf den Familienfotos der frühen Siebzigerjahre sehen wir alle aus wie Zigeuner, ungepflegt und gammelig mit viel zerzaustem lockigem Haar. Ich höre noch immer meine Mutter, wie sie Betty und Joan wegen deren klobigen Plateaustiefeln anschrie: »Diese Dinger sind verdammte Todesfallen! Ihr werdet damit hinfall'n und euch'n Hals brech'n oder zumindest 'n Knöchel. Merkt euch das, Mädchen!«

Natürlich trug jede junge Frau – und fast jeder Mann – Plateauschuhe. Und wo die waren, gab es zwangsläufig auch Flair.

Sammy entdeckte die Mode in den frühen Siebzigern. Er ging auf die dreizehn zu, dieses schreckliche Alter für Jungen, wenn sie nicht genau wissen, ob sie noch Kind oder schon junger Erwachsener sind. Da werden sie scheu und verlegen gegenüber den älteren Familienmitgliedern – und gereizt oder ausgesprochen übellaunig gegenüber den jüngeren.

Auch Jonny war damals ein kleiner Teufel. Jeder, den er finden konnte, sollte Sammy nachspionieren, wenn der sich fertigmachte, um mit seinen Freunden zu einer »Aufnahmesession« zu gehen. Das war eine Art frühe Diskothek in Gemeindezentren oder örtlichen Schulhallen. Dort konnten Teenager Popmusik hören, tanzen, einander kennenlernen und alkoholfreie Getränke zu sich nehmen. Wenn die Veranstaltung bei uns in der Nähe stattfand, waren eher schmierige und pickelige Halbwüchsige anzutreffen, die rauchten, Alkohol tranken und – selbstverständlich – Faustkämpfe austrugen.

Jonny liebte es, Sammy auf die Palme zu bringen, wenn der sich alle Mühe gab, cool zu wirken – und erfüllte damit seine Pflicht als nerviger jüngerer Bruder.

»Ma, Jonny steht draußen mit seinen Kumpels, und die lachen über mich … Sag ihnen, die soll'n verduften, sonst geh ich raus und verpass denen 'ne Tracht Prügel.«

Sammy war aufgefallen, dass sich seine beiden jüngeren Brüder mitsamt Kameraden vor seinem Schlafzimmerfenster an der Rückseite des Hauses versammelt hatten, um ihn dabei zu beobachten, wie er die Wellen aus seinem dunkelblonden Haar zu bürsten versuchte, sodass es länger wirkte. Lizzy war gerade in der Küche beschäftigt, wusch Geschirr ab oder säuberte quasi gleichzeitig die Oberflächen und verbreitete jenen Geruch von Bleichmittel, den wir alle kennen und lieben gelernt hatten.

»Kann dir doch schnurzegal sein, beeil dich, raus mit dir, deine Kumpels steh'n auf unserm Weg, los, dalli, kümmer dich nicht um ihn.«

»Aber, Ma, der steht vorm Fenster und macht jetzt Grimass'n und lacht, den massakrier ich.«

Jonny drückte sein fratzenschneidendes Gesicht gegen die Scheibe und hampelte herum, damit all seine Freunde es sehen und hören konnten.

»Schaut her, der große Sammy, die Tunte, bürstet sich die Haare wie 'ne Mieze. Seht ihr sein Gesicht? Der regt sich total auf!«

Sekunden später war Sammy draußen wie ein geölter Blitz, packte Jonny am Schlafittchen, und so rollten die zwei durch den hinteren Garten, um sich nach guter alter Art einen Kampf zu liefern.

»Du kleines Stück Scheiße! Ich mach dich fertig, Tunte!«

Es hagelte Schläge und Schimpfwörter von beiden Seiten, während die Brüder am Boden rauften, bis Lizzy kam, um die Streithähne voneinander zu trennen.

»Mistkerle, alle beide, ihr treibt mich in 'en Wahnsinn mit euern ewigen Streiterei'n. Hört jetzt endlich auf damit!«

Lizzy war außer sich, dass sie wieder einmal von ihren Hausarbeiten abgehalten wurde.

»Ihr raubt mir den letzten Nerv, Jungs. Jonny, Gordon, geht rein! Sammy, raus mit dir!!! Und ihr andern, schert euch verdammt nochmal dahin, wo ihr hergekommen seid!«

So wurde ich Knall auf Fall in die Wirklichkeit zurückgeholt. In solchen Augenblicken schien mein Highlife in London nur eine weit entfernte Erinnerung zu sein. Nachdrücklich wurde mir bewusst, wo meine eigentlichen Wurzeln waren. Die Gewalt lag immer in der Luft. Meine Brüder verprügelten mich, meine Mutter schlug mich mit dem Handrücken. Jeder Bewohner dieses eng begrenzten Raumes litt an der eigenen Wut, und die kleinste Lappalie konnte sie zum Überschäumen bringen. Meine Familie sah sich außerstande, Meinungsverschiedenheiten anders zu klären als mit Fäusten, und bei Lizzy brannten die Sicherungen am schnellsten durch. Wenn sie in Rage geriet, war sie wirklich furchterregend.

Ich hasste das so sehr, dass sich mir jedes Mal der Magen umdrehte. *O Gott, nein!*, dachte ich. *Fangt bitte nicht wieder damit an, bitte keinen Kampf.* Ich erstarrte vor Angst, fröstelte, zog mich in meine Innenwelt zurück, konnte keinen klaren Gedanken mehr fassen. Wenn ich draußen spielte und das Geschrei anfing, hatte ich keine Lust mehr, ins Haus zu gehen. Stattdessen blieb ich vor der Eingangstür auf dem Bürgersteig sitzen. Oft versteckte ich mich mit zitternden Beinen im Schuppen oder unter einem Busch. Wenn wir Kinder drinnen waren, rannten wir manchmal nach draußen, sogar in der Nacht, nur leicht bekleidet mit Unterwäsche. Unser Zuhause wurde damals immer wieder zu einer lodernden Hölle. Am Morgen betete ich dafür, dass die Menschen vernünftig miteinander reden und nicht abermals einen Streit vom Zaun brechen. Ich sehnte mich nach Ruhe und Harmonie. Nie erzürnte ich meine Mutter, wie meine Brüder und Schwestern es taten. Ich hatte zu große Angst. Zu allem wäre ich bereit gewesen, um die Dinge ins Lot zu bringen.

Aber sie waren nicht im Lot – zumindest nicht bis zu den nächsten Schulferien. In Sylvias und Michaels Haus dagegen hatte ich eine ganz andere, magische Welt betreten. An Sonntagen gab es dort immer einen knusprigen Rostbraten, und die Räume waren erfüllt vom herrlich betörenden Duft Estée Lauders. Stephen und ich, wir setzten uns in Szene und ahmten berühmte Figuren im Fernsehen nach. Ich spielte Kenneth Williams, und Stephen stellte Frank Spencer dar, zwei damals berühmte Komiker. Sein Kabinettstückchen war *Puppy Love* von Donny Osmond, das meine *Ben* von Michael Jackson. Samstags fuhr Michael uns zu den Spielen von Chrystal Palace, und ich bewunderte die fußballerischen Kunststücke von George Best und Rodney Marsh. So hatte ich, zwar durchaus gewillt, am Ende der Ferien nach Hause zurückzukehren, doch eine neue Form von Glück gefunden. In dieser friedlichen und heilsamen Atmosphäre öffnete ich allmählich mein Herz.

***

Ganz ehrlich, schon im frühen Alter von sieben Jahren konnte ich den emotionalen Austausch zwischen Menschen *fühlen* wie eine physische Kraft. Wenn dieser Austausch von Feindseligkeit geprägt war, schadete er mir mehr als körperliche Gewalt. Einmal musste ich sogar ins Krankenhaus, um mir das Knie röntgen zu lassen. Es stellte sich heraus, dass mein Vater Arthritis im Knie hatte und ich seinen Schmerz nachempfand.

Es war um Ostern 1970, als ich mir zum ersten Mal des Todes bewusst wurde. (Ich wusste noch nicht, dass Ummy tot war, für mich war er äußerst lebendig.) Meine Eltern hatten Sammy, Jonny und mich über die Osterferien nach London begleitet, damit wir Stephen besuchten. Nun konnte ich meinen Brüdern all die fabelhaften Dinge zeigen, mit denen ich an Weihnachten gespielt hatte. Aber auf der Heimfahrt im Zug widerfuhr mir etwas Seltsames. Wenn ich heute die Augen schließe, sehe ich erneut den schwach beleuchteten Waggon mit einer großen Schiebetür vor mir, die uns vom Rest des Zuges trennte. Meine Eltern saßen sich gegenüber, Mutter rauchte dann und wann, während Sammy ausgestreckt auf dem breiten Sitz neben Pa lag und auf den Blättern eines Notizblocks zeichnete, den er im Bahnhof gekauft hatte. Jonny, ebenso wie ich an Lizzys Seite, mischte ein Kartenspiel, wahrscheinlich um ein paar Tricks auszuprobieren, mit denen er Leute übers Ohr hauen wollte. Vielleicht geschah es durch das monotone Geräusch und die gleitende Bewegung des Zuges oder auch durch die Geschwindigkeit, mit der die Gegenstände draußen im Halbdunkel schnell und hypnotisierend vorbeiflogen, jedenfalls verloren sich meine Gedanken in einer Art Surren, das ich inzwischen als veränderten Bewusstseinszustand, als eine Form von Trance betrachte. Ich erinnere mich, an zwei Orten gleichzeitig gewesen zu sein, der eine so real wie der andere. Zwar wusste ich, dass ich mich mit meiner Familie in einem Zug befand, weil ich sie sehen und hören konnte, aber irgendwie war ich nicht wirklich mit ihr verbunden. Mein Geist war anderswo, an einem Ort, den ich wiedererkannte – nämlich im Haus meines Freundes Alex White in der Mansel Street. Dort stand ich neben dem Bett seiner Mutter.

Diese Erfahrung war derart intensiv, dass ich, hätte ich die Hände ausgestreckt, um Mrs White zu berühren, sie tatsächlich gespürt hätte; sie war genauso real wie die Menschen neben mir im Zugabteil. Dann erblickte ich Alex. Sein Vater umarmte ihn und sagte, seine Mutter sei in den Himmel gegangen. Alex hielt ein großes Osterei in Händen. Es war in buntes Glanzpapier eingewickelt und ruhte in einer Schachtel, die nur dessen oberen und unteren Teil bedeckte. Er weinte bitterlich, verstummte dann jedoch, und ich fühlte seine Traurigkeit, denn diese war auch in mir. Ich wollte, dass sie verschwinde, und musste vor meiner Familie die Tränen unterdrücken. Die übrigen Details der Erinnerung sind ziemlich verschwommen, aber ich weiß, dass ich plötzlich einschlief. Als ich wieder aufwachte, war es Morgen – und ich in unserem Haus in der Mansel Street.

Als Erstes verspürte ich den Wunsch, loszugehen und Alex White zu finden. Ich wusste einfach, dass etwas Trauriges passiert war und dass ich bei ihm sein musste. Doch bevor ich das Haus verlassen konnte, fasste mich meine Mutter am Arm und sprach zu mir.

»Ah, heute gehste nicht in die Nähe von Alex Whites Haus, haste gehört?«

Ich hörte sie sehr wohl, doch schon ihre normale Stimme enthielt eine hinreichende Warnung, die mich davon abhielt, Alex aufzusuchen.

»Diese armen Leute haben was Schlimmes erlebt, also hältste dich von denen fern, kapiert?!«

Ich hatte die Botschaft verstanden, kannte aber bereits das der Familie White widerfahrene Unheil. Ich *wusste*, dass die Mutter von Alex gestorben war.

Ich erinnere mich nicht genau, wie viele Tage vergingen, bis ich mit ihm zusammentraf, aber es waren eher wenige. Damals gehörte der Tod noch mehr zum Dasein der Menschen als heute.

Oft ereignete er sich nicht in Krankenhäusern, sondern in den eigenen vier Wänden. Schließlich stand ich also im Haus meines Freundes, wo die Möbel von einem Zimmer ins nächste gerückt wurden. Der größere Raum, in dem seine Mutter verstorben war, wurde geleert, um Betten für Alex und seinen Bruder George hineinzustellen. Ob Kummer oder nicht – das Leben ging wirklich weiter, und die Lebenden nahmen die erste Stelle gegenüber den Toten ein.

Für Kinder unseres Alters war der Tod gegenwärtiger, aber es wurde nicht über ihn gesprochen. Wir folgten dem Beispiel unserer Eltern und bewahrten Stillschweigen hinsichtlich der großen Fragen des Lebens. Doch Kinder besitzen eine besondere Magie, eine kindhafte Telepathie, besonders wenn gewisse Dinge vor ihnen verborgen werden: Sie verstehen, ohne dass ein einziges Wort darüber fällt.

Ich brachte Alex mein eigenes Osterei aus Schokolade mit, das ich in London bekommen hatte und – so groß, wie es war – meinen Freunden in unserer Straße stolz präsentieren wollte. Ich wusste, dass er sein Ei niemals auspacken würde, weil es das letzte Geschenk war, das seine Mutter ihm gekauft hatte. Offen gestanden, mir ist schleierhaft, wie ich das alles wusste, aber dem war so. Diese Einsichten hatte mir die Erfahrung im Zug eingegeben, obwohl ich sie meinem Freund gegenüber nie erwähnte. Ich fühlte mich bewogen, meine Schokolade mit ihm zu teilen, und als ich es tat, sagte er zu mir, was ich bereits wusste:

»Ich werd niemals, niemals mein Osterei ess'n, weil meine Mami es für mich gekauft hat. Also hab ich's in die Vitrine im Wohnzimmer gestellt, um mich an sie zu erinnern, wenn ich's anschau.«

Man kann nicht viel machen, um jemandem zu helfen, der den Tod eines geliebten Wesens durchleiden muss, aber eine innere Stimme versicherte mir, dass meine kleine Geste in diesem Augenblick das Richtige war. In Alex' neuem Zimmer spielten wir eine Weile mit Spielzeugautos, während mehrere Leute Matratzen und Kommoden über unsere Köpfe hinweghoben. Sie trafen Vorbereitungen für das, was als Nächstes kommen mochte.

Zur gleichen Zeit wurde auch das Innere unseres Hauses in 97 Mansel Street umgeräumt, um einen Neuankömmling zu beherbergen. Aufgrund seines schlechten Gesundheitszustandes würde mein Großvater Bernhard bei uns wohnen. Gerade als sich unser Haus allmählich geräumig anfühlte – meine zwei Brüder und ich besaßen nun jeweils ein Einzelbett im größten der drei Schlafzimmer, während Joan es genoss, den mittleren Raum für sich zu haben –, trat wieder eine Änderung ein.

Mit siebzig Jahren wirkte mein Großvater alt, ziemlich schwach und, o ja, halb taub. Nach seiner Ankunft schien die Stimme jedes Bewohners um einige Dezibel lauter zu werden.

»Warum setzte dich nicht in *den* Stuhl?«

Mein Vater forderte den Greis auf, sich auf den Stuhl zu setzen, der normalerweise für ihn selbst reserviert war, aber Opa stand einfach nur da und schaute seinen Schwiegersohn verdutzt an.

»SETZ DICH DA DRAUF!«, rief mein Vater.

Für den alten Mann, der uns als seine Familie nie näher gekannt hatte, muss es äußerst seltsam gewesen sein, hierherzukommen und mit uns unter einem Dach zu leben.

»Vielleicht kann er nicht reden, was meinst du?«, fragte ich.

Sammy sah angespannt und verlegen aus, als wollte er nichts als raus und weg.

»Hör bloß auf, ihn anzuglotz'n, du kleine Nervensäge, und sag nicht mehr über ihn, dass er uns vielleicht was vormacht, er kann dich nämlich hör'n«, flüsterte mir mein Vater zu.

Anschließend sagte Jonny, der Großvater genau beobachtet hatte, in sanftem Ton zu ihm:

»Eh, willste, dass ich dir deinen Mantel aufhäng, Opa?«

Es war klar, dass Jonny die prall gefüllte obere Tasche des Mantels im Blick hatte, den der alte Mann nicht ausziehen wollte. Der Junge streckte die Hand nach ihm aus.

»FINGER WEG! Weiß schon, was du vorhast!«

Die Lautstärke seiner Stimme erschütterte das ganze Haus, worauf meine Brüder und ich entsetzt aufsprangen. Dieser zerbrechlich wirkende Mann konnte brüllen wie seine Tochter, und was er überhörte, glich er mit gedanklicher Wachheit aus, die er sich zweifellos über viele Jahre dank seiner Gerissenheit in den Straßen der Gorbals erworben hatte.

Der Aufenthalt meines Großvaters bei uns war durch ein ständiges Auf und Ab gekennzeichnet. Manchmal bemühte sich Lizzy, ein freundliches Wort an ihn zu richten, zumal angesichts seiner Hinfälligkeit, aber nach mehreren Monaten in unserem mittleren Zimmer, wo er die meiste Zeit nur im Bett aufrecht saß, um Bücher zu lesen oder in der Tageszeitung das Programm für Pferderennen zu studieren, schöpfte er allmählich neue Kraft, und genau da begannen die Auseinandersetzungen zwischen ihm und meiner Mutter.

»Lizzy, die Suppe iss kalt!«, rief er vom Stuhl meines Vaters, auf dem er nun seine Mahlzeiten einnahm.

»Was? Du undankbarer alter Kerl, das haste nicht gesagt, als du in den Puffs in den Gorbals warst, da war nichts an der Suppe auszusetz'n, also isste die jetzt und hältst 'en Mund!«

Natürlich waren ihre Stimmen wegen Großvaters schlechtem Gehör noch lauter als sonst. Ich brauchte eine Weile, um zu begreifen, dass taube Leute immer aus vollerem Hals reden als ihre Gesprächspartner. Opa hatte keine Ahnung, wie sehr seine Stimme dröhnte, lief dabei jedoch nicht Gefahr, überhört zu werden. Wieder einmal wurde mir bewusst, dass ich im Gegensatz zu meiner Familie nervös zu zittern begann, sobald diese Verbalattacken einsetzten.

»Die Leute sagten immer, du wärst so wie meine Mutter, Lizzy, aber da hab'n die sich total getäuscht. Meine Mutter hatte Mitgefühl, du dagegen bist bloß 'ne verbitterte Kuh. Kannst deine Suppe abräumen.«

Das tat sie auch – und schüttete sie ins Spülbecken.

Großvater erholte sich von einer äußerst gefährlichen Form akuter Bronchitis, die durch Lungenschäden infolge jahrelangen Rauchens noch verschlimmert wurde. Wenn er sich anzog, um tagsüber auszugehen, bemerkten wir alle jene Eleganz, die ihn umgab. Sein Hemd sollte so sorgfältig gebügelt werden, dass es wie neu aussah. Nach wie vor trug er Seidenkrawatten und Halstücher unter schicken Wollmänteln. Beim Verlassen des Hauses war er der Inbegriff eines gutgekleideten Gentlemans.

Wir erfuhren nie genau, was er an diesen Tagen unternahm, aber seine Rückkehr versetzte uns in Aufregung, denn nach Abholung der wöchentlichen Rente brachte er uns Süßigkeiten und silberne Sixpencestücke mit. Er gehörte nicht zu den Großvätern, die Geschichten über ihre Vergangenheit erzählen. Im Grunde war er sehr verschlossen, wenn man ihn fragte, wo er aufgewachsen oder wie es in seiner Familie gewesen sei.

»Opa, haste Brüder und Schwestern, wie heiß'n die denn?«, wollte ich wissen, worauf er mich belehrte, wie man sich richtig ausdrückt.

»Sprich nicht so, Kleiner, sondern sag: HAST DU BRÜDER …«

Trotzdem redete ich gern mit ihm, weil ich einfach losschwafeln konnte, während er mich oft gar nicht hörte. Manchmal lachte er oder schüttelte den Kopf und erwiderte mein Geschnatter mit einem Lächeln.

Jonny fragte ihn, wie man Wetten bei den Buchmachern abschließt, und Großvater zeigte es ihm, wenn auch etwas widerwillig. Er brachte ihm sogar bei, die momentane Form von Pferden und Jockeys richtig einzuschätzen.

Mein Vater mochte es, mit ihm über die Gorbals und jene berüchtigten Personen zu sprechen, die dort wohnten. Wir Kinder liebten diese Unterhaltungen. Da beide nicht flüstern konnten, bekamen wir alles mit, wo immer wir uns im Haus aufhielten. Ich erinnere mich vage an eine Plauderei über einen unserer Verwandten, der versucht hatte, eine Bank auszurauben, während ein anderer – angeblich der schlimmste Tresorknacker in ganz Glasgow – sich selbst aus einem Fenster gesprengt hatte.

Nur Lizzy fand ihren Vater schwierig. Wie bereits erwähnt, war sie bisweilen wütend auf ihn, aber nie habe ich miterlebt, dass sie ihm direkt Vorhaltungen machte, ihre Mutter und die noch jungen Geschwister verlassen zu haben. Trotz ihrer Gefühlsausbrüche, die er zu spüren bekam, war doch deutlich zu erkennen, dass ein Teil von ihr durchaus zur Fürsorglichkeit neigte. Sie schaute nach ihm, ernährte und wusch ihn, bügelte seine Wäsche, ungeachtet seiner Missetaten in der Vergangenheit. Äußerlich ähnelte sie ihrem Vater – und gewiss auch im Temperament. Wenn er uns einen strengen Blick zuwarf, nahmen wir das ernst, aber meistens lächelte er sanft mit seinen Augen, die fast identisch waren mit denen unserer Mutter.

Er war der einzige Großelternteil, den Sammy, Jonny und ich kennengelernt hatten. Sarah und die Eltern meines Vaters waren vor unserer Geburt gestorben. Daher nimmt Bernhard in meinem Herzen einen etwas besonderen Platz ein, zumal wenn ich an die Spielstunde montagmorgens in der Schule zurückdenke, wenn er in einem seiner imposanten, ganovenartigen

Mäntel vorm Schultor auftauchte, lächelte und Sammy einen Shilling gab, da er der Älteste von uns war, sowie Jonny und mir jeweils einen Sixpence. Wieder war es dieses sanfte Lächeln, mit dem seine Augen förmlich zu lachen schienen, das in der Erinnerung an meinen Großvater am meisten hervorsticht.

Zahlreiche Verwandte meiner Mutter gingen bei uns ein und aus, um meinen Großvater zu sehen. Obwohl lange Zeit kaum am Familienleben beteiligt, war er jetzt, da er mit uns zusammenlebte, eine Art Jahrmarktattraktion.

Doch als während des gleichen Jahres sein ältester Sohn Barney zu Besuch kam, brachte er schlechte Nachrichten mit: Er hatte Lungenkrebs – und seine Lebenserwartung betrug nur sechs Monate.

Ich weiß noch, dass meine Mutter nach dieser Mitteilung so aussah, als wäre sie von einem Lastwagen überfahren worden. Offensichtlich war Lizzy davon überzeugt, ihre gesamte Familie stets schützen zu können oder es wenigstens mit allen Mitteln zu versuchen. Doch wenn die Bedrohung in einem Krebsleiden bestand, hatte sie darauf keinen Einfluss und war zur Hilflosigkeit verurteilt – ein Zustand, den sie nicht gut akzeptieren konnte. Barney war ihr älterer Bruder, und sie liebte ihn genauso wie ihre anderen Geschwister.

Einmal war sie in den Gorbals verhaftet worden. Polizisten hatten Barney die Arme nach hinten verdreht, Handschellen angelegt und begonnen, ihn zu treten und zu schlagen. Mein Onkel war frech und scharfzüngig; die Bullen waren ihm ebenso verhasst wie den meisten Leuten dieses Viertels. Da seine erste Frau, Jean Cooper, zusammen mit ihrem Kind bei der Geburt gestorben war, hatte er sich betrunken, dann in der Straße herumgeschrien und die öffentliche Ordnung gestört. Tatsächlich hatte er bereits tagelang getrunken und völlig die Fassung verloren, als die Polizei ihn anhielt und verwarnte. Barney konnte sich kaum daran erinnern, was als Nächstes geschah, außer dass er von den Beamten in die Mangel genommen wurde, als seine jüngere Schwester und ihr Mann herbeigerannt kamen. Er beobachtete, wie Lizzy den einen Wachtmeister am Kragen packte und ihm einen Kopfstoß versetzte – einen *Gorbal-Kuss*, wie man zu sagen pflegte. Stunden später wurde Barney mit einer Verwarnung wegen Störung der öffentlichen Ordnung freigelassen, Lizzy hingegen wegen Tätlichkeit zu einer Geldstrafe verurteilt.

Sie war seine Beschützerin, und zu ihr war er zurückgekehrt, nachdem er seine Krankheitsdiagnose erhalten hatte. Ich glaube, er brauchte ihre Stärke. Er kam direkt aus dem nördlichen London, wo er mit seiner Frau und den vier Kindern lebte, um einfach bei Lizzy zu sein. Er war zwei Jahre älter als sie, aber sie war wie eine Mutter für ihn, und obwohl er natürlich wusste, dass sie ihm diesmal nicht helfen konnte, wollte er sich ihrer und meines Vaters Nähe vergewissern.

Beide hatten meinem Onkel in vielen Situationen Beistand geleistet, wenn er zum Beispiel einen Anwalt benötigte oder in Schwierigkeiten mit Frauen verstrickt war. Wie sein Vater war er ein Spitzbube, wenn auch von der liebenswerten Art. Wie seine Schwester war er knallhart, zugleich aber großzügig und fürsorglich. Er wollte sich keine Blöße geben, hatte jedoch diesen verschmitzten Blick wie sein Vater und einen ausgeprägten Sinn für Humor.

Bald fand er einen Weg, seiner schweren Krankheit etwas Positives abzugewinnen, und lernte, mit ihr umzugehen. Seine Worte aus jener weit zurückliegenden Zeit trage ich weiterhin in mir. Damals wusste ich nicht, warum sie in meinem Leben eine so große Bedeutung erlangen würden, aber damals schüttelte sich mein Körper, als wäre mir gerade ein Elektroschock verabreicht worden:

»Lizzy, ich werd sterben, aber ich hab keine Angst davor. Ich will leben, bis ich sterbe.«

Etwas in diesem Ausspruch übte einen tiefgreifenden Einfluss auf mich aus. Ich hatte keine Ahnung, dass ich diese Worte noch einmal hören würde, auf ganz ähnliche Weise wiederholt von jemand anderem, der mir sehr am Herzen lag.

***

Geburten, Tode, Hochzeiten

In den frühen Siebzigerjahren zog Betty in eine Mietwohnung direkt bei uns um die Ecke. Ihre beiden Kinder Stephen und Michelle wurden zu einem wichtigen Teil unserer Familie und verbrachten ihre ersten Lebensjahre praktisch mit uns. Entweder Betty und die Kinder waren in unserem Haus, oder wir besuchten sie in ihrer winzigen Unterkunft. Wenn Lizzy gefragt wurde, wie es sich anfühle, erneut Großmutter zu sein, schüttelte sie nur den Kopf:

»Noch mehr Schnäbel, die gefüttert werden müssen … Ich würd mir einfach wünschen, dass die erst mal aus 'm Haus gehn und ihr Leben leben, bevor sie verdammte Schreihälse in die Welt setz'n.«

Stephen und Michelle schienen zufriedene und unbekümmerte Kinder zu sein. Sicherlich auch deshalb, weil ihre Mutter viel anschmiegsamer und zärtlicher war als Lizzy, die einmal rief:

»Leg das verfluchte Baby hin! Du verwöhnst es bloß. Kinder sollten nicht alle zwei Minuten hochgehoben werden, Betty!«

Lizzy mochte es nicht besonders, ihre Enkel auf den Arm zu nehmen oder mit ihnen zu spielen. Sie war zu beschäftigt mit Kochen, Putzen und der allgemeinen Organisation des vielköpfigen Haushalts, um die Bewohner bei Laune zu halten. Und doch galt all ihr Tun den Kindern in ihrem Leben.

Während der Schulferien reiste ich nun immer nach London. Meine Tante und mein Onkel waren beglückt, mich bei sich zu haben, damit ich mit Stephen zusammen sein konnte. Übermütig und offenbar äußerst verwöhnt, wie er war, hatte er kaum Freunde seines Alters um sich. So fand er es unerträglich, dass ich ein ums andere Mal zu meiner Familie zurückkehren musste.

Für mich wurde das Leben einfach immer angenehmer. Mit meinem Cousin wurde ich in die Sommerferien mitgenommen. Wir fuhren nach Brighton, Margate und Studland Bay. Von London abgesehen, war ich nie aus Glasgow herausgekommen, hatte weder das Meer noch einen Strand gesehen, geschweige denn Vergnügungsparks wie Dreamland in Margate oder Chessington Zoo. Man spendierte mir Kleidungsstücke und Spielzeuge, die meine Brüder niemals erhalten würden, gar nicht zu reden von dem Ausflug zu einem Berni Inn, wo ich mein erstes Sirloin-Steak verspeiste. Zu so vielen Orten geführt und derart reich beschenkt zu werden, war für einen kleinen Jungen aus einer Glasgower Arbeiterfamilie, die fast täglich ums Überleben kämpfte, schlichtweg atemberaubend.

Während der Sommerferien 1971 fragte Stephen mich dann, ob ich je auf den Bahamas gewesen sei. *Nun, lass mich überlegen, war ich auf den … Mach dich nicht lustig über mich!* Von den Bahamas hatte ich noch nicht einmal gehört … Tante Sylvias Bruder lebte dort mit seiner Frau und den drei Kindern, und sie wollten, dass Stephen und seine Mutter die Ferien bei ihnen verbrächten. Also sollte ich meine Eltern fragen, ob ich sie begleiten dürfte. *Wow, wow und nochmals wow!* Ich war völlig aufgeregt, während Onkel Michael am Telefon mit meiner Mutter redete. Als ich ihn breit lächeln sah, sprang ich an seiner Seite auf und ab.

»Gordon steht neben mir und will dich was frag'n, Lizzy.«

Er reichte mir den Hörer, den ich gedankenlos ergriff, um die Wörter rasend schnell und mit hoher Stimme aus mir heraus in die Sprechmuschel sprudeln zu lassen:

»Mami, Mami, ganz ehrlich, Sylvia will, dass ich ins Flugzeug steig und nach Amerika fahr und dann weiter auf die Bahamas, und da iss das Meer und es iss nah dem Platz, von wo die Raketen zum Mond start'n, darf ich, Mami, bitte, darf ich, bitte, erlaub's mir, bitte, Ma …?!«

»Okay, aber …«

»Ich darf mitfahr'n, Stephen, ich begleite dich, o mein Gott, meine Ma hat gesagt, dass ich mitfahr'n darf.«

Ich hatte den Ausführungen meiner Mutter – insbesondere darüber, wie ich mich benehmen sollte – gar nicht mehr zugehört, sondern nur das anfängliche *Okay* aufgeschnappt, und schwebte im siebten Himmel. Es war – wieder einmal – der beste Moment meines Lebens. An jedem weiteren Tag dieser Ferien redeten mein Cousin und ich pausenlos über die vielen Dinge, die wir auf den Bahamas unternehmen würden.

Meine einzigartige Reise würde erst einige Monate später stattfinden. Dennoch erinnere ich mich lebhaft daran, was für ein herrliches Gefühl es war, nach meiner Rückkehr den Leuten mitzuteilen, dass ich mit meinem Cousin und meiner Tante – die wichtigsten Menschen in meiner nun nicht mehr so kleinen Welt – zu diesem unglaublich exotischen Ort aufbrechen würde.

»Hast du 'n Glück, aber echt, wenn ich doch bloß auch dahin fahren könnt, wo du hinfährst.«

Charlie Bell, ein Junge, der in unserer Straße wohnte und mit dem ich oft spielte, saß auf der niedrigen Mauer, die den Weg zu unserem Haus säumte.

»Wir fahr'n in 'nen Ferien nach Port Seaton«, fügte er hinzu.

Er sprach abwesend, als wäre ihm seine Aussage völlig egal.

»Wo iss'n das, Charlie?«, fragte ich ihn in der Hoffnung, das Gespräch fortzusetzen, damit ich mehr über meine Reise erzählen konnte.

»Keine Ahnung, iss aber echt weit weg, glaub ich.«

Offenbar war er von etwas gefangen genommen, denn seine Worte klangen jetzt seltsam fern. Also musste ich jemand anders finden, um mit meiner Reise prahlen zu können. Inzwischen bohrte er in der Nase und richtete den Blick auf irgendeinen Punkt, den er interessanter fand als alles, was ich anzubieten hatte.

Die Zeit, die ich zu Hause mit meiner Familie verbrachte, schien extrem langsam zu vergehen, und die Schule war sterbenslangweilig. Den Leuten in Glasgow voller Enthusiasmus von meinen Plänen zu berichten hatte doch nicht den gleichen Reiz, wie mit Stephen oder meiner Tante darüber zu reden, zumal Sylvia bereits auf den Bahamas gewesen war und uns einige der fantastischen Sehenswürdigkeiten schildern konnte. Jeder Tag, an dem ich von meinen englischen Verwandten getrennt war, kam mir wie ein Gefängnis vor. Die Unruhe hatte mich fest im Griff, und es gab kein Mittel, sich ihrer zu entledigen.

Die Weihnachtsferien konnten für mich nicht schnell genug kommen, und ich wusste, dass es meinem Cousin genauso erging. Als meine Tante an einem Sonntagabend meine Mutter anrief, lauschten wir alle vom Wohnzimmer aus. Lizzy nahm den Anruf im Flur entgegen, wo unser neuer schicker Telefontisch aus Schmiedeeisen und der dazugehörige, mit gelbem Kunstleder bezogene Sitz standen. Ihre Sprechweise verriet uns jedes Mal, dass Sylvia am anderen Ende der Leitung war.

»Hallo, fünf, acht, eins, drei, wer iss am Apparat, bitte? Oh, du bist's, Sylvia, ich hab nicht damit gerechnet, dass du's bist. War grade im Flur.«

Dabei wusste sie sehr wohl, wer jetzt anrufen würde.

»Sag, wie geht's 'n dir und unserm Michael? … Oh, das iss wunderbar, wirklich … Oh, das iss fabelhaft, wirklich …«

In dieser Art redete sie immer weiter.

Komisch war, wenn sie ins Fettnäpfchen trat oder ihrer natürlichen Sprechweise freien Lauf ließ:

»Schön, dass ihr alle auf 'm Damm seid.«

Soweit ich mich zurückerinnern kann, hat sich meine Mutter eine solche »Telefonstimme« wohl nie für eine andere lebendige Seele zugelegt. Jonny ahmte sie im Wohnzimmer oft nach.

»Oh, stimmt, Sylvia, ja, Sylvia, drei total volle Tasch'n, Sylvia, wenn du's sagst, Sylvia ...«

Lizzy wurde allmählich ungehalten.

»Wart 'n Moment, Sylvia, muss bloß mit einem unsrer Jungs reden, wart bitte, wärst du so nett?«

Ihre Hand umschloss fest die Sprechmuschel, während sie den Kopf in Richtung Wohnzimmer drehte.

»Du kleiner Mistkerl, Jonny, sobald ich von diesem verdammt'n Telefon weg bin, brech ich dir deine dünnen Spatzenbeine ... Wirst dich an meine Worte noch erinnern, du kleine Ratte.«

Dann widmete sie sich wieder ihrer Gesprächspartnerin und fuhr fort:

»Ah, Sylvia, 'tschuldige, kennst ja meine Pappenheimer, Jonny musste mich grad was frag'n, also was hab'n wir über die Bahaha-hamas gesagt, Sylvia?«

Wir alle lachten über Jonny, und selbst Lizzy sah schließlich die lustige Seite seiner Mätzchen. Aus irgendeinem Grund nahm sie es ihm überhaupt nicht übel, dass er sie ab und zu nachmachte. Bei ihr kam er öfter ungeschoren davon als sonst jemand. Jeder von uns war überzeugt, dass sie eigentlich eine Schwäche hatte für seine Ulkereien. Ihre Anspannung schien immer dann nachzulassen, wenn mein Onkel Michael ans Telefon kam, weil Lizzy ihm gegenüber wirklich sie selbst sein konnte. Die Schultern sanken nach unten, ihr Tonfall änderte sich sofort, und die Umgangssprache kam uns völlig normal vor.

»Verdammt nochmal, klingt großartig, diese Reise, auf die sie unsern Gordon mitnehmen will. Trotzdem, iss der nicht 'n bisschen zu jung für das alles, Mick, ich mein, er iss erst neun … Aber wenn du meinst, dass die beiden ihn dabeihaben woll'n, wissen wir, dass er in guten Händen iss.«

Als ich das nächste Mal in den Weihnachtsferien nach England fuhr, beredeten wir die ganze Zeit jedes Detail unseres Abenteuers während der Osterferien. Wir beide, Stephen und ich, schlossen uns in seinem Schlafzimmer ein und planten all die Dinge, die wir tun würden. Sylvia hatte uns aus der Bücherei und von ihrem Bruder Danny Reiseführer besorgt sowie Fotos des Hauses mit Swimmingpool. Alles Übrige verschwand aus der Welt. Was uns betraf, existierte nichts anderes mehr.

Auf der Rückfahrt nach Glasgow war ich in solcher Hochstimmung, dass ich damit meinen Zug, den Flying Scotsman, hätte antreiben können, um mich blitzschnell und ohne Zwischenstopp nach Hause zu bringen.

Das war Weihnachten 1971, und wieder wurde das neue Jahr mit der üblichen Begeisterung vorbereitet. Mutter war in ihrer Küche, kochte und säuberte, stöhnte und schleuderte jedem, der die offene Tür passierte, ihre mit Flüchen durchsetzten Befehle entgegen.

»Schleppt nicht den ganzen Dreck in mein Haus, wenn ihr rausgeht, ihr Schmutzfinken, aber echt! … Sammy, brauch'n wir noch was aus 'n Geschäften, die machen bald zu, denk dran, iss 'n verflixter Feiertag … Jesus, Maria und Josef, könnte irgend 'n Bankert diese verfluchte Musik 'runterdrehn, o ihr Heiligen, beschützt uns! … Heiliges, verfluchtes Herz, schau dir bloß mal meine verdammt'n Hitzewallungen an …«

Schließlich war sie Katholikin, das darf man nicht vergessen.

Es war ein gutes Hogmanay, und abermals diente unser Haus als Treffpunkt für die ganze Familie, die aß und trank und ausgelassen feierte. Es war zum Bersten voll, jeder ließ das Alte los und läutete das Neue ein.

Großvater – oder Old Barney, wie wir Kinder ihn nun nannten – saß auf seinem Stuhl im Wohnzimmer und musterte die Gesellschaft. »Schau dir bloß all diese blöd'n Leute an, die sich das Versprech'n geb'n, sich zu ändern. Würd'n doch diese verdammten Glocken schneller mach'n und läut'n, sodass wir dieses Gesindel rausschmeiß'n können, lieber verfluchter Jesus, hilf uns.«

Dieser Augenblick, mit dem das Jahr endet und ein neues beginnt, hat etwas ganz Besonderes. Ihn wollen Schotten stets mit großer Leidenschaft und Freude begehen, indem sie die Fülle ihres Lebens den anderen wie in einer Show vor Augen führen.

Zu jener Zeit wurde ich mir der seltsamen inneren Erfahrungen deutlicher bewusst, die mich weiterhin beschäftigten – nämlich Gedanken und Gefühle, die oft Vorhersagen beinhalteten.

Eine davon hatte mit meiner Schwester Joan zu tun und ähnelte einer Vision. Ich spielte gerade hinter dem Sofa mit einigen Spielzeugautos, als Mama und Papa ins Wohnzimmer kamen. Sie redeten über Joan. Ihr damaliger Freund hatte sich ein Auto ausgeliehen und sie tagsüber auf eine Fahrt mitgenommen. Mitten im Gespräch meiner Eltern stand ich auf und erklärte, dass Joan in Carlisle auf der Polizeistation sei und nicht vor dem nächsten Tag nach Hause zurückkehren werde. Carlisle ist von Glasgow weit entfernt, und da sie erst vor weniger als einer halben Stunde aufgebrochen war, klang meine Äußerung wohl sehr merkwürdig. Dessen ungeachtet setzten die beiden nach einer kurzen Pause ihr Gespräch fort. Doch als Joan mit großer Verspätung am Tag darauf zu Hause eintraf, teilte Papa ihr seine Besorgnis mit, und ich wurde eilig zu Bett geschickt.

Am nächsten Morgen machte ich mich wie üblich fertig, um zur Schule zu gehen, und alles schien ganz normal. Doch dann stellte sich heraus, dass meine Eltern einen Anruf von der Polizei erhalten hatten. Das Auto, in dem Joan und ihr Freund saßen, war unterwegs liegengeblieben; so steckten sie irgendwo in den Borders fest und riefen die Polizei. Da der Wagen erst anderntags repariert werden konnte, mussten sie die Nacht auf der Polizeistation in Carlisle verbringen.

Als ich zum Mittagessen heimkam, war Joan bereits wohlbehalten zurückgekehrt. Niemand sagte etwas über meine Vorahnung, und obwohl ich mich einen Moment lang eigenartig fühlte, nahm ich einfach meine Mahlzeit ein und machte wie gewohnt weiter.

Eine solche Vorahnung kann man weder kontrollieren noch in irgendeiner Weise benutzen. Sie überkommt einen schlagartig und löst dann jeweils völlig unterschiedliche Gefühle aus. Ich konnte nicht wissen, was tatsächlich geschah oder ob jeder Mensch über derartige Einsichten verfügt. All meine Fragen über paranormale Ereignisse wie der seherische Blick in die Zukunft wurden einfach mit Ohrfeigen beantwortet. Also lernte ich, den Mund zu halten und selbst auf Entdeckungsreise zu gehen.

In den ersten Wochen des Jahres 1972 verspürte ich allmählich eine tiefsitzende Angst in der Magengrube, sobald das Telefon läutete. Dieses Gefühl, dass eine schlechte Nachricht bevorstand, war nicht zu verdrängen. Eine Zeitlang schien das nicht weiter schlimm.

Es geschah an einem Sonntagmorgen im Februar, als unser Schlafzimmer beim Aufwachen eiskalt war. Wir hatten damals keinen Luxus wie Zentralheizung, sodass man sich am besten zusammenrollte und so lang wie möglich unter die Bettdecken kuschelte. Außerdem war es der einzige Tag der Woche, an dem meine Eltern nicht in der Morgendämmerung aufstanden. Ich hatte nicht gut geschlafen, mich nachts in dem stockdunklen Zimmer hin und her gewälzt und immer wieder wachgelegen. In meiner Erschöpfung versuchte ich jetzt herauszufinden, was mich vom Schlafen abgehalten hatte.

Das Läuten des Telefons schallte durchs Haus. Ich konnte das schlurfende Geräusch der Filzpantoffeln meiner Mutter hören, die über den Boden huschten, und hatte ohne ersichtlichen Grund das Gefühl, als wären mir die Eingeweide aus dem Körper gerissen worden.

»Hallo, oh, Mick, iss alles okay?«

Von meinem Zimmer aus vernahm ich Lizzys Stimme. Mein Bauch fing heftig zu pochen an. Es war, als würde jemand mehrmals mit einem großen Stock darauf schlagen.

»Oh, tut mir so leid, Mick … Ah, versteh, werd's ihnen auf jeden Fall sag'n … Ich ruf dich später an, vielleicht so um sechs, und schau'n, was los iss, bin aber sicher, er wird bald wieder okay sein … Versuch dir nicht zu viele Sorg'n zu mach'n, tut mir echt leid, Michael.«

Das Geräusch des aufgelegten Telefonhörers schien sich um meinen Kopf herum zu verstärken. Ich wusste, dass meinem Cousin etwas Schlimmes widerfahren war, wagte aber nicht danach zu fragen – aus Angst, es könnte schrecklicher sein, als ich es mir in der Vorstellung ausmalte. Stephen war im Krankenhaus und wurde am Magen operiert. Am Vorabend war er ausgerutscht und aus relativ geringer Höhe von einem Baum in seinem hinteren Garten gestürzt, doch mit dem Magen auf einem Felsbrocken aufgeschlagen. Dabei war ein Muskel gerissen, was zu inneren Blutungen führte.

An jenen Tag erinnere ich mich ganz deutlich. Meine Familie war schweigsam, lauschte der beruhigenden Stimme des Vaters, als er beim sonntäglichen Frühstück mit uns über den Vorfall sprach.

»Er wird nur ’ne kleine Operation haben. Die Sache scheint mir nicht besonders ernst zu sein.«

Allein diese Worte hoben eine schwere Last von meinen Schultern und eine Tonne Schotter von meinen erschütterten Eingeweiden. Ich vertraute darauf, dass seine Vermutung richtig sein würde. Mein Vater hatte bislang immer eine Antwort parat gehabt. Er wirkte nicht allzu besorgt, und seine Äußerungen erleichterten uns … Doch dann stellte ich fest, dass dieses schreckliche Gefühl in meinem Bauch anhielt. Der Abend konnte nicht schnell genug kommen, während ich sehnsüchtig den Moment erwartete, da Mutter ihren Bruder anrufen würde, um weitere Informationen zu erhalten.

Es mag verrückt klingen, aber damals war die Benutzung des Telefons eine Seltenheit, und egal, um welche Angelegenheit es sich handelte – die Anrufe waren kurz und bündig und beschränkten sich auf das Nötigste.

»Red am Telefon keinen Blödsinn zu den Leut’n, Joan. Vergiss nicht, das kostet Geld. Sag also bloß, was du sag’n musst, und leg gleich wieder auf.«

So belehrte Lizzy jeden, der einen Anruf tätigen wollte. Und wenn man jemandem einen Rückruf zu einer bestimmten Uhrzeit angekündigt hatte, dann musste der auf die Minute genau erfolgen, weder vorher noch nachher.

Mutter hatte ihrem Bruder mitgeteilt, ihn abends um sechs Uhr anzurufen, und das hieß, dass sie ungeachtet ihrer Sorge während des Tages nicht vor der vereinbarten Zeit den Hörer abnehmen würde. Die Familie versammelte sich mit angehaltenem Atem im Wohnzimmer und ließ die Tür weit offen, sodass wir jedes Wort hören konnten, das Lizzy sagte. Selbst Jonny verhielt sich vollkommen still, unterließ seine üblichen Mätzchen.

»Hallo … aha … uh … hu … uh … hu … aha … uh … hu. Wirklich? Das klingt schon besser …«

Gott sei Dank! Ich hatte noch nie jemanden gekannt, der sich einer Operation unterziehen musste, und mir war angst und bange bis zu dem Moment, als meine Mutter die Worte aussprach: *Das klingt schon besser.* Die Sache ginge also gut aus, wir würden in ein paar Tagen erfahren, dass Stephen wieder nach Hause käme, und alles wäre so wie vorher. Wie wunderbar! Doch das geschah nicht.

Die Blutuntersuchungen ergaben eine Reihe von Anomalien, die auf Krebs hindeuteten. Innerhalb weniger Monate war zwei Menschen in meinem Leben mitgeteilt worden, dass sie diese Krankheit hatten. Onkel Barney musste in den späten Vierzigern gewesen sein, was mir alt vorkam, sodass sein Tod fast natürlich schien, aber Stephen würde erst neun Jahre alt. Wie konnte das sein? Mein Kopf füllte sich mit vielen Fragen, die allesamt gleichzeitig auftauchten. Wie hatte er sich dieses Leiden zugezogen? War es heilbar? Wo befand es sich in seinem Körper? Konnte man es durch eine Operation beseitigen? Ich war völlig überfordert. Wie üblich verfielen die Eltern in Schweigen, wenn solche Themen wie Krankheit auftauchten, die für Kinder als ungeeignet galten.

»Dass mir ja keiner von euch den Leuten außerhalb der Familie was da drüber erzählt«, sagte Lizzy. »Habt ihr mich verstanden?«

Uns wurde verboten, Fragen über Dinge zu stellen, die uns nichts angingen. Doch diese Angelegenheit ging mich sehr wohl etwas an. Ja sie betraf mich derart, dass ich mich krank fühlte, mir wurde speiübel, als fühlte ich die Krankheit meines Cousins und versuchte irgendwie, ihn davon zu befreien. Warum konnte ich sie ihm nicht wenigstens teilweise abnehmen? Es war das erste Mal, dass mir der Wunsch bewusst wurde, jemand anderen zu heilen. Stephen gehörte zur Familie, war mein bester Freund auf der Welt. Ich spürte eine tiefe Verbindung zwischen uns und vermisste ihn, wenn er nicht da war. Er und ich würden an Ostern auf die Bahamas fliegen … Oh, was war eigentlich mit den Bahamas? Ich wusste weitaus Besseres zu tun, als nach der Reise zu fragen, während Stephen krank war. Der innere Druck war so stark, dass darüber nie wieder gesprochen wurde, bis sie irgendwann einfach verschwand.

Und Sylvia und Michael, wie mussten sie sich fühlen? Obwohl ich sorgenvoll an sie dachte, war mir klar, dass ich keinesfalls die Erlaubnis erhielt, bei den sonntäglichen Anrufen mit ihr oder ihm zu sprechen, und dass die Informationen, die meine Eltern empfingen, zunächst überprüft würden, bevor wir Kinder die für angemessen erachtete Version zu hören bekamen. Ich war erst neun Jahre alt, empfand jedoch erstmals in meinem jungen Leben eine völlige Hilflosigkeit. Ich fühlte mich völlig ausgeschlossen und wusste überhaupt nicht, was ich dagegen tun oder mit wem ich sprechen konnte.

***

Die Religion hatte bis dahin in meinem Leben keine große Rolle gespielt. Gewiss, ich war Zeuge des Hasses zwischen Katholiken und Protestanten gewesen, der Straßenkämpfe zwischen Fußballfans beider Konfessionen sowie der handgreiflichen Auseinandersetzungen zwischen der mütterlichen und der väterlichen Seite meiner Familie, aber wir gingen nicht zur Kirche. Wir beobachteten piekfeine Familien auf dem Bürgersteig gegenüber, die ihre beste Sonntagskleidung trugen, um am Gottesdienst teilzunehmen, und fanden das komisch. Ich hatte weder das Leben selbst noch die großen Fragen des Lebens und des Todes aus religiöser Perspektive betrachtet noch irgendeinen dieser Aspekte mit meinen merkwürdigen Erfahrungen des Übernatürlichen in Verbindung gebracht.

Anna Barr war ein Mädchen, das in unserer Straße wohnte. Sie war diejenige gewesen, die meine Mutter über den Kampf zwischen den beiden Söhnen der Urquharts und meinem Bruder Sammy informierte. Anna muss um die sechzehn oder siebzehn gewesen sein, als Stephen krank wurde. Sie war eine äußerst fröhliche, temperamentvolle Person und redete mit jedem, ob alt oder jung, der ihr über den Weg lief. Als sie sah, wie ich auf der Bordsteinkante saß und in eine Pfütze starrte, kam sie herüber.

»Hey, was iss'n los, Gordon? Stimmt irgendwas nicht?«

Aus mir unbegreiflichen Gründen erzählte ich ihr von Stephen, seinem Sturz und dem Krebs, an dem er erkrankt sei, und dass ich mich davor fürchte. Plötzlich hatte ich noch mehr Angst, weil mir einfiel, dass Lizzy uns verboten hatte, mit irgendjemandem außerhalb der Familie darüber zu sprechen.

Anna war einer jener liebenswürdigen Menschen, die in meiner Kindheit herausragen, und ich kann weiterhin ihre großen, leuchtend blauen Augen sehen, die auf mich herabschauten, und ihre fröhlich klingende Stimme hören, als sie mich am Arm hochzog.

»Komm mit, ich führ dich wohin und zeig dir was, das dir vielleicht hilft, aber du darfst niemandem was drüber sag'n, einverstanden?«

Geheimnisse, Geheimnisse und noch mehr verdammte Geheimnisse, meine Kindheit war voll davon, aber ich wusste, dass Anna es gut meinte. Zunächst hatte ich keine Ahnung, wohin sie mich mitnahm, jedenfalls gingen wir bis zum Ende der Straße und bogen dann um die Ecke in Richtung der Kapelle. Es war eine katholische Kirche, und Anna war Protestantin, eine wirklich überzeugte Anhängerin des Oranier-Ordens. Ich hätte es nie für möglich gehalten, dass sie eine heilige katholische Stätte betreten würde. Das gehörte sich einfach nicht. Doch genau dorthin führte sie mich.

»Okay, geh rein und sprich aus tief'm Herz 'n kleines Gebet für deinen Cousin, sag dem Herrgott, was du dir wünschst, und ich werd 'ne Kerze klau'n und sie anzünd'n … Damit müsst's funktionier'n.«

Ich war mir nicht sicher, was ich tun sollte, saß jedoch bald auf der hinteren Bank einer leeren Kirche und ließ die Augen über all die großartigen Statuen schweifen. Es gab so viele Dinge zu betrachten, dass ich ganz überwältigt war. Meine Blicke wurden überallhin gezogen, ruhten schließlich aber auf der großen, aus grauem Sandstein gefertigten Statue einer Frau, die nach unten schaute. Ich folgte ihrem Blick, sah, dass ihre Füße nackt und schutzlos waren, und dachte, dass sie entsetzlich frieren musste. Ihre ganze Erscheinung *wirkte* kalt. Dann starrte ich wieder auf ihr Gesicht, das mir sehr traurig vorkam, genau so, wie ich mich tief innen fühlte.

Ich kannte nur das Vaterunser, das wir jeden Morgen in der Schule aufsagten, und bat die Frau, die ich für die Mutter von Jesus hielt, meinem Cousin Stephen zu helfen. Ich fragte Maria, ob sie ihn heilen und leben lassen und seinen Krebs heilen und seiner Mutter sowie seinem Vater beistehen und auch dafür sorgen könne, dass wir trotz allem auf die Bahamas reisen. Ich verlor mich im Gebet und fühlte mich irgendwie langsam besser. Eine unfassbar friedliche Atmosphäre hüllte mich ein.

In diesem so stillen Heiligtum geschah etwas, das ich nie zuvor erfahren hatte. Es war ein Ort tiefer Ruhe, und für einen Moment glaubte ich, ein Teil davon zu sein. Als wäre ich der

Ton in einer Glocke, wenn sie läutet. Ich war Teil eines Ganzen, das ich nicht sehen konnte, als würde ich stillgehalten in etwas Größerem, doch es gab auch Bewegung in der Stille und Ton im Schweigen. Mit einem Wort: Es herrschte vollkommener Friede.

Diese Harmonie aber wurde erschüttert durch die laute Stimme eines Mannes, die ringsum dröhnte und widerhallte.

»He du, Anna Barr, scher dich raus hier, sonst schieb ich dir meine Stiefelspitze 'n Arsch hoch!«

Es war der Priester.

»Lauf, Gordon!«

Anna packte von hinten meinen Arm und zerrte mich zu dem hohen hölzernen Portal.

»Was iss los, Anna? Warum schreit dich der Priester an?«

Anna hielt erst inne, als sie draußen und außer Reichweite unseres wütenden Verfolgers war, der uns jedoch weiterhin nachsetzte. Heftig atmend wandte sie sich ihm zu, grinste und streckte dem herannahenden Mann in Schwarz den Mittelfinger entgegen.

»Schieb sie deinen Fenierarsch hoch, du alter Knacker!«, brüllte sie, zog mich geschwind mit sich fort und stieß weitere Beleidigungen in Richtung des Priesters aus, der bis zu den schwarzen Gitterstäben vor der Kapelle lief und mit ebenso lauter Stimme erwiderte:

»Hau ab, du Oranier-Schlampe, du verfluchte Heidin … Gott kann dich seh'n, ist dir das klar?«

Anna brach in schallendes Gelächter aus, und ich tat es ihr nach. Ihr Lachen war so ansteckend; außerdem genoss ich wohl die Aufregung, die daher rührte, dass ein alter Priester uns hinterherjagte.

»Zum Teufel mit dem Papst, Gott segne die Queen und King Billy, du oller Pfaffe!«

Dieser Ausruf verhallte ungehört, da der Mann umgedreht und in sein Gotteshaus zurückgegangen war, während wir uns bereits weiter entfernt hatten.

»Anna, warum haste mich da reingeführt, wenn du doch die Katholiken hasst?«

Ich war verwirrt. Der Kapelle hatte ich mich bisher nur genähert, wenn dort eine Trauung stattfand. Wie schon erwähnt, waren alle Kinder in unserem Viertel dann anwesend, um Geldstücke zu ergattern, die aus den losfahrenden Hochzeitsautos geworfen wurden.

»Gott iss in all'n Kirchen, Gordon, dem iss es egal, in was für einer du betest ... Sind bloß diese beschränkt'n Schwarzröcke, die sag'n, wer reinkommen darf und wer nicht.«

Mir schien, als wäre eine Ewigkeit vergangen, und noch immer keine Nachricht über Stephens Zustand. Wenn ich meinen Eltern oder Betty diesbezügliche Fragen stellte, erwiderten sie mir nur, ich solle abwarten, die Ärzte würden ihr Bestes für ihn tun und wir bekämen bald erfreulichere Nachrichten. Ich begann an den Gebeten zu zweifeln, die ich gesprochen hatte, und fragte mich, ob Gott im Grunde ein Katholik war und vielleicht nicht auf Protestanten hörte.

Stephens Zustand verschlechterte sich, und man beschloss, ihn einer Chemotherapie zu unterziehen. Der Krebs wurde jetzt in der Niere lokalisiert; obwohl damals bereits Transplantationen vorgenommen wurden, waren sie doch eher selten. Natürlich hatte ich von all dem ebenso wenig Ahnung wie meine Brüder. Die älteren Mitglieder der Familie verheimlichten uns vieles.

Es fiel mir schwer, mich mit den alltäglichen Dingen zufriedenzugeben, aber Kinder besitzen die verblüffende Fähigkeit, einfach weiterzumachen. Also folgte ich meinen zwei älteren Brüdern überallhin und bat sie, mit mir zu spielen.

»Sammy, kann ich mit dir spielen?«

»Nee, hau ab, los, zieh bloß Leine und spiel mit deinen Kameraden.«

Nicht so leicht die Waffen streckend, ging ich auf Jonny zu.

»Was machste denn grade, Jonny, spielen wir zusammen?«

Damit war ich mitten in die Schlangengrube getreten, nämlich in meines Bruders persönliche und sehr private Welt des Kartenspiels.

»Haste nicht irgendwo Kohle gebunkert?«, fragte er mich, wohlwissend, dass ich immer über geheime Reserven verfügte, gewöhnlich unter der Ecke des Teppichbodens im Schlafzimmer meiner Eltern. Ich schlich mich hinein, wenn jeder in der Familie beschäftigt war, und legte alle Arten von Münzen in mein Versteck. Im Haus lebten so viele von uns, dass keiner einen Privatbereich hatte, aber jeder ein Versteck. Jonny verbarg sein Geld und Zeug hinter dem Herd. Ein gutes Versteck, weil niemand auf die Idee gekommen wäre, dort nachzuschauen – außer meine Mutter machte Großputz und zog den Herd von der Wand weg, um dahinter zu schrubben. Daher musste man seinen Besitz ständig von einem Ort zum andern schaffen, doch vorläufig war mein Versteck sicher.

»Hab'n Shilling, Jonny, reicht das?«

Er überdehnte die Stimme, wie immer, druckste eine Weile herum, bevor er mir gestattete, das zu tun, was für ihn bereits unumgänglich war.

»Okay, aber sag Ma nicht, dass wir um Geld gespielt hab'n, sonst lass ich dich nicht mehr mitmach'n, haste mich verstanden?«

»Klar, Jonny, in Ordnung.«

Der Einsatz betrug einen Penny pro Spiel, aber mit Jonny

Karten zu spielen war ungefähr so, als würde eine Maus freiwillig ins geöffnete Maul einer Katze spazieren. Nach ein paar Sekunden war das Spiel vorbei, mein Geld auf einen Schlag weg.

»Iss nicht fair, ich glaub, du hast mich reingelegt!«

Meistens war dem auch so, und wenn ich ihm auf die Schliche kam, fingen wir an zu kämpfen und schrien, bis Mutter auf den Plan trat, um uns auseinanderzureißen, und wissen wollte, was passiert war. Doch Jonny lernte schnell und erkannte bald: Wenn er mir das ganze Geld auf einmal abnahm, würde Unheil drohen und Lizzy darauf bestehen, dass er es mir wieder zurückgab. Ließ er mir hingegen eine kleine Chance und verlängerte das Spiel über den ganzen Abend, sodass ich einige Male gewann, konnte er ziemlich genau das tun, was ihm vorschwebte, und zudem noch ungestraft davonkommen.

»Weißte, hab echt gedacht, dass du diesmal gewinnst, warst so nah dran, Gordon.«

Die Aufrichtigkeit in seiner Stimme vermittelte mir ein gutes Gefühl – und den Glauben, ich könnte meinen älteren Bruder im Kartenspiel bald schlagen.

»Hey, wenn ich nächstes Mal Geld krieg, spielen wir wieder, wenn du magst.«

Sammy faszinierte mich. Ständig schmuggelte er andere Sachen in unser Haus – gewöhnlich solche, die er gestohlen hatte. Ich war beeindruckt von einer Sammlung Vogeleier, die er in einer Schuhschachtel, halb gefüllt mit Sägemehl, um die zerbrechlichen Schalen zu schützen, unter seinem Bett versteckte. Wenn ich allein war, bereitete es mir enorme Freude, die Eier herauszunehmen und zu betrachten. Derentwegen verwickelten wir drei uns wieder einmal in endlose Kämpfe. Die Sammlung war Sammys ganzer Stolz, denn er hatte dafür, weiß Gott, mehrfach sein Leben riskiert, war auf hohe Bäume oder Gebäude geklettert, um sie an sich zu bringen.

Sammy und ich trugen eigentlich nicht viele Kämpfe aus, Jonny und ich aber sehr wohl, und er und Sammy kämpften um fast alles. Doch im Hinblick auf die Eier war Sammy äußerst empfindlich. Irgendeine Lappalie konnte ihn deswegen in Wut versetzen.

Erneut sah mein Bruder Jonny eine Möglichkeit, Geld zu machen, als er herausfand, welche Summen einige Kinder im Viertel zu zahlen bereit waren für die Eier bestimmter Vogelarten und wie sehr Sammy geschwächt wurde durch die Befürchtung, sie könnten zerbrechen. Also brauchte er nicht mehr zu tun, als vor dessen Augen ein kleines farbiges Ei zwischen Daumen und Zeigefinger zu halten mit der Drohung, kurz mal fest zuzudrücken.

Das würde geschehen, wenn Sammy zum Beispiel im Besitz von Süßigkeiten war, die er im örtlichen Geschäft hatte mitgehen lassen und dann unter seinem Bett hortete. Wurde Jonny darauf aufmerksam, wartete er auf den richtigen Moment, um loszuschlagen.

»Sammy, siehste die Marsriegel da unter deinem Bett, ich will die Hälfte davon, sonst erzähl ich Pa, dass du sie geklaut hast.«

Sammy wurde wütend. Er hatte Mutters Temperament.

»Hab keine verdammten Marsriegel, also hau ab!«

Das war seine natürliche Reaktion, um in dieser heiklen Situation Jonny zu attackieren, aber der zog seine Art von Kryptonit hervor, als handelte es sich um das Mineral aus dem Superman-Mythos:

»Siehste dieses kleine blaue Ei mit den wunderschönen braunen Spuren? Stell dir vor, wie leicht das kaputtgeht, wenn ich jetzt fest draufdrück …«

Er hatte begriffen, dass dieses Ei ein Vermögen wert war und Sammy sehr viel bedeutete. Das Ei einer Trottellumme war sein ganzer Schatz.

»Jonny, mach's nicht kaputt, bitte, leg's einfach wieder hin. Ich hol dir, was du willst, aber zerdepper's nicht!«

Jonny wusste genau: Sein älterer Bruder hatte mehr Angst, dass das Ei zerbrach, als davor, dass Vater von der gestohlenen und im Haus versteckten Schokolade erfuhr. Nach erfolgreicher Erpressung spazierte Jonny mit geschwellter Brust davon und pfiff vor sich hin. Dieses Zwitschern war offenbar seine Angewohnheit, wenn ihm ein Coup gelungen war. Bald nach der Episode mit den Marsriegeln bekam er einen neuen Spitznamen: Budgie. *Budgie* war in den frühen Siebzigerjahren der Titel einer beliebten Fernsehserie mit Adam Faith in der Hauptrolle. Auch er war ständig in zweifelhafte Geschäfte verstrickt.

Wir spielten und mogelten und rauften während der gesamten Sommerferien des Jahres 1972. Es war einer jener sehr heißen Sommer, in denen der Asphalt zu schmelzen begann. Saß man zu lange an einer Stelle, klebte die Hose fest. Erhob man sich, war der Hosenboden schwarz und klebrig – ein Vergehen, das Lizzy gewöhnlich mit einer Ohrfeige bestrafte.

Unsere Straße war vom einen bis zum anderen Ende erfüllt vom Lärm spielender Kinder. Dann wurde von einem der älteren Jungen zum Spaß ein Hydrant geöffnet, was heftige Wasserkämpfe zwischen allen zur Folge hatte. Es bedurfte nur eines Spritzers auf ein ahnungsloses Kind, und das Chaos brach aus. Jeder eilte nach Hause, um Mutters leere Spülmittelflaschen zu holen, füllte sie am Hydranten und lief herum, um die anderen nass zu machen, bis die ganze Umgebung widerhallte von Schreien und Lachen.

Wenn der Eiswagen mit seiner vertrauten Melodie in unsere Straße einbog, stoben die Kinder in alle Richtungen davon, um Pennys zu ergattern oder ihre Limonadenflaschen zu leeren, die sie dann beim Verkäufer gegen Eis am Stil oder in der Waffel eintauschten. Das brachte einen Moment der Ruhe und der Beschaulichkeit in das Durcheinander, da alle die leckere Abkühlung genossen.

In der Straße war oft Musik zu hören. Jemand stellte ein Transistorradio auf den äußeren Fenstersims und drehte es lauter, damit alle an den aktuellen Hits wie etwa Dawns *Knock Three Times* teilhaben konnten.

Wie sehr ich diese lichten, glücklichen Zeiten liebte! Ich glaube, in der natürlichen Ordnung der Dinge ist der Sommer eine Zeit der Heilung. Er bringt nicht nur Wärme, sondern auch balsamische Brisen, um die Seele zu besänftigen und unsere Energien neu aufzuladen.

Stephen schien es besser zu gehen, und im Hochsommer 1972 erhielt ich seit Langem die beste Nachricht überhaupt, als meine Mutter in den vorderen Garten kam, um mit mir zu sprechen.

»Flipp jetzt nicht total aus, aber du wirst mit deinem Pa nach London fahr'n.«

Während sie fortfuhr, vermischten sich ihre Worte mit dem Rausch der herrlichen Düfte in der Luft um uns, und ich konnte gar nicht mehr weiter zuhören.

»Yeeeeeeeeeesss, ich fahr nach London!«

Ich schoss aus dem Garten, rannte die Straße auf und ab und sang mit erhobener Stimme:

»Ich fahr nach London, fahr nach London …«

Ich war derart glücklich, dass ich einen Song mitträllerte, der gerade aus einem der Radios schallte: *Last night ah heard my mama singing a song, oowee, chirpy chirpy cheap cheap.*

Kurze Zeit später reiste ich mit meinem Vater im Zug nach London, wo Onkel Michael uns am Bahnhof abholte und nach Morden fuhr. Spätabends trafen wir dort ein. Stephen und ich eilten sofort ins Schlafzimmer, um zu spielen. Alle Gedanken an seine Krankheit waren aus meinem Kopf gewichen. Da meine Eltern weiterhin eisern darüber geschwiegen hatten, kam mir wohl keinen Moment in den Sinn, dass er nach wie vor krank war. Am folgenden Tag merkte ich nicht einmal, dass mein Vater aufbrach, um wieder nach Hause zu fahren.

Während der nächsten zwei Wochen spielten wir so wie immer, ohne je an Krebs zu denken. Doch da die Schulferien in Schottland vor denen in England beginnen und enden, würde ich vorzeitig die Heimreise antreten müssen. Stephen bat seine Eltern inständig, mich länger bleiben zu lassen und bei meinen Eltern die Erlaubnis für eine Verlängerung der Ferien einzuholen. Zwei Tage lang führten die beiden Familien mehrere Telefongespräche – mit dem Ergebnis, dass dieser sehnliche Wunsch in Erfüllung ging. Rückblickend betrachtet, hat man sich darauf wohl verständigt, weil mein Cousin kränker war, als er aussah.

Die andere Nachricht lautete: Statt zu Beginn des nächsten Trimesters nach Glasgow zurückzukehren, würde ich in Morden zur Schule gehen. Ich konnte mein Glück nicht fassen. Wie aufregend das alles war!

Sicherlich habe ich Stephen nie glücklicher gesehen als bei unserem Ausflug zum Box Hill südwestlich von London. Auf den von uns bemalten Boards glitten wir über die grasbewachsenen Hügel talwärts. Dieses Abenteuer wurde nur noch übertroffen von der Reise zur Isle of Wight. Dorthin brachte uns eine Fähre, von der aus wir ein Luftkissenboot in der Ferne bewunderten. Mehrere Tage verbrachten wir in einem Ferienlager, spielten mit den anderen Kindern und gewannen Preise bei Wettrennen und sogar bei einem Gesangswettbewerb. Wieder einmal war die ganze Reise das Beste, was ich je erlebt hatte –

eine unaufhörliche, rauschhafte Freude. Wir verließen die Insel erst am Abend vor Beginn des englischen Trimesters.

Am nächsten Tag ging ich, bekleidet mit meiner neuen Uniform, mit Tante Sylvia zur Schule, während Stephen daheimblieb. Sie führte mich geradewegs in meine Klasse, wo ich überhaupt nicht das Gefühl hatte, in einer Schule zu sein. Die Lehrerin war eine nette junge Frau, voller Sanftmut und leiser Töne. Sie ließ uns einfach lesen oder las uns etwas vor.

So lebte ich bei Tante, Onkel und Cousin bis Weihnachten und über Neujahr.

Doch Stephen war nicht mehr der Gleiche wie vorher. Im Gegensatz zu meinen Eltern, die vieles vor mir geheim hielten, setzte Tante Sylvia sich neben mich und erläuterte den Stand der Dinge. Ihr Sohn sei sehr krank, sagte sie, und werde nun einer Behandlung namens Chemotherapie unterzogen, die ihn vielleicht übellaunig mache.

Während meines Aufenthalts in jenem Winter verlor er daher all seine Haare. Ich bat darum, die Sache an seiner Seite durchstehen zu dürfen, und war dann ständig im St Helier's Hospital in Carshalton außerhalb Londons, um mit ihm zu sprechen und beispielsweise auch von den Kämpfen zwischen Sammy und Jonny zu erzählen.

Stephen lauschte sehr gern den Geschichten über meine Familie, über die zahlreichen Auseinandersetzungen und verrückten Ereignisse, die uns widerfuhren. Als Einzelkind, dem die Eltern jeden Wunsch erfüllten, faszinierte es ihn, wie wir uns Geld beschafften. Also schilderte ich meine Lebensmitteleinkäufe für ältere Leute in der Nachbarschaft, die meine Dienste mit drei Pennys entlohnten. Er konnte nicht glauben, dass ich in Geschäften ein paar Münzen oder am Eiswagen ein Eis im Tausch gegen leere Limonadenflaschen erhielt. Aber am liebsten waren ihm meine Ausführungen über das Kartenspiel, den

Kauf und Verkauf von Vogeleiern, die Methode, wie Sammy diese einsammelte.

»Was, er ist bis aufs Dach gestieg'n, bloß um sich 'n Taubenei zu holen? Wow, nicht zu fassen!«

»Ja, und er iss fast ertrunken im See, um sich außerdem 'n Schwanenei zu schnappen.«

»Hätte ich doch nur dein Leben, Gordon. Es erscheint mir immer großartig und aufregend. Mein Leben ist langweilig, und ich hab diesen blöden Krebs.«

»Mein Leben iss auch schlimm, weil's mir manchmal echt Angst einjagt, wenn Leute vor unsrer Tür steh'n, um sich mit Mami zu prügeln. Und vergiss nicht: Sammy und ich hatten rheumatisches Fieber und wär'n beinah dran gestorben.«

Derart ins Gespräch vertieft, haben wir beide wohl niemanden sonst ringsum wirklich wahrgenommen.

»Hey, hab ich dir eigentlich schon erzählt, wie Sammy seinem Lehrer den Gürtel geklaut hat?«

Nach dem Unterricht wich ich Stephen keinen Moment von der Seite, selbst dann nicht, wenn er sich übergeben musste. In solchen Situationen legte Tante Sylvia mir nahe, das Krankenzimmer zu verlassen, aber ich wollte bei ihm bleiben, um Beistand zu leisten, und das war auch sein Wunsch. Wir fühlten uns inniger miteinander verbunden als mit irgendeinem anderen Menschen.

Nichts und niemand hätte mich damals dazu bringen können, Stephen im Stich zu lassen – außer Lizzy, die meinen Onkel drängte, mich nun, da sein Sohn schwer krank war, nach Hause zu schicken. Zwar reiste ich tatsächlich für eine Woche zurück, doch Sylvia bat meine Mutter darum, dass ich wiederkäme und etwas länger bliebe. Stephen näherte sich seinem zehnten Geburtstag – und dem Tod. Das Einzige, was er für den Rest seines

Lebens ersehnte, war meine Anwesenheit. Ich selbst war erst gut zehn Jahre alt, wollte aber bei ihm sein, solange er danach verlangte.

Niemand, nicht einmal Tante Sylvia, hatte mir je deutlich gemacht, dass Stephen im Sterben lag. Es war damals nicht üblich, über den Tod zu reden, aber jeder – auch ich – wusste Bescheid. Der Blick eines Kindes unterscheidet sich jedoch grundlegend von dem der Erwachsenen ringsum, und so sah ich bloß meinen besten Freund und sein Lächeln, wenn wir zusammen spielten, oder sein Lachen, wenn ich ihm Geschichten erzählte. Bei Spielen wie Schach, in dem er stets vortrefflich gewesen war, ließ ich ihn nun gewinnen, und sei es nur, um sein Siegesgebrüll zu hören. Ja, ich wusste, dass mein Cousin sterben würde. Keiner brauchte diese Worte auszusprechen. Irgendwo in meinem Innern war mir klar, dass ich seine körperliche Gegenwart verlieren würde, aber auch, dass uns eine echte Kraft verband, eine Lebensenergie, die niemals sterben konnte. Zu jenem Zeitpunkt war ich mir dessen sicherer als irgendeiner anderen Sache in der Welt.

Stephens zehnter Geburtstag war im April 1973. Wir feierten ihn in seinem Zimmer mit Tischfußballspielen. Als ich ihm sagte, wie köstlich seine Geburtstagstorte schmecke, setzte er eine freche Miene auf und fand genügend Kraft, mir die übrige Torte ins Gesicht zu drücken, woraufhin wir in schallendes Gelächter ausbrachen. Wir lachten so laut und heftig, dass Sylvia entsetzt hereingestürmt kam. Sie dachte, wir würden schreien vor Angst. Das ist eine meiner letzten Erinnerungen an Stephen. Kurz danach wurde ich nach Hause geschickt.

Während der nächsten beiden Monate war sein Gesundheitszustand bald besser, bald schlechter. Einmal wurde mir mitgeteilt, dass ich losfahren und mehr Zeit mit ihm verbringen solle, dann wieder hieß es, das sei nicht möglich. Jedenfalls war im Juli jenes Jahres keine Rede mehr davon, dass ich nach England reise, und die Leute konnten nicht über Stephen sprechen, ohne zu weinen oder die Tränen zu unterdrücken. Es war eine schwere Zeit für meine ganze Familie, aber für meine Schwester Joan, die am 13. Juli heiratete, muss sie schrecklich gewesen sein. In der so bedrückenden Erwartung von Nachrichten aus London hat sie bestimmt viel durchgemacht, aber all das Leid schließlich überstanden. Onkel Michael, der immer sehr stolz auf Joan war, kam mit dem Flugzeug angereist, um bei der Hochzeit mit dabei zu sein.

Doch sein Besuch war, soweit ich mich erinnern kann, der kürzeste überhaupt. Telefonisch wurde ihm mitgeteilt, dass er sofort zurückkehren müsse, da Stephen, dem Ende nah, nach seinem Vater verlangte. Im Auto von einem der angeheirateten Verwandten meiner Schwester fuhr ich mit zum Flughafen. Das Schweigen in diesem Wagen ist mir noch immer schmerzlich bewusst. Ich saß zusammen mit zwei Fremden und einem Mann, dessen Sohn im Sterben lag. Die Atmosphäre um uns schien so bleiern und beengend, als wären wir eingeschlossen in eine Masse schnell trocknenden Zements.

Stephen starb weder am nächsten noch am übernächsten Morgen. Seine Lebenskraft hielt ihn in dieser Welt bis zur folgenden Woche, genauer gesagt, bis zum Sonntagmorgen. Wieder lag ich im Bett, als das Telefon läutete. Es konnte durchaus Stephens Tod verkünden, denn niemand rief zu dieser sonntäglich frühen Stunde an, außer es handelte sich um schlechte Nachrichten.

»Hallo, Michael, bist du's? Michael, ich versteh nicht, was du sagst, kannst du …«

Es entstand eine Pause, auf die ohrenbetäubende Stille folgte. Mein Herz hörte für einen Moment auf zu schlagen.

»Nun gut, mein Sohn, ich werd's allen mitteilen. Lizzy ruft dich später zurück, es tut uns so leid.«

Mein Vater ging langsam den Flur entlang zum Schlafzimmer, wo Mutter ihn erwartete. Das Herz muss ihr bis zum Hals geschlagen haben. Seine Stimme, kaum hörbar, ging über in ein Flüstern:

»Lizzy, es iss vorbei.«

* * *

Tod, Träume und Prophezeiungen

Ich sah nichts als schwarz gekleidete Menschen. Niemand schien zu bemerken, dass ich da war. Ich konnte gedämpfte Geräusche hören, flüsternde Stimmen, die in einer riesigen leeren Kirche widerhallten. Es standen Särge herum – drei kleine weiße und ein paar größere; einer aus braunem Eichenholz und ein schwarz lackierter stachen besonders hervor. Dann sah ich, dass einige Leute einen weiteren, kieferfarbenen Sarg auf ihren Schultern trugen. In diesem Augenblick kam ein Geräusch aus weiter Ferne, ein schreckliches Geräusch, das wie Stöhnen klang. Es wurde immer lauter, immer unheimlicher, bis es rings um mein Herz zum beklemmenden Echo wurde. Aaahhh … Ich saß aufrecht im Bett, von Kopf bis Fuß in Schweiß gebadet.

Stephen starb 1973, erst zehn Jahre alt. Ich wusste nicht, wie ich mit seinem Tod fertigwerden oder wen ich dafür verantwortlich machen sollte. Zunächst hasste ich jene Frau, zu der ich in der Kapelle gebetet hatte, dann nicht mehr, weil mir einfiel, dass auch ihr Sohn gestorben war. Also hasste ich stattdessen Gott. Er hatte weder meinem Cousin geholfen noch meine Gebete erhört. Er musste mich für etwas bestraft haben, und eine Zeitlang wollte ich die Schuld auf mich nehmen. Vielleicht würde ich mich besser fühlen, wenn ich irgendeinen Schmerz empfände?

»Gordon, deine Mutter ist am Telefon!« Meine Tante Sylvia rief mich vom unteren Stockwerk aus, und mir war klar, dass Lizzy sagen würde, ich müsse wieder nach Hause kommen.

Doch ich wollte nicht zurück nach Glasgow. Mein Zuhause war jetzt hier.

Für Stephens Begräbnis war ich mit meinen Eltern nach London gefahren. Ich durfte nicht am Trauergottesdienst teilnehmen, war dann aber nach ihrer Abreise an Ort und Stelle geblieben. Ich wollte bei Sylvia und Michael sein, denn die beiden brauchten mich. Es widerstrebte mir, in das nervige Glasgow zurückzukehren, wo jeder nur mit jedem kämpfte und wo man immer etwas vor seinen Brüdern verstecken musste, damit sie es einem nicht klauten. Außerdem wollte ich Stephen nicht zurücklassen.

»Bin gleich wieder da, Stephen«, hörte ich mich sagen, als ich die Treppe hinuntereilte und den Telefonhörer vom Tisch nahm.

»Hallo?«

Ich musste mich kurz gedulden, da Lizzy offenbar jemanden im Hintergrund anschrie.

»So 'n verdammter Dreckskerl, ich komm sofort und hau ihm die Rübe ab. Wart nur 'n Moment.«

In scharfem Ton wandte sie sich mir zu: »Also, jetzt hörste mir mal zu, du kommst am Wochenende heim, hast du mich verstanden? Bist schon über'n Monat dort, und das reicht. Hab mit deiner Tante geredet, die iss jetzt wieder okay, also jammer die beiden nicht an, um länger zu bleib'n, iss das klar?«

Das war sehr klar.

»Ich muss los, irgend so 'n verfluchter Pauker hat Sammy verletzt, also lauf ich jetzt in seine Schule und zahl's diesem Bastard heim. Nun denn, sag denen Tschüss und ab die Post!«

Die letzten Tage meines Aufenthalts verbrachte ich meistens im Kinderspielzimmer, beschäftigte mich mit den Spielsachen und beendete die Zeichnungen, die Stephen und ich begonnen hatten. Sobald ich zu zeichnen anfing, hörte ich im Innern unsere Gespräche wieder und ertappte mich manchmal dabei, wie ich zu ihm sprach. Es fällt mir schwer, dieses Phänomen zu beschreiben, aber der Geist meines Cousins war weiterhin anwesend, zumindest fühlte es sich so an. Ich setzte aus Legosteinen vielleicht ein Schloss oder ein Auto zusammen und fragte Stephen, was als Nächstes zu bauen wäre. Jahre später erzählte mir Sylvia, dass sie an der Tür gelauscht habe, und sagte:

»Ich fühlte mich damals oft glücklich. In deiner Welt war Stephen immer noch lebendig. Du hast ihn *am Leben erhalten*!«

Während ich auf dem Boden zeichnete oder schrieb, ruhte bisweilen seine Hand auf meiner Schulter, und ich hörte ihn laut seufzen. Weder war ich darüber erschreckt noch drehte ich mich um. Dazu bestand keinerlei Anlass, denn Stephen war in diesem Zimmer bei mir; gerade wenn ich nicht nach ihm suchte, war seine Gegenwart noch deutlicher spürbar.

In meinem Erwachsenenleben wurde ich immer wieder gefragt, ob ich mich je vor Geistern gefürchtet hätte, und meine Antwort lautete immer: »Niemals, keinen einzigen Moment.« Stephens Gegenwart war wärmend und entspannend, und je mehr ich ihn willkommen hieß und ihm gestattete, nah zu sein, desto stärker wurde unsere Verbindung.

Vor meiner Abreise am folgenden Sonntagmorgen vernahm ich Stephens Stimme erneut – als wäre sie tief in meinen Gedanken und würde mich besänftigen. Ich erinnerte mich nicht nur an seinen Tonfall, denn er teilte mir etwas ganz Bestimmtes mit, und seine Worte waren völlig klar:

»Gordon, hilf meiner Mami.«

In der Rückschau wird mir bewusst, dass dies meine erste Erfahrung war, bei der ich die Stimme eines Verstorbenen hörte. Er bat mich, seiner Mutter zu versprechen, dass ich bereits einige Zeit vor Weihnachten zurückkehren werde und nicht, wie geplant, erst zum Fest. Ich wusste zwar nicht, auf welchem Wege das zu bewerkstelligen wäre, vertraute aber meinem Cousin.

Vorläufig wollte ich meiner Tante nichts darüber sagen, aber diese Heimlichkeit drehte mir förmlich den Magen um. Zugleich hatte ich das Gefühl, dass etwas sehr Seltsames geschah: Auch mein inneres Selbst übermittelte mir die Botschaft, dass ich früher zurückkommen würde. Es war nicht mehr die Stimme meines Cousins, sondern eine Gewissheit, die sich merkwürdigerweise in meinen Eingeweiden eingenistet hatte. Der Blick zurück in die Vergangenheit zeigt mir aber auch, dass dieses Erlebnis einen weiteren, äußerst wichtigen Wendepunkt markierte: Allmählich erkannte und verstand ich das innere oder höhere Selbst, das, wenn man ihm Beachtung schenkt, mit Respekt einflößender Stimme zu einem spricht und Dinge weiß, die dem gewöhnlichen Selbst verborgen bleiben.

Als nun meine Tante Sylvia mich zum Abschied ansah, waren ihre braunen Augen traurig und leer. Aus ihrem Gesicht war das Leben entwichen, und sie blieb ausdruckslos zurück. Mir erschien sie toter als Stephen.

»Wir seh'n dich dann an Weihnachten. Und ich werde dich jeden Sonntag anrufen«, sagte sie und presste mich so fest an sich, dass ich meinen eigenen Herzschlag hören konnte.

Ich wollte Stillschweigen bewahren, aber ohne genau zu wissen, was ich sagen würde, kamen mir folgende Worte über die Lippen, die ich ihr ins Ohr flüsterte: »Ich werd euch im Oktober wiederseh'n.« Dann entfernte ich mich rasch und rannte zum Wagen, in dem mein Onkel wartete, ohne den Kopf zu drehen und einen Blick zurückzuwerfen.

Bald darauf saß ich im Zug und schaute während der Fahrt vorbei an grünen Feldern aus dem Fenster, über das Regentropfen liefen. Völlig versunken in einen Tagtraum, sagte ich plötzlich laut vor mich hin: »Es ist getan.« Die ältere Frau gegenüber sah zu mir und rechnete damit, dass ich meinem Satz etwas hinzufügte. Ich erwiderte ihren Blick, blieb aber stumm.

Die Antwort galt meinem Cousin, der mir gedankt hatte für die Mitteilung an seine Mutter, dass ich früher zurückkommen würde. Der Zug raste weiter durch die Elemente in Richtung Schottland.

Seit Stephens Bestattung fünf Wochen vorher hatte ich wiederkehrende Träume von Begräbnissen, Särgen und Leichnamen. Nach seinem Hingang schien der Tod überall zu sein. Charlie Bell, ein Freund, mit dem ich auf unserem Gartenpfad gespielt hatte, kam auf tragische Weise bei einem Autounfall ums Leben, als seine Eltern verreist waren. Sämtliche Bewohner des Viertels nahmen Anteil, sammelten Geld und spendeten so viel, wie sie sich leisten konnten, um die Familie zu unterstützen. Wie bereits erwähnt, fanden solche Sammelaktionen damals häufig statt. Sobald jemand einen Verlust zu beklagen hatte, ging meine Mutter in der Nachbarschaft umher, nahm Spenden entgegen und notierte die Beträge in einem kleinen Notizblock. Die Leute hatten nur wenig, schafften es aber immer, ihren spärlichen Besitz in Zeiten der Not zu teilen.

Bei meiner Rückkehr an die Grundschule in Balornock erfuhr ich, dass ein Junge in meiner Klasse ertrunken war. Der Tod schien in Wellen zu kommen, ohne Ansehen der Person und ihres Alters.

Unter meinen Freunden war Alex White der Erste, der auf mich zuging und fragte, wie ich mich fühle. Stephens Tod tat ihm aufrichtig leid. Diese Worte bedeuteten mir viel, zumal er unlängst seine Mutter verloren hatte. Bald jedoch wechselte er das Thema.

»Hey, haste schon gehört, wie deine Ma den Pauker in der höheren Schule verdroschen hat, war echt super«, sagte er voller Aufregung. »Der Typ hat sich vor Angst in die Hos'n gemacht, und ich hab mich schiefgelacht.« Alex erzählte weiter die Geschichte über meine Mutter, die vor der halben Schüler- und Lehrerschaft der Sekundarschule den Mann mit seiner Krawatte gewürgt und ihm einen kräftigen Faustschlag aufs Kinn verpasst hatte. Ja, das Leben nimmt seinen Lauf, unaufhaltsam …

Erneut geschahen seltsame Dinge. Ich ging meinen Spielen nach wie jeder Elfjährige, doch bisweilen erstarrte mein Gedankenfluss, und vor meinem inneren Auge tauchte unvermittelt ein Bild oder eine Szene auf. Einmal sah ich meine Schwester Betty mit einem anderen Mann. Es war nicht ihr Ehemann, aber sie lebten zusammen. Die Bilder gingen einher mit der Ahnung, dass dies der Wirklichkeit entsprach. Es war eine Tatsache, an der es nichts zu rütteln gab. Kurze Zeit später teilte Betty meiner Mutter mit, dass sie und Joe sich getrennt hätten und dass sie nun mit Jim zusammenzöge, dem neuen Mann an ihrer Seite. Als Kind neigt man nicht dazu, solche Vorgänge zu hinterfragen, besonders wenn sie im eigenen Kopf stattfinden und man niemanden hat, um darüber zu sprechen.

An einem Sonntagmorgen Anfang Oktober trugen Jonny und ich eine Partie Tischfußball aus. Das Spielgerät, von mir aus London mitgebracht, hatte Stephen gehört. Alle Hausbewohner waren noch im Bett. Plötzlich überkam mich ein heftiges Gefühl. Wie gelähmt stand ich im Flur, wo wir spielten, direkt vor dem Schlafzimmer des alten Barney. Meine Atmung setzte einen Moment aus, und ich dachte, dass tatsächlich *etwas* meinen Körper durchquerte. Ich war sprachlos.

»Was haste denn?«, fragte Jonny in gezwungenem Flüstern und starrte mir ins Gesicht.

»Nichts, iss schon okay, spiel einfach weiter.«

Er warf den Ball zurück in die Mitte des Tisches, und wir beide drehten an den Griffen, deren Stangen all unsere Spieler aus Plastik verbanden, eifrig bemüht, den Ball ins gegnerische Tor zu kicken.

»Yeeesss!«

Budgies Hände schossen in die Höhe, während er vor mir einen kleinen Siegestanz vollführte. Er hatte nicht nur einen Treffer erzielt, sondern den Ball so hart geschossen, dass dieser vom Tisch und in Opas Zimmer geflogen war.

»Budgie, du gehst besser rein und holst den Ball. *Du* hast ihn dahin geballert«, sagte ich, um ihn damit zu zwingen, seinen Siegestaumel abzubrechen.

»Nix da, der Verlierer muss ihn hol'n, das iss die Regel.«

»Was für 'ne Regel denn? Die hast du dir doch jetzt bloß ausgedacht.«

»Das iss die Regel, mein Kumpel hat so'n Tischfußballspiel, und da steht's im Regelheft. Wenn du mir also nicht sagen kannst, dass du das Regelheft geseh'n hast, kannste mir auch nicht widersprech'n, oder?«

Ich hatte kein Regelheft gesehen, war mir aber sicher, dass er dergleichen ebenfalls nie zu Gesicht bekommen hatte. Außerdem kannte ich keinen seiner Kumpel, der ein solches Spiel besaß. Aber ich wollte unbedingt weiterspielen, und das wusste er.

»Okay, ich gewinn sowieso; wenn du also nicht den Ball aus Barneys Zimmer holst, bin ich der Sieger.«

Wie üblich ließ er mir keine Wahl. Ich hätte einfach mit ihm raufen können, doch dann hätten wir das ganze Haus aufgeweckt und wären obendrein noch verprügelt worden. Deshalb machte ich mich auf, den Ball zu holen.

Die Tür stand ein wenig offen, aber gerade als ich das Zimmer betreten wollte, fühlte ich ein Kraftfeld, das mich am Weitergehen hinderte. Ich sah den Ball, er lag direkt vor mir. Wenn ich mich nach vorn beugte, konnte ich ihn aufheben, doch mein Körper rührte sich nicht …

»Verdammt nochmal, was tust'n da, beeil dich, Mann!«

Plötzlich schnellte ich vorwärts und ergriff den Ball, verspürte aber eine tiefe Unruhe.

»Jonny, mit Barney stimmt irgendwas nicht«, sagte ich spontan zu meinem Bruder. »Weiß nicht, was, aber der sieht komisch aus. Du solltest Papa verständigen.«

Vielleicht waren das meine Worte, und Jonny spähte ins Zimmer. Gegenüber dem Bett meines Großvaters befand sich eine Frisierkommode mit großem Spiegel, in den der alte Mann gern blickte, um zu sehen, wer an seinem Zimmer vorbeiging. Keine Ahnung, was Jonny wahrnahm, aber er alarmierte rasch unseren Vater, der kommen und nachschauen sollte.

Papa trat ein und verließ dann langsam das Zimmer. Der alte Barney war tot. Meine Mutter schien es sofort zu fühlen: Bevor Papa ihr auch nur eine Silbe mitteilen konnte, schrie sie auf:

»Mein Pa iss tot, ich hab's geahnt, ich weiß es einfach!«

»Ihr zwei geht rüber zu Betty und wartet dort, bis ich zu euch komm.«

Mein Vater sprach leise, aber ohne Umschweife, und wir gehorchten, flitzten um die Ecke zu Bettys Wohnung. Jim ließ uns hinein.

»Was iss los, Bruder, stimmt was nicht?«, fragte Betty, die, gerade aufgestanden, uns im Bademantel gegenüberstand.

»Barney iss tot«, erwiderte Jonny in sehr sachlichem Ton.

»Biste sicher? Wer hat dir's gesagt? Iss Mama bei ihm?«

Betty zog sich an, schlüpfte in die Kleidung vom Vorabend.

»Jim, du bleibst mit den Jungs hier, und ich lauf rüber und find raus, was passiert iss.«

Eine Weile gesellte sich Sammy zu uns; schließlich kam Joan, um uns alle mitzunehmen, und so gingen wir zurück zu unserem Haus. Man bereitete eine Totenwache vor, die am gleichen Abend stattfinden sollte. An allen Fenstern wurden die Jalousien heruntergelassen, und Mutter war voll und ganz mit Saubermachen beschäftigt.

»Bald kommen Leute ins Haus, also spielt leise und sagt euern Kumpels, die soll'n daheimbleiben und 'n bisschen Respekt haben.«

»Dürfen wir denen sagen, Mami, dass Opa tot iss?«, fragte Jonny.

»Okay, aber raus jetzt, macht euch nicht dreckig und denkt dran: Keine Kumpel auf'm Weg zum Haus!«

Während Lizzy in Erwartung der Familienmitglieder das bereits makellose Haus in einen noch makelloseren Zustand verwandelte, kümmerte sich mein Vater um die Formalitäten und verbrachte an jenem Morgen die meiste Zeit am Telefon.

»Wie sah'n die Leiche aus, haste sie geseh'n?«, wollten Ian Harvey und John Barr von mir wissen.

»Iss deine Mama traurig?«, fragte Cathy Urquhart.

»Jetzt bringt sie grade das Haus auf Vordermann, weil viele aus der Familie kommen, um den toten Barney anzuschau'n.«

Die meisten meiner Freunde wurden protestantisch erzogen und hatten noch nie eine Totenwache miterlebt, bei der ein Leichnam zu sehen war, dem alle Verwandten die letzte Ehre erwiesen.

»Legen sie ihm Pennystücke auf die Augen? Hab gehört, dass man das so macht«, meinte Willy Bell, Charlies älterer Bruder.

Am Abend war unser Haus brechend voll mit Leuten, darunter kaum jemand, den ich zuvor gesehen, und nur wenige, von denen ich schon einmal gehört hatte. Außerdem waren die üblichen Verdächtigen da, etwa mein Onkel John und seine Frau Cathy, die die Marshalls mitbrachten.

Doch unter allen Anwesenden fielen zwei mehr als deutlich auf: Annie Barker und ihre Tochter Frances. Annie war die

Schwester meiner Großmutter Sarah. Sie hatte eine gute Partie gemacht, nämlich in eine Familie der höheren Arbeiterklasse eingeheiratet, und kam mit dem Taxi. In unserem Viertel war das eigentlich undenkbar. Sie hatte den Ruf, erstklassig und intelligent zu sein. Aber sie war auch durchsetzungsfähig und streng – eine Kraft, mit der man rechnen musste. Es hieß: »Annie Barker stellt man keine Frag'n. Sie iss diejenige, die die Fragen stellt.«

Annie und ihre Tochter betraten Seite an Seite unser Haus, als wären sie miteinander verbunden. Beide Frauen trugen Sonnenbrillen, beige Trenchcoats und schwarze, beerenförmige Hüte, die elegant auf eine Seite gezogen waren. Beide sahen aus wie Faye Dunaway in *Bonnie and Clyde* und sprachen mit näselnder Stimme:

»Cousine Liz, tut mir leid, von deinem Verlust zu erfahren«, sagte Frances zu meiner Mutter, wobei sie alle anderen ringsum ignorierte.

Wenn Frances distanziert war, so strahlte ihre Mutter ein kontrolliertes Ungestüm aus, das automatisch Respekt einflößte. Sie war eine Glasgower Legende, bekannt dafür, Personen in Sekundenschnelle zu vernichten.

»Sprich nicht mit mir«, sagte sie abrupt, die Hand zum Gesicht von Onkel Johns Frau ausgestreckt, die mit ihr ins Gespräch zu kommen versuchte.

Unerschrocken wollte Alec Marshall die alte Annie ein wenig aus der Reserve locken.

»Mrs Barker, sind Sie Mrs Barker? Ich erinnere mich, Sie geseh'n zu haben, als ich …«

Sie blieb zunächst stumm und bewegte nur die Hand in Richtung von Alecs Gesicht. Dann brach sie ihr Schweigen.

»Lass mich eines klarstellen. Ich bin hierhergekommen, um mit meiner Nichte zu sprechen und Barney Davis, der mein

Schwager war, die letzte Ehre zu erweisen. Also wirst du jetzt kapieren, Kleiner, dass ich keinerlei Smalltalk führe.«

Jeder hatte verstanden. Offensichtlich war es Madam Barkers großer Auftritt. Nicht einmal meine Mutter stellte dieser Grande Dame der Gorbals eine Frage. Und nie zuvor hatte ich wahrgenommen, dass die Geräusche im Raum sich so rasch in Luft auflösten.

Im Rahmen der Totenwache hatten sich alle katholischen Mitglieder der Familie in dem kleinen Schlafzimmer versammelt, wo mein Großvater in seinem schwarzen Sarg aufgebahrt lag. Mein Tantchen Cathy beschloss nach einigen Wodka Orange, den Priester zu spielen, bat die gesamte Gruppe der Katholiken um den Leichnam und begann, den Rosenkranz zu singen. Sicherlich meinte sie es gut, aber unserer Familie, hinsichtlich der Religionszugehörigkeit stark gemischt, genügte schon eine Person, die den Unwillen der anderen erregte …

»Hört euch nur diese verdammten betenden Fenier an!«, flüsterten sie, auf die schottisch-irischen Freiheitskämpfer gegen die Römer anspielend.

Die Leute denken manchmal, es müsse wunderbar sein, die Zukunft vorherzusagen, doch die Präkognition ist oftmals schrecklich, denn sie erschüttert einen zutiefst. Ich erinnere mich ziemlich genau, dass ich mich mit meinen Brüdern im Zimmer nebenan aufhielt. Obwohl es schon spät war, redeten noch immer viele Menschen, und ihre Stimmen kamen aus dem Schlafzimmer meines Großvaters … Dann fing es an. Das summende, widerliche Geräusch, das ich in meinen Träumen vernommen hatte, drang jetzt aus dem anderen Zimmer und drehte mir den Magen um. Es war kein Schwarm von Schmetterlingen, sondern eher von Wespen, und ich wusste einfach, dass etwas Schlimmes geschehen würde.

Was als Schubsen und Stoßen begann, verwandelte sich bald in Schlagen und Treten. Alle noch im Haus anwesenden Verwandten wurden darin verwickelt, indem sie entweder aufeinander eindroschen oder versuchten, die Kämpfenden zu trennen. Onkel Barney, schwer krebskrank, wurde ein Aschenbecher seitlich gegen den Kopf geschmettert, woraufhin er blutüberströmt hin und her taumelte.

Unser Vater ermahnte meine Brüder und mich, das Zimmer nicht zu verlassen. Die Schlägerei wurde heftiger, bis ich meinen Onkel John hörte, der unter allen wohl die lauteste Stimme hatte und rief:

»Schluss jetzt, mein Pa fällt ja aus'm Sarg!«

Sofort trat Schweigen ein, gefolgt vom Geräusch eines Gegenstandes, der bewegt wurde.

»Ich schwör euch, dass ich den Mistkerl, der diesen Streit angezettelt hat, umbringen werde!«

Jetzt redete Lizzy. Ausnahmsweise hatte sie an der Schlägerei nicht teilgenommen, sondern mit den Barkers in der Straße gesprochen, die auf ihr Taxi warteten, um nach Hause zu fahren. Religiös motivierte Zwistigkeiten interessierten die beiden genauso wenig wie Lizzy.

Als meine Mutter ins Haus zurückkehrte, war sie außer sich vor Wut und versetzte jedem einen Schlag oder Klaps, der ihr im Weg stand.

»Verflucht, wie könnt ihr's wagen, 'n Streit vom Zaun zu brech'n, wenn in dies'm Haus 'n toter Mann liegt? Bin total sauer! Mein Pa iss noch nicht mal kalt, ihr verdammten Dreckschweine! Los, raus aus meinem Haus, ihr Lumpenpack!«

Ich muss meiner Mutter zugutehalten, dass sie es wirklich verstand, Klartext zu reden und Ordnung zu schaffen.

Einige Tage später wurde der alte Barney begraben, aber natürlich durfte kein junges Mitglied der Familie mit dabei sein.

Vielleicht befürchteten die Erwachsenen, unsere empfindlichen Seelen würden sonst allzu sehr in Mitleidenschaft gezogen.

Doch sie hatten nicht mit meinen Brüdern gerechnet, die keine Gelegenheit für eine Gaunerei auslassen konnten. Während der Leichnam unseres Großvaters noch im Sarg im mittleren Zimmer lag, schlichen sich Sammy oder Jonny oder beide zusammen (keiner wollte dies für sich allein beanspruchen) hinein und hoben den Deckel. Für die einmalige Chance, den Blick auf einen Leichnam zu werfen, knöpften sie ihren Freunden jeweils fünf Pence ab.

Ich bin froh, dass Mutter nie etwas davon erfahren hat.

Zum Begräbnis war Onkel Michael zusammen mit Onkel Barney im Auto hinauf nach Glasgow gefahren; der aber fand die Reise zu anstrengend und beschloss unterwegs, mit dem Zug nach London zurückzukehren. Er erholte sich gerade von seiner Operation, bei der ihm wegen des Tumors ein Lungenflügel entfernt worden war, und schien noch immer erschöpft.

Es beglückte mich zu hören, dass meine Eltern mir erlauben würden, mit Michael im Auto zurückzufahren. Im Oktober hatte ich eine Woche Schulferien, und meinen Eltern war von Michael mitgeteilt worden, dass Sylvia mich schmerzlich vermisse. Er wusste, dass meine Besuche sie aufheiterten, und überredete meine Eltern, mich für eine Woche ziehen zu lassen.

Auf der Autobahn dämmerte mir plötzlich, dass meine vor der Abreise aus London gemachte Prophezeiung sich tatsächlich bewahrheitete – nämlich dass ich meine Tante schon im Oktober wiedersehen würde. Obwohl mir schleierhaft gewesen war, wie das geschehen sollte, befand ich mich nun auf dem Weg nach London.

Während der folgenden Jahre fuhr ich in jeder Ferienzeit zwischen Glasgow und London hin und her. Das machte mir nie etwas aus, im Gegenteil. Es war, als hätte ich das Beste aus beiden Welten. In London wurde ich ganz anders behandelt als in meinem Elternhaus, bekam alles, was ich mir wünschte – wiewohl ich nur um wenig bat –, fühlte mich geliebt und gebraucht, besonders seitens meiner Tante.

Doch es war nicht immer leicht. Der Preis für meinen Aufenthalt in London bestand darin, dass ich zwischen meiner Tante und meinem Onkel stand, wenn sie stritten. Ihre Auseinandersetzungen waren mir bis dahin unbekannt gewesen. Offenbar schoben beide sich gegenseitig die Schuld an Stephens Tod zu. Sie zankten sich darüber, in welchem Maße jeder um ihn trauerte, und das war nur schwer zu ertragen. Sylvia warf Michael vor, den Verlust nicht so tief zu empfinden wie sie, weil er so schnell wieder seine Arbeit aufgenommen hatte. Er wiederum machte viel Aufhebens davon, kunstvolle Blumengestecke zum Garten der Erinnerung zu bringen, in dem Stephens Asche beigesetzt worden war, worauf sie ihn beschuldigte, er sei unfähig, mit ihr über Stephen zu sprechen, und schotte sich völlig ab.

In meiner jugendlichen Art gelangte ich zu der Überzeugung, dass ihre Trauer dem Wetter ähnelte. Es gab Tage, da sie aufzog und über ihnen hing wie dunkle Wolken, was ich fast überdeutlich wahrnehmen konnte. Dann redeten sie nicht miteinander, die Wolken ballten und türmten sich, und es fiel schwerer, im Haus zu atmen, so als würde der ganze Sauerstoff aus der Atmosphäre gesogen. Natürlich erschallte bald der Donner in Gestalt eines boshaften Wortgefechts darüber, wer Stephen mehr liebte oder wer am meisten litt.

Doch manchmal tauchte am Horizont ein Lichtstreif auf, und die beiden waren hilfsbereit und freundlich zueinander oder lächelten sogar. Das zeigte mir, dass die Sonne weiterhin für sie scheinen konnte; wenn das der Fall war, spürten wir alle eine Zeitlang deren Güte.

Nach einer Weile bescherte mir die Heimkehr nach Glasgow ein ziemlich angenehmes Gefühl. Das war für mich neu, denn bisher hatte ich den Rest meines Lebens am liebsten in London verbringen wollen. Aber ohne Stephen war alles anders. Sosehr ich mich als Teil von Sylvias und Michaels Leben empfand, regte sich doch in mir der ursprüngliche Drang, zu meinen Eltern und Geschwistern zurückzukehren.

Merkwürdigerweise blieben mir gerade dadurch eine Reihe von Wirrnissen, Auseinandersetzungen und Streitigkeiten erspart.

***

Das Phänomen, rings um Menschen Licht zu sehen, habe ich schon in relativ frühem Alter kennengelernt. Oft wusste ich aufgrund der Lichtmenge um Kopf und Schultern, ob sie glücklich oder traurig waren. Das zu sehen erschien mir völlig normal. Ich dachte, jeder besitze diese Gabe, bis ich mit dreizehn oder vierzehn Jahren auf eine Fernsehwerbung stieß. Es ging dabei um ein Frühstücksmüsli namens *Ready Brek*. Gezeigt wurde ein kleiner Junge, der nach dem Verzehr einer Portion dieses Müslis an einem kalten Morgen plötzlich aufleuchtete, während alle anderen Kinder kein Licht hatten und sehr kalt wirkten.

Ich erinnere mich, dass ich lachte und zu Alex White, der die Werbung mit mir anschaute, sagte: »Oh, wie lustig, er iss der Einzige, der Licht um sich hat; stell dir vor, du hätt'st kein Licht um dich.«

Mein Freund warf mir einen seltsamen Blick zu, weil er nicht sicher war, mich richtig verstanden zu haben. Erst dann, im Gespräch mit Alex, wurde mir bewusst, dass nicht jeder dieses Licht sehen konnte. Ich hatte keine Ahnung, dass es sich hierbei um eine Art mediale Fähigkeit handelte. Tatsächlich hatte ich vorher nur einmal von solchen Dingen gehört, nämlich als wir Ella, die Freundin meiner Mutter, im schottischen Blairgowrie besuchten.

***

Zu jener Zeit war ich etwa elf Jahre alt. Während unseres Wochenendaufenthalts kam auch Ellas Schwester Sadie hinzu – eine robuste Frau über sechzig mit kurzem grauem Haar und braunen Augen. Sie war Spiritistin. Die vier, also die beiden Schwestern und meine Eltern, hatten sich fast eine Ewigkeit ins Wohnzimmer eingeschlossen und kamen dann hell aufgeregt wieder zum Vorschein. Ich wollte unbedingt wissen, was da drinnen vorgegangen war. Heute vermute ich, dass sie eine Séance abhielten, aber dergleichen war mir damals völlig unbekannt. Kurz darauf fragte Sadie meine Mutter, ob sie versuchen dürfe, mich zu heilen. Ich hatte nämlich eine Augenentzündung, die einfach nicht besser wurde. Ella bürgte für ihre Schwester und betonte, diese habe schon viele Menschen geheilt und ihnen manchmal auch die Zukunft vorhergesagt. Ich dachte, dass meine Eltern wahrscheinlich nur aus Höflichkeit zustimmten.

Jedenfalls nahm die Geschichte eine andere Wendung als geplant. Sadie bat mich, die Augen zu schließen, und legte die Hände auf meine Schultern. Ziemlich schnell spürte ich eine Vibration in mir. Es war eine angenehme Empfindung, fast so, als würde ich mich um die eigene Achse drehen. Dann begann ich Gesichter zu sehen, viele unterschiedliche Gesichter, aber nur eines, das mir vertraut schien – das einer Frau mit großen braunen Augen, die mich an meine Cousine Sandra erinnerte. Sie redete nicht, lächelte mich nur an, und erneut fühlte ich mich wohl.

Die Vibration dauerte an, bis ich hörte, wie Sadie ihre Schwester herbeirief.

»O mein Gott, Ella, dieser Junge kann hellseh'n, komm und fühl die Kraft, die bei ihm iss.«

Ich erinnere mich, dass ich meine Augen öffnen wollte, aber es gelang mir nicht. Mittlerweile verfiel Sadie in eine Art Sprechgesang und wiederholte mehrmals das gleiche Wort: *Hellsehen*. Nie werde ich vergessen, wie aufgeregt die beiden waren. Sie sagten, meine Aura wahrnehmen und meine Energie deutlich spüren zu können.

Das Nächste, was mir im Gedächtnis blieb, war jener ungestüme Drang, über die beiden beleibten Damen zu lachen, die um mich herumtanzten. Ich spürte Lizzys Gegenwart im Zimmer und versuchte krampfhaft, mich zu beherrschen, denn sicherlich wäre sie über mein ungebührliches Benehmen verärgert gewesen, aber dann sprudelte es förmlich aus mir heraus. Als ich mich schließlich wieder fasste, fragte Sadie, was ich hinter geschlossenen Augen gesehen hätte, und ich gab eine Beschreibung von Sarah, meiner Großmutter.

Heute weiß ich, dass sie genau so war wie von mir geschildert, obwohl ich nie ein Foto von ihr zu Gesicht bekommen habe. Mama nahm offenbar an, dass ich mir das alles ausdachte, doch Sadie erwiderte ihr: »Iss dir eigentlich klar, wie begabt dieses Kind iss?«

Kurzum, sie war davon überzeugt, dass ich ein herausragendes Medium sein werde, durch die Welt reise, um Menschen vom Leben nach dem Tod zu berichten, und mich auch als Heiler betätige. Wiewohl mir derlei unsinnig erschien, war ich doch ein wenig stolz, etwas zu *sein*, auch wenn ich das Wort, das sie zu meiner Charakterisierung benutzte, schon gleich wieder vergessen hatte.

Ihre Mitteilung stieg mir ohnehin nicht lang zu Kopf, weil meine Mutter mich zur Seite nahm und ermahnte: »Hör zu, glaub ja nicht dieses dumme Zeug, das diese Frau dir grad gesagt hat. Ich will nicht, dass du mit irgendjemandem drüber redest, kapiert?«

Meine große Begabung sollte zerstört werden, ehe sie sich überhaupt entfalten konnte.

Später an diesem Tag, als die Aufregung sich gelegt hatte, hörte ich zufällig mit, wie Mutter und Vater darüber redeten, was hinter der verschlossenen Tür des Wohnzimmers geschehen war. Demnach hatte Sadie zum Geist von Papas totem Vater gesprochen und ihn ganz genau beschrieben. Darüber hinaus hatte sie eine Vorhersage getroffen. Zu jener Zeit konnte Papa wegen einer Polyarthritis nicht arbeiten, doch Sadie erklärte, er werde im Laufe des Jahres seine Beschäftigung fortsetzen. Sie hatte ihre Heilmethode an ihm angewendet, und obwohl er weiterhin Schmerzen hatte, ging es ihm bald doch gut genug, um wieder arbeiten zu können. Das tat er dann auch die nächsten zwanzig Jahre bis zu seiner Pensionierung. All ihre Prophezeiungen über Papa bewahrheiteten sich.

***

Geheimnisse und Überraschungen

Glasgow durchlief in den 1970er-Jahren eine Reihe von Veränderungen. So wurden zum Beispiel viele Gebäude aus viktorianischer Zeit abgerissen und deren Mieter in neueren Wohnsiedlungen untergebracht. Für männliche Teenager waren alte, leerstehende und verwahrloste Häuser großartige Orte, die es zu erforschen galt, dreigeschossige Spielplätze, die das Herz höher schlagen ließen.

Natürlich kannte man als Teenager keine Angst – und hatte dazu noch die Möglichkeit, in solchen Ruinen Geld zu machen. Sammy und sein Freund Junior Wallace, ein Junge aus unserer Straße, kletterten oft auf extrem hohe Dächer und sammelten jedes Stück Blei ein, das sie dort finden konnten. Uns jüngeren Kindern wurden Hämmer und andere Werkzeuge in die Hand gedrückt, damit wir aus alten Küchen die Bleirohre sowie andere Teile aus Kupfer und Messing entfernten. Sammy hämmerte all das Metall zusammen, weil es dadurch offenbar schwerer – also auch wertvoller – wurde. Dann verkaufte er es an Schrotthändler in der Gegend, manchmal sogar für ein paar Pfund. Das war eine Menge Geld.

Damals vergingen die Tage rasend schnell. Wenn ich nicht gerade Sammy folgte, um mir ebenfalls etwas dazuzuverdienen, frönte ich mit Jonny und seinen Kameraden dem Sport. Wir alle liebten Fußball, Tennis und Tischtennis, aber schließlich veranstalteten wir immer wieder Wettrennen, sprinteten von einem Laternenpfahl zum nächsten – ein Lauf über sechzig

Yard – oder legten längere Strecken zurück. Vier Runden um den Block entsprachen ungefähr einer Meile. Zumeist völlig erschöpft, ließen wir uns abends nur noch ins Bett fallen.

Jonny war ein hervorragender Fußballer und hätte durchaus Profi werden können, doch das Leben bahnte ihm einen anderen Weg. Nichts machte ihm mehr Freude, als das Spiel zu organisieren. Er war nicht unbedingt der Älteste in dem Straßenfußballteam, das gegen die Rivalen in der Drumbottie Street antrat, aber gewöhnlich der Kapitän, der uns andere häufig anschrie und herumkommandierte, wenn wir nicht die geforderte Leistung erbrachten.

»Harvey, hab ich dir nicht gesagt, dass du deinen Mann decken und bei ihm bleiben sollst. Noch so 'n Fehler und du fliegst raus!«

Mein Bruder glich in gewisser Weise dem jungen Alex Ferguson, dem früheren Trainer von Manchester United.

Ich liebte jede Art von Sport. In der Schule gehörte ich dem Schwimm-, Sprint- und Langlaufteam an. Darüber hinaus spielte ich Tennis mit jedem, der mich auf die Aschenplätze im Springburn Park mitnahm. Manchmal lieh mir Jonny sogar seinen Fußball.

Durch Stephen hatte ich die Freundschaft kennengelernt; nach seinem Tod wurde Alex White aus der Nachbarschaft mein enger Freund. Er war ein scheuer, stiller, passiver Junge. Seine Mutter war zwei Jahre zuvor an Tuberkulose gestorben, und sein Vater behandelte ihn mit äußerster Strenge.

Alex, eine freundliche und sanfte Seele, erschien mir als angenehmer Gesprächspartner. Viel Zeit verbrachten wir damit, Schallplatten anzuhören – Bryan Ferry, David Bowie, Cockney Rebel – oder Sketche aus dem Fernsehen nachzuspielen. Unser Lieblingsdarsteller war Stanley Baxter. Dann wieder gingen wir gern hinaus in die Landschaft. Unsere Spaziergänge konnten sich über zehn bis fünfzehn Meilen erstrecken. Hier und dort führte der Weg durch ziemlich unwegsames Gelände, aber wir redeten die ganze Zeit über Dinge, für die Teenager sich interessieren. Manchmal sprachen wir auch über unsere Familien und darüber, wie sehr uns die dauernden Streitereien und Kämpfe verhasst waren.

Während sich unsere Freundschaft vertiefte und wir beide neugieriger wurden auf die Welt der Erwachsenen, unterhielten wir uns öfter über Sex, so wie Halbwüchsige es tun. Alex zeigte mir ein Magazin mit Nacktfotos, das er seinem Bruder gestohlen hatte. Ehrlich gesagt, es übte keinen Reiz auf mich aus; ich wusste wirklich nicht, wie ich reagieren sollte. Wahrscheinlich äußerte ich mehrmals »Oho!« und vielleicht sogar: »Schau dir diese Titten an, toll!« Im Grunde aber wusste ich nichts zu erwidern auf das, was sich meinen Blicken darbot. Gut möglich, dass ich mich stärker zu dem Poster von George Best hingezogen fühlte, das meine Schwester an der Wand hängen hatte, doch den Gedanken daran verdrängte ich.

In Glasgow klärte damals praktisch niemand die Jugendlichen auf. Es gab zwar Abbildungen und Diagramme in Biologiebüchern, die man studieren sollte, aber nichts von alledem wurde richtig erklärt. Den Sexualkundeunterricht erteilte eine völlig verschämte Biologielehrerin. Über Fortpflanzungsorgane sprach sie in verlegenem Flüsterton, sexuelle Begriffe drückte sie pantomimisch aus wie meine Mutter. Es bringt mich noch heute zum Lachen, wenn ich mir vergegenwärtige, wie klar und fest ihre Stimme war, bis sie jene anstößigen Worte benutzen musste, die dann beim Einatmen bis in den Rachen gesaugt wurden:

»Wie ihr seht, ist das der männliche Pe-he-nis.«

Eine Hand bedeckte ihren Mund, während die andere aus irgendeinem unerfindlichen Grund zum Boden zeigte.

»Sobald er vollständig eri-hi-giert ist, um dann …«

Dabei verdeckte sie mit dem Lehrbuch ihr errötendes Gesicht.

»Lest nun selbst weiter im Text, und ja kein Gekicher, kein genüssliches Grinsen, meine ich.«

Wäre diese Frau auch nur fünf Minuten mit uns auf den Spielplätzen gewesen, hätte sie sicherlich ein paar echte sexuelle Ausdrücke gelernt.

Alex war etwas mehr als ein Jahr älter und wesentlich reifer als ich. Bald verspürte er den immer stärkeren Drang, sexuelle Experimente mit mir durchzuführen. Ich hatte keine Ahnung, was ich tun oder sagen sollte, also sagte und tat ich nichts. Manchmal legte er sich vollständig bekleidet auf mich und rieb sich an mir. Nie verstand ich, welche Wirkung das auf ihn ausübte.

Alex erzählte mir, dass ältere Männer ihn häufig missbraucht hätten, nannte aber keinen beim Namen. Mit fünf Jahren sei er zum ersten Mal von einem Mann penetriert worden, und auch danach habe manch anderer sexuelle Handlungen an ihm vollzogen. Einige dieser Männer wohnten in oder nah unserer Straße; sogar einer seiner Lehrer an der Grundschule habe ihn unsittlich berührt. Zwar bedurfte Alex wohl besonderer Aufmerksamkeit, aber seine Schilderungen schienen kein Schrei um Hilfe zu sein; er sprach so nüchtern über diese Vorkommnisse, als wären sie für ihn ganz normal.

Ende der Sechziger- und bis in die Siebzigerjahre gab es offenbar viele solcher Fälle. Die Opfer wagten nicht darüber zu sprechen – aus Angst, es würde der Anschein erweckt, sie seien selbst schuld an dem Vergehen oder hätten den Erwachsenen dazu verleitet. Da Alex sich mir anvertraut hatte, gestand ich ihm, dass auch ich mit sechs Jahren von einem Mann sexuell missbraucht worden war.

Zahlreiche Männer und Frauen meines Alters berichten jetzt offen über sexuelle Misshandlungen, die sie als Kinder erleiden mussten. Vermutlich gibt es viele weitere, die entweder nicht zurückdenken wollen oder die Untat so tief in den Abgründen ihres Bewusstseins verborgen haben, dass sie sich wirklich nicht mehr daran erinnern können. Während ich dies schreibe, fallen mir bezüglich meines Martyriums nur die Worte ein, die jener schreckliche Mensch mir ins Ohr flüsterte, als es vorbei war und ehe ich zu unserem vorderen Garten zurückrannte, um mich wieder meinen Brüdern und Freunden anzuschließen:

»Vergiss nicht, iss 'n Geheimnis, *unser* Geheimnis, und wenn du deiner Ma, deinem Pa oder sonst jemandem was drüber sagst, werd'n sie auf DICH böse sein und DU wirst Probleme haben, also still jetzt, sch.«

Er presste den Zeigefinger auf seine Lippen und zwang mich, die Geste und den Zischlaut nachzuahmen. Obwohl noch ein Kind, wusste ich genau, dass dieses Geheimnis, das der schmierige Kerl mir einflößte, von Grund auf falsch war.

Wie bereits erwähnt, habe ich keinerlei Erinnerung an den physischen Akt, den er an mir vollzog, aber mein Instinkt sagte, dass ich mich ihm nie mehr nähern durfte, und dies geschah dann auch nicht. Wann immer er seine Verwandten besuchte, blieb ich auf unserem Pfad zum Haus. Um mich bildete sich eine Art Kraftfeld, durch das ich förmlich erstarrte. Einmal fragte ich Alex, ob der gleiche Mann ihn noch einmal missbraucht habe, und er bejahte. Wie viele andere Kinder mag mein Übeltäter berührt oder vergewaltigt haben? Er starb, als ich vierzehn oder fünfzehn war. Als ich diese Nachricht erfuhr, durchströmte mich ein Gefühl großer Erleichterung. Sein Tod nahm mir die Angst, erwischt zu werden. Wenn mein Peiniger den Leuten nichts mehr erzählen konnte, brauchte niemals jemand etwas von den Geschehnissen zu wissen.

***

An einem sonnigen Tag führten Alex und ich wieder eines unserer Gespräche. Einige Meilen östlich unseres Wohnortes saßen wir am Ufer eines Gewässers namens Lumloch. Wir beobachteten Wasservögel, die ihre Nester bauten, also muss es Frühjahr gewesen sein. Bei gutem Wetter waren wir umgeben von den Lauten der Natur, die sich emsig erneuerte. Ich war etwa zwölf Jahre alt. Ich weiß nicht mehr, um was es in unserer Unterhaltung ging, aber sie brach in dem Augenblick ab, als aus dem Waldstück hinter uns ein lautes Bellen drang.

Wir sprangen auf, weil es sich so anhörte, als würde der Hund in unsere Richtung laufen. Wir warteten am Rand des Wassers, starrten in den Wald vor uns, erschreckt über das unheimliche Gebell, das näher kam. Plötzlich trat die prächtigste Hündin, die wir je gesehen hatten, zwischen den Bäumen hervor und wedelte in heller Aufregung mit dem Schwanz. Keiner von uns hatte je einen Irish Setter zu Gesicht bekommen, und so bewunderten wir ihr Fell, das im Sonnenlicht glänzte. Sie war der Inbegriff der Schönheit.

Anschließend wanderten wir stundenlang um den kleinen See und durch die Wälder, versunken in den Anblick der Vögel und anderer Tiere, während die anmutige Hündin uns nicht von der Seite wich. Sie lief vor uns her, schoss dann nach vorn und tauchte aus dem Nirgendwo direkt hinter uns wieder auf, als folgte sie einer bestimmten Spur. Inzwischen fragten wir uns, woher sie gekommen war. Sicherlich würde dem Besitzer bald auffallen, dass seine Rassehündin fehlte. Wir gingen jede Wette ein, dass sie zu einem der Bauernhöfe in der Gegend gehörte und dorthin zurückkehren würde, sobald sie genug von uns hatte.

Als die Sonne im frühen Abendhimmel unterzugehen begann, drehten wir um in Richtung des Feldwegs, der zur wenige

Meilen entfernten Bushaltestelle führte. Da bemerkten wir, dass die Hündin uns weiter hinterherlief. Wir versuchten sie fortzujagen, aber sie blieb uns auf den Fersen.

»Ich glaub, diese Hündin iss jetzt zu weit weg von ihr'm Besitzer«, sagte Alex besorgt. »Vielleicht sollt'n wir sie mitnehmen im Bus und zur Polizeistation in Springburn bringen.«

Er schien wirklich beunruhigt, und ich war es auch, denn wir liebten Tiere, besonders Hunde.

Alex hatte eine Hündin namens Terry gehabt, mit der wir beide spielten, doch sie war kurz zuvor gestorben. Ich durfte nie Haustiere haben. Meine Mutter hielt sie für schmutzig und verbot uns daher, irgendeines zu besitzen. Da die Hündin nicht in unser Haus gebracht werden konnte, überließ ich Alex die Verantwortung für das, was passieren würde, sobald wir in unsere Straße zurückkehrten. Das war der Plan, aber die Hündin – wir nannten sie bereits »Lassie« – hatte anderes im Sinn. Während der Busfahrt sprang Lassie auf meinen Schoß und schlief ein. Nachdem wir ausgestiegen waren, ging sie dicht neben mir.

»Lassie, komm mit mir, Mädchen, komm nach Hause, da lang«, säuselte Alex, der sich bei der Hündin Gehör verschaffen wollte. Stattdessen trottete sie vergnügt, als würde sie ihren Heimweg kennen, über den Pfad zu unserem Haus, setzte sich vor die Tür und wartete darauf, dass ich sie hineinließ.

»Wo hast'n die Hündin her? Haste die etwa geklaut?«, erkundigte sich Jonny.

»Nee, hab sie nicht geklaut. Sie ist uns bis hierher gefolgt, und Alex wird seinen Pa frag'n, ob der sie zur Polizeistation bringt und 'ne Meldung macht.«

Das nahm Jonny mir nicht ab. Ihm war klar, wie sehr ich Tiere liebte.

»Sag mir die Wahrheit, dann helf ich dir, sie zu behalt'n, aber 's kostet dich was.«

Ich hätte es wissen müssen. Mein Bruder tat nichts für umsonst.

»Aber, Jonny, ich kann sie nicht behalt'n, Ma wird uns nie erlaub'n, 'n Hund zu hab'n. Was meinst du, wie würde man sie denn rumkrieg'n?«

»Überlass das mir. Wie viel Kohle haste?«

Seltsamerweise kam in diesem Augenblick unser Vater von der Arbeit zurück, und die Hündin schoss auf ihn zu. Er liebte Tiere, und die Tiere liebten ihn genauso wie die Kinder. Lassie war keine Ausnahme. Oft habe ich Leute sagen hören, dass Tiere instinktiv merken, wer gut zu ihnen ist. Nun, hier hatte Lassie gerade jene Person gefunden, die ihr Zugang ins Haus verschaffen konnte.

»Hallo du, bist 'ne Schöne, nicht wahr, Mädch'n?«

Lassie rannte um ihn herum und sprang dann zärtlich an ihm hoch, bis er sich hinabbeugte, um sie zu streicheln.

»Jaja, bist das schönste Mädch'n, wie heißt'n du?«

Er war von ihr ebenso hingerissen wie wir, aber ich hatte die Angewohnheit, mich nicht an Tiere zu binden, weil Lizzy sie zutiefst verabscheute.

»Papa, wir hab'n sie am See entdeckt. Sie heißt Lassie und iss uns bis nach Hause gefolgt, obwohl wir echt versucht hab'n, sie zurückzuschick'n. Aber sie hat nicht auf uns gehört und iss uns den ganzen Weg nachgelauf'n, daher wollte Alex seinen Pa frag'n …«

Die Geschichte endete damit, dass mein Vater zur Polizeistation ging, um die Hündin zu melden. Doch der Beamte sperrte sie nicht in einen der Käfige, sondern bat ihn, sich um Lassie zu kümmern, bis deren Besitzer ausfindig gemacht worden war.

Ich war in Ekstase, als er mit ihr an seiner Seite nach Hause kam, und flehte meine Mutter an, sie über Nacht bei uns zu behalten. Keine Ahnung, warum Lizzy so reagierte, aber als sie die Hündin betrachtete, die an jenem ersten Tag so brav war, schmolz sie förmlich dahin, wie niemand es erwartet hatte.

»Die hat was Besondres, weiß zwar nicht genau, was es iss, aber okay, sie darf für 'ne Nacht bei euch bleib'n.«

Wahrscheinlich konnte meine Mutter einfach nicht anders, als Obdachlosen gleich welcher Art zu helfen.

»Sie wird in deinem Zimmer schlaf'n müss'n, Gordon, aber pass auf, dass sie nicht auf meine saubren Bettdeck'n steigt, haste gehört?«

Ich hörte sie laut und deutlich, völlig verblüfft, dass diese prächtige Hündin in meinem Zimmer übernachten konnte. Das verschlug mir die Sprache.

Die Nachricht über Lassie verbreitete sich blitzschnell in unserer Straße, und so standen zahlreiche Nachbarn vor unserem Haus, um die Geschichte zu erfahren. Ihre Stimmen überschlugen sich, es herrschte hektisches Treiben. Meine Mutter hatte recht: Diese Hündin war wirklich besonders. Zur Schlafenszeit brauchte ich sie nicht zu rufen, denn es bestand kein Zweifel, dass sie zu mir gehörte. Sie folgte mir leise ins Schlafzimmer, ging ein paarmal im Kreis herum, ließ sich neben meinem Bett auf den Boden fallen und stieß einen langen Seufzer aus. Lassie schloss die Augen, offensichtlich völlig entspannt. Nach all der Aufregung tagsüber und den zurückgelegten Meilen war ich erschöpft und gerade dabei, in den tiefsten Schlaf zu sinken, als sich an meiner Seite ein leichter Druck bemerkbar machte. Ich hob ein wenig den bleischweren Kopf, um nachzuschauen, aber das wäre nicht nötig gewesen: Meine stattliche Hündin lag neben mir. Ich zog einen Arm unter der Bettdecke hervor und schlang ihn um ihren warmen Körper. Ich hatte eine neue beste Freundin.

Niemand nahm wegen der Hündin Kontakt mit uns auf. Schon bald war sie ein wesentlicher Teil unserer Familie – in jeder Weise eine Smith. Einmal brachte ihr der Kampf mit einem Hund in der Nachbarschaft einigen Ärger ein. Dann wieder kam die Polizei zu uns, weil Lassie ein Stück Rindfleisch aus der Metzgerei gestohlen hatte. Oder sie fing eine Wildente im Teich des Springburn Park, und der Parkaufseher schickte uns erneut die Polizei ins Haus. Was die Probleme mit den Bullen betraf, war sie meinem Bruder Sammy durchaus ebenbürtig.

Sogar Lizzy hatte sie akzeptiert. Es gefiel ihr offenbar, dass Lassie sich allein behaupten konnte – und schließlich einen weiteren Grund bot, um erzürnt loszuschreien:

»Diese verdammte Hündin war wieder auf deinem Bett. Ich hab's dir gesagt: Du sollst sie nicht bei dir schlaf'n lass'n. Noch *ein* Mal, und die fliegt raus, kannst Gift drauf nehmen!«

Lassie war nun bei uns heimisch geworden.

Seit dem Tod meines Cousins hatte ich zu keinem Lebewesen diese Art von Nähe verspürt. Am Ende des Schultages wartete Lassie vor den Toren der Lehranstalt und ging mit mir heim. Ihre Gegenwart hatte auch zur Folge, dass ich weniger oft nach London reisen wollte. Es war mir zuwider, sie längere Zeit zurückzulassen. Zwar stattete ich in den Ferien weiterhin meine Besuche ab, doch diese wurden zunehmend unangenehmer, da Onkel und Tante sich nun wirklich nicht verstanden. Während eines Aufenthalts führte Sylvia mich zu ihrer neuen Wohnung in Sutton und gestand mir, mit Michael nicht mehr zusammenleben zu können. Bald darauf wurde das Haus verkauft, und mein Onkel bezog seine eigene Wohnung in Sutton. Wenn ich zu Besuch kam, verbrachte ich die eine Hälfte der Zeit mit ihm, die andere mit ihr. Das tat ich bis zu meinem fünfzehnten Lebensjahr.

Glücklicherweise fanden sie eine Möglichkeit, wieder zusammenzukommen, und teilten sich dann Sylvias Wohnung. Zum ersten Mal nach Jahren sah ich, dass beide wieder von Licht umgeben waren.

***

Einige Zeit nach meinem vierzehnten Geburtstag erfuhr ich von meinen Eltern, dass wir den Wohnort wechseln würden. Ich musste also die Mansel Street verlassen, in der ich aufgewachsen war. Ich würde eine andere Schule besuchen und neue Freundschaften schließen. Das war die schlechteste Nachricht überhaupt, gegen die ich mich mit Händen und Füßen wehrte.

»Ma, bitte, lass mich mit Betty oder Joan hierbleib'n, bis ich die Schule beendet hab, *bitte*. Ich will auf keine andere Schule.«

Noch schlimmer war, dass wir in die Gorbals ziehen würden, wohin ich wirklich nicht wollte, zumal nach all dem, was ich bisher darüber gehört hatte. Dort gab es vielerlei Banden und Messerstechereien.

Was immer ich auch sagte und tat – es spielte keine Rolle. Mein Vater hatte den Mietvertrag unterzeichnet, und noch vor Ende des Jahres waren sämtliche Vorbereitungen getroffen. Ich war ein passives Kind und wurde nur selten wütend, aber jetzt hasste ich die Welt, meine Eltern und Gott, ja jeden Menschen, der zufällig in meine Schusslinie geriet. Ich wollte mit niemand anderem zusammen sein als mit Lassie und Alex White. Er war inzwischen fünfzehneinhalb und gerade zum Punkrocker geworden. So, wie er aussah, fühlte ich mich. Wir beide machten eine düstere Phase durch.

Das neue Zuhause in Norfolk Court in den Gorbals war mir verhasster als alles auf der Welt. Unsere Wohnung im oberen Stockwerk eines Hochhauses war wegen der kleinen Fenster auch tagsüber dunkel. Es gab keinen Garten, wo man sich herumtreiben konnte, meine Freunde waren weit weg, und obendrein bestand die Gefahr, dass ich Lassie nicht behalten durfte.

Die anderen Familienmitglieder mochten das neue Heim. Jonny hatte diesen Sommer die Schule verlassen und einen Job in einer großen Bäckermühle in den Gorbals gefunden, auch Sammy arbeitete in der Nähe. Ebenso verdienten Vater und Mutter ihr Geld in South Side – ebendeshalb hatten sie sich für den Umzug entschieden –, aber ich hatte damit nicht das Geringste zu tun. Auf keinen Fall würde ich auf die zwielichtige, schäbige Schule in den Gorbals mit all ihren vergammelten Typen und Streunern gehen.

Ich bat meine Tante Sylvia, anreisen und bei ihr wohnen zu dürfen, weil sie meinen Schmerz und Kummer verstand. Obwohl sie mir anbot, in allen Ferien zu kommen, ermunterte sie mich doch nicht, meine Eltern zu verlassen. *Also wirste nicht das tun können, was du möchtest. Echt unfair!*, dachte ich verbittert. Die Erkenntnis, auf mich allein gestellt zu sein, führte dazu, dass ich ihr und meinem Onkel gegenüber ziemlich zynisch wurde. Die ganze Welt hatte sich gegen mich verschworen.

Ich beharrte auf meinem Standpunkt und forderte, weiterhin meine alte Schule im Norden von Glasgow zu besuchen. Aber dann wurde mir klar, dass ich an jedem Schultag sehr früh aufstehen, zwei Busse nehmen und anschließend etwa jeweils eine Meile hin und zurück zu Fuß gehen musste. Daher gab ich meinen Widerstand nach nur einer Woche auf und begann mit dem Unterricht an der Schule in den Gorbals.

Zu meiner eigenen Überraschung fand ich sie sofort großartig. Besonders gefiel mir, dass die Schüler ganz unterschiedlicher Hautfarbe waren. An meiner früheren Schule sah man – mit Ausnahme eines schwarzen Mädchens – dagegen nur Weiße. Das bunte Gemisch der Kulturen erschien mir recht aufregend. Erfreulicherweise gab es weniger Schüler, und die in meiner Klasse waren von Anfang an offen und freundlich.

Trotz meiner großen Vorbehalte und der Absicht, ein Einzelgänger zu sein, fühlte ich mich ihnen rasch zugehörig.

Die Wochenenden durfte ich entweder bei meiner Schwester Betty oder meinem Freund Alex verbringen.

Er durchlebte gerade ein emotionales Chaos, was teilweise damit zusammenhing, dass er sich seiner Homosexualität bewusst wurde. Auch ich stellte mir die Frage nach meiner sexuellen Orientierung und schreckte zurück vor der möglichen Antwort. Im Glasgow jener Zeit outete sich niemand als Homosexueller. Man war bloß eine Tunte oder ein Schwuler, und den Gedanken daran verdrängte ich.

Als Alex trotz Igelfrisur, zerrissener Kleidung und dick aufgetragener schwarzer Schminke sich in seiner Haut immer unwohler fühlte, beschloss er an einem Wochenende, den Einsatz zu erhöhen. Freitagabends ging ich wie üblich mit Lassie zu ihm. Auf dem oberen Treppenabsatz, der zum Flur seiner Wohnung führte, rief er mir zu, auf der Stelle stehen zu bleiben. Ich konnte seine Stimme hören, hatte aber keine Ahnung, woher sie kam. Weit und breit war niemand zu sehen.

»Rühr dich nicht vom Fleck, ich werd's tun, das mein ich todernst, es iss das Ende für mich … und alle werden's toll finden!«

Ich begriff überhaupt nicht, was sich da abspielte.

»Alex, wo steckst du denn und was hast du vor?«

Plötzlich tauchte er aus der Öffnung in der Decke auf.

»Halt mich nicht zurück, iss kein Jux, ich will mich umbringen!«

Mir blieb keine Zeit, um nachzudenken, geschweige denn ihn von seinem Vorhaben abzubringen. Im nächsten Moment stürzte er wie ein Felsblock herab und schlug dumpf auf dem Teppichboden auf.

»Aaaaahhhhh!«

Panische Schreie, denn er hatte sich wirklich wehgetan. Ich rannte zu ihm, um zu helfen, sah aber, dass sein Knöchel schrecklich verdreht war. In der Hast, vor meinen Augen Selbstmord zu begehen, hatte er vergessen, die Wäscheleine, um einen der Dachsparren und dann um seinen Hals geschlungen, doppelt zu verknoten. Als er aus der Öffnung sprang, löste sich durch sein Gewicht der Knoten, und so prallte er mit den Füßen nach unten auf den Boden. Er schrie vor Schmerz, doch ich konnte nichts tun, nur laut loslachen. Lassie leckte ihm übers Gesicht, was auch ihn zum Lachen brachte. Die Situation wurde noch komischer, weil seine Wimperntusche verlaufen war und ihm das Aussehen eines magersüchtigen Punk-Pandas verlieh. Ich machte mir fast in die Hosen. Schließlich holte ich Eisbeutel aus dem Gefrierfach des Kühlschranks, schlug sie ins Geschirrhandtuch ein und kühlte damit den Knöchel des dämlichen Narren.

***

Durch die Luft zu fliegen bedarf gewisser Fertigkeiten, wie ich unter Schmerzen erfahren sollte.

Einer meiner damaligen Freunde hieß Robert Kelly, und er teilte meine Leidenschaft für Vogeleier und andere Dinge. Robert hatte einen großen Deutschen Schäferhund, den er an Wochenenden, wenn wir lange Wege durch die Landschaft zurücklegten, zusammen mit mir und Lassie ausführte. Eines Abends beobachtete ich in der Nähe seines Zuhauses zwei Freunde von ihm, die auf einem Baugerüst herumalberten. Mühelos schwangen sie sich von einer Stange zur nächsten. Ich traute meinen Augen nicht, als einer von ihnen mit dem Kopf nach unten die Stange losließ, einen Rückwärtssalto vollführte und in perfekter Haltung auf dem Boden landete.

»Wow, haste das geseh'n?«, fragte ich Robert.

»Och, iss bloß der kleine Stuart, 'n Turner. Der kann viele solche Sach'n. Solltest ihn mal frag'n, wie er so'n Flickflack macht. Schaut toll aus.«

Der Begriff »Turner« schwirrte mir durch den Kopf. War das nicht etwas für kleine Mädchen aus Russland? Und was war eigentlich ein Flickflack?

Robert stellte mich den beiden Jungs vor: Stuart MacMahon und Robert Davidson. Sie erzählten, dass sie im Springburn Sports Centre olympisches Turnen trainierten. Die zwei waren wirklich nette Burschen und demonstrierten ihre Fähigkeiten sogleich auf einer Grasfläche mitten in Springburn, wo Leute stehen blieben, um ihnen zuzuschauen. Also wollte ich ebenfalls jene Kunststücke beherrschen, die sie an den Gerüststangen zum Besten gaben. Von Natur aus ein athletischer Typ, beobachtete ich Stuart genau und ahmte dann seine Bewegung nach, holte Schwung, ließ im richtigen Moment die Stange los und drehte einen Salto. *Iss ganz einfach*, dachte ich.

Große Worte, denn als ich ihre Rückwärtssaltos zu kopieren versuchte, ging etwas schrecklich schief. Ich flog nach hinten, blieb länger in der Luft, als ich gedacht hatte, und schlug dann mit den Händen auf, wobei mein ganzes Körpergewicht auf den rechten Arm verlagert wurde. KNACK! Ich renkte mir das Ellenbogengelenk aus und plumpste ins hohe Gras.

Folglich endete mein erster Versuch im olympischen Turnen mit einem Unfall, nach dem mir – im Beisein meiner Eltern – auf äußerst schmerzhafte Weise das Gelenk wieder eingerenkt wurde.

»Verflucht nochmal, was haste'n da wieder angestellt? Wolltste vielleicht irgendwohin flieg'n?«, fragte Lizzy ohne jedes Mitgefühl. »Iss irgendwas verkehrt mit 'm Kopf, Junge?«

Zum Glück schob mein Vater sie von mir weg . Wenigstens er konnte meine Qual nachempfinden.

Ich wurde nach Hause geschickt und musste den Abend dort verbringen, mit einer Schlinge um den Hals, die den Arm abstützte. Es dauerte fast sechs Wochen, bis ich ihn wieder ausstrecken konnte. Doch eines zeichnete mich besonders aus: die Hartnäckigkeit. Im Gegensatz zu mir hätten die meisten Leute vor Turnübungen und schon gar vor Rückwärtssaltos Reißaus genommen. Ich wollte lernen, wie man sie richtig ausführt, und meldete mich daher zu Stuarts und Roberts Turnkurs an.

»Hey, Trainer, das iss der Typ, der 'n Rückwärtssalto vom Gerüst gemacht hat«, rief Robert einem kahlköpfigen Mann im Trainingsanzug zu, der gerade sorgfältig einen Barren aufbaute.

»Hoffentlich nicht der, der sich dabei 'n Ellenbogen ausgerenkt hat?«, fragte der Mann zurück.

Ich wurde ziemlich verlegen.

»Doch, genau der.«

Der Trainer ging auf mich zu und begutachtete meinen Arm.

»Scheint ordentlich verheilt zu sein. Biste trotzdem immer noch scharf drauf, Turnen zu lernen?«

Ja, das war ich.

Daraufhin sagte er zu einem anderen Trainer, der sich zu uns gesellt hatte: »Hier hab'n wir 'n Guten. Hat sich vor sechs Wochen beim ersten Versuch, 'n Rückwärtssalto zu dreh'n, den Ellenbogen ausgerenkt, und schon iss er zurück, um weiterzumach'n.«

»Dann übernehm ich ihn. Sieht aus, als wär er noch so 'n verrückter Turner, ganz nach meinem Geschmack!«

Dieser Mann namens Chris sollte von nun an mein Mentor sein. Während der folgenden fünf Jahre wurde die Turnhalle zu einem Dreh- und Angelpunkt meines Lebens, darüber hinaus zu dem Ort, wo ich jene tiefsitzende Angst des Teenagers überwand, die meine Innenwelt mit so viel Dunkel und Schwere ausgefüllt hatte.

Die nächsten Jahre erscheinen mir im Rückblick als äußerst unsichere Phase. Gewiss, die häuslichen Angelegenheiten verliefen in mancher Hinsicht besser als je zuvor. Jeder in der Familie arbeitete, und so kam viel Geld herein. Ich hatte weiterhin Lassie, obwohl die Kommune immer wieder damit drohte, sie mir wegzunehmen. Einstweilen aber war sie in Sicherheit. Ich mochte meine Schule sehr, schloss neue Freundschaften in den Gorbals und ging mindestens fünf Mal wöchentlich zum Training im Turnen. Insgesamt betrachtet war mein Leben durchaus erfreulich, doch zwischen meinen Eltern geschah etwas, das mich tief bedrückte.

Solange ich zurückdenken konnte, hatten sie miteinander gestritten und sich bekämpft. Nun aber stritten sie *ständig*, was zwangsläufig dazu führte, dass Lizzy den einen oder anderen Gegenstand nach meinem Vater warf und manchmal auf ihn eindrosch. Da sich die Situation täglich zuspitzte, waren die Aufenthalte daheim einfach unerträglich. Außerdem wurde mir bewusst, dass er in jeder Mittagspause trank. Wenn wir von der Schule nach Hause kamen, war er ein bisschen angetrunken. Das wiederum brachte meine Mutter zur Weißglut.

»Haste schon wieder einen gehob'n?«, zischte sie wutentbrannt.

»Bloß 'ne Halbe mit einem der Jungs bei der Arbeit, Lizzy. Iss kein Verbrech'n.«

»Los, lass mich deinen Atem riechen.«

»Bin doch kein Kind mehr.«

Sie schlug ihn, aber er schlug nie zurück.

»Okay, fahrt alle zur Hölle, macht euch das Essen selber, ich bin weg.«

Daraufhin stürmte sie aus der Wohnung und ging draußen eine Weile umher. Wenn Lizzy richtig explodierte, kämpfte sie mit meinem Vater – und jedem anderen, der ihn verteidigte.

An den Abenden, wenn er inzwischen mehr getrunken hatte und sie fuchsteufelswild war, bekam ich oft die Wucht dieser Kämpfe zu spüren. Dauernd versuchte ich, die beiden auseinanderzuhalten. In alkoholisiertem Zustand schien er es lustig zu finden, sie gegen sich aufzubringen. Sicherlich sammelte ich ein Gutteil der für das Turnen nötigen Kraft, indem ich die tobende Gewalt meiner Mutter zügelte, sobald mein Vater einige Bemerkungen darüber fallenließ, dass und wie er ihre Geschwister großgezogen hatte.

Dabei fühlte ich mich völlig allein. Offenbar war niemand sonst in der Nähe, um zu helfen, wenn der Konflikt eskalierte. Meine Schwestern wie auch mein ältester Bruder waren mit ihren Partnern und Kindern tief in eigene Probleme verstrickt. Sammys Freundin war schwanger geworden und hatte einen Jungen geboren. Doch er stürzte sich ins Abenteuer und begann eine Beziehung mit einem anderen Mädchen, einer verrückten Amerikanerin, die sein Leben auf den Kopf stellte. Ihr Name war Grace, aber wir nannten sie einfach »Amazing«, denn sie war buchstäblich verblüffend.

Neben den immer zahlreicheren Kämpfen zwischen meiner Mutter und meinem Vater gab es weiterhin die Bandenkriege, mit denen wir fertigwerden mussten. Einmal wollte eine Bande in unsere Wohnung eindringen, um Sammy anzugreifen. Als Lizzy einem der jungen Typen Beine machte, boxte er sie derart heftig ins Gesicht, dass sich das Brillenglas in ihren Wangenknochen bohrte. Sodann stürmte eine betrunkene Horde durch die Eingangstür und hämmerte auf meine Mutter ein. Sie riss das Telefon von der Wand und schmetterte es gegen den Kopf des Anführers, wodurch es in Stücke sprang, die ihn schwer am Schädel lädierten.

Ich hatte gesehen, wie meine Brüder und einige ihrer Kumpel aus der Nachbarschaft Waffen gegen andere Jugendliche einsetzten, wie Leuten mit Messern und Rasierklingen tiefe Schnittwunden zugefügt wurden, aber nichts war schlimmer als die schreckliche Demütigung, meine Eltern dabei zu beobachten, wie sie einander zu zerstören trachteten. Sie überschütteten sich mit Beleidigungen, die mehr verletzten als jede Rasierklinge und Narben zurückließen, die nur schwer verheilen würden. Das war wohl der schlimmste Schmerz, den ich bis dahin in meinem Leben empfunden hatte.

»Deine Schwestern sind alle Schlamp'n, Hur'n!«

»Iren sind so dick wie Scheiße!«

»Deine Schwestern sind so klein, dass du sie unterm Bett in 'ner Reihe aufstell'n kannst wie die sieben Zwerge!«

Viele Male hat meine Mutter ihre Sachen gepackt, um uns zu verlassen, worauf einer von uns sie anflehte, das nicht zu tun. Wir alle redeten mit unserem Vater in der Hoffnung, er würde zuhören und seinen Alkoholkonsum einschränken. Das alles kam ihm äußerst seltsam vor, aber als Kind weiß man ja nicht, was die Eltern durchmachen, und es kann Jahre dauern, bis man sie allmählich besser versteht. Manchmal ist es notwendig, selbst Vater oder Mutter zu werden, um einige der Zwänge zu kennen, die sowohl mit der Erziehung der Kinder zu tun haben als auch mit dem Versuch, ein reifer Erwachsener zu sein.

Meine Eltern hatten ihre eigenen Bürden so lange Zeit mit sich herumgetragen. Ich glaube nicht, dass Papa in irgendeiner Weise Groll hegte wegen seines Einsatzes für Lizzys Geschwister, doch bisweilen war ihm, als brächte sie mehr Zeit und Zuneigung für jene auf als für ihn. Nun prallten all ihre unausgesprochenen Gefühle aufeinander und explodierten, bis schließlich eines Tages das Feuer erloschen schien. Es war zu der Zeit, als ich von der Schule ging, wenige Wochen vor meinem sechzehnten Geburtstag.

An einem Sonntagabend kam ich von einem Turnwettbewerb nach Hause. Meine Eltern saßen im Wohnzimmer, tranken und lachten über die früheren Tage in den Gorbals. Ich hatte den Eindruck, in eine völlig andere Welt geraten zu sein. Lassie ruhte auf dem Schoß meiner Mutter, die sie liebevoll streichelte.

»Weißte was, Gordon, diese Hündin iss die Wiedergeburt meines Papas.«

Okay, Lizzy hat'n Schwips, dachte ich.

Meine Mutter war keine Trinkerin. In meiner Kindheit konnte ich an den Fingern einer Hand abzählen, wie oft ich sie ein Glas Sherry oder dunkles Bier trinken sah, aber jetzt schien sie sich mit meinem Vater einen guten Scotch schmecken zu lassen.

»Bist du betrunken, Ma?«

Meine Frage kränkte sie offenbar.

»Was denn, ich hatte 'n Drink mit deinem Pa, und du denkst, ich bin blau. Sei nicht dumm, Junge, hab bloß gesagt, dass Lassie genauso launisch iss, wie's mein Vater war.«

Ich durfte ihr diesen beglückenden Moment nicht kaputtmachen. Sie entspannte sich nur selten, und der Anblick war großartig. Auch mein Vater wirkte glücklich. Er trank zwar, hatte aber nicht den Gesichtsausdruck wie sonst, wenn er es zu verbergen suchte.

Von da an besserte sich die Lage deutlich. Ich war so froh, in ein Haus zurückzukehren, in dem es nicht zuging wie während einer schrecklichen, vom Bürgerkrieg erschütterten Nacht in Belfast.

Wahrscheinlich war es der Sport, der mich damals am meisten beschäftigte. Tatsächlich errang ich die ersten Erfolge und erfuhr dann von meinem Trainer, dass ich an den schottischen Ausscheidungswettkämpfen für die Commonwealth Games in Auckland, Neuseeland, in vier Jahren teilnehmen könne. Die

Rückwärtssaltos bereiteten mir keine Probleme mehr. Seit meinem schlimmen Unfall hatte ich nicht nur gelernt, mehrere davon hintereinander auszuführen, sondern auch, sie mit einem sauberen Vorwärtssalto zu krönen.

Und wer dazu bereits fähig war, sollte der nicht noch eine Schraube hinzufügen?

* * *

Teenager, Mann und Junge

Jedes Leben hat viele mögliche Enden, die wir durch unsere scheinbar unwichtigen Entscheidungen manchmal ebenso direkt wie drastisch beeinflussen. Das wird mir besonders deutlich im Fall der Cousine meiner Mutter, die ich als Tante Frances kannte. (Wir sind ihr bereits an einer früheren Stelle begegnet, als sie und ihre Mutter Annie bei der Totenwache meines Großvaters erschienen, beide gekleidet wie die Schauspielerin Faye Dunaway.) Frances verschwand 1976, als ich vierzehn Jahre alt war. Die tragische Geschichte stand in allen Zeitungen.

An Frances werde ich mich immer erinnern, nicht nur wegen der Umstände ihres Todes. Anscheinend war sie unglücklich, ohne je den anderen ihren Kummer zu offenbaren oder gar vor ihnen in Tränen auszubrechen. Sie hatte stets weise Worte parat, wenn man deren bedurfte, und ich als Teenager, der in unserer Art von Familie aufwuchs, war froh um ihren Rat.

Bei einem ihrer Besuche mitsamt Familie empfahl sie mir tatsächlich, von zu Hause auszureißen. Ein anderes Mal erzählte sie, ihre ältere Schwester Bridget mache viel mit ihrem Mann durch. Da er sie geschlagen hatte, blieb meine Cousine, beschämt über derlei Verletzungen, den beiden fern. Als jedoch ihre Mutter Wind von der Sache bekam, rief die ein Taxi und fuhr mit ihr vom einen Ende Glasgows bis zum östlichen Stadtrand, wo Bridget wohnte, was damals wohl ziemlich teuer war. Dann bat sie den Fahrer, vor dem Haus ihrer Tochter zu warten. Sie ging hinein, ohne Gezeter, ohne Anzeichen von Zorn, und bearbeitete ihren Schwiegersohn so lange mit der Faust, bis der zu Boden sackte. Offenbar sprach sie während der ganzen Szene kein Wort, stieg anschließend wieder ins Taxi und sagte zu dem Chauffeur: »Bringen Sie mich jetzt nach Hause, Fahrer.«

Das war typisch Annie. Leider konnte sie ihre Tochter nicht vor dem Schlimmsten bewahren.

Frances war einige Tage bei uns gewesen. Sie hatte sich mit der alten Annie zerstritten, was an sich nicht ungewöhnlich war, und musste einfach mal weg. Ich mochte es, wenn Frances uns besuchte. Sie trällerte gerne Songs – und bevorzugte zum Beispiel *Killing Me Softly.* Außerdem zeigte sie mir, wie man tanzt, und so blieben wir abends lange auf, um zu plaudern. Frances war Mitte dreißig, sah aber wesentlich jünger aus. Sie war attraktiv und stets modisch gekleidet. Seit ihrem Abgang von der Schule hatte sie in ein und derselben Bäckerei gearbeitet und war bekannt dafür, keinen Tag in ihrem Leben versäumt zu haben. Sie hing der gleichen Arbeitsmoral an wie mein Vater: Solange du arbeiten kannst, brauchst du nicht arm zu sein.

Frances besaß ihre eigene Wohnung in Glasgow, wo sie allein lebte. An dem Wochenende, als sie unser Haus verließ, sah ich sie zum letzten Mal. Sie fuhr zu sich nach Hause, um dann Bridget zu besuchen. Angeblich gerieten beide in Streit, und Frances brach hastig auf, wobei sie sich im Eifer des Gefechts versehentlich den Mantel ihrer Schwester schnappte. Das hatte sie nicht bemerkt, weil ihre Mäntel ähnlich waren. Auf der Straße sprang sie in ein Taxi, um nach Hause zu fahren. Es war schon spät am Abend. Doch erst nach ihrer Ankunft muss ihr aufgefallen sein, dass sie den falschen Mantel mitgenommen hatte. Ihre Schlüssel waren nämlich nicht in der Tasche, wo sie hätten sein sollen. Was dann genau passierte, bleibt weitgehend im Dunkeln. Wahrscheinlich versuchte sie, zu Bridget zurückzufahren, aber das wissen wir nicht. Sicher ist nur, dass sie zu einem Mann ins Auto stieg, das als privates Taxi gekennzeichnet war. Er hieß Thomas Ross Young und brachte sie um.

In den darauffolgenden Wochen erschienen ihr Foto und die Geschichte ihres Verschwindens auf den Titelseiten schottischer Zeitungen, und wir alle befürchteten das Schlimmste. Frances trank gern ein Glas und war gesellig, ging aber kaum engere Beziehungen zu Menschen außerhalb der Familie ein. Sie hatte – zumindest nach unserer Kenntnis – keinen festen Freund und nur wenige Bekannte.

Ihr Leichnam wurde mehrere Wochen später in einem flachen Grab außerhalb Glasgows entdeckt. Kurz danach wurde dieser üble Mensch verhaftet und vor dem High Court in Glasgow des Mordes an Frances Barker und weiterer sexueller Verbrechen an Frauen für schuldig erklärt. Sie war gefoltert, vergewaltigt und ermordet worden. Der Mörder hatte ihr Kleidung in die Vagina gestopft und sie angezündet.

Die ganze Geschichte glich einer schweren dunklen Wolke, die über jedem von uns hing. Es brach den Eltern das Herz, als einige Details der fürchterlichen Leiden ihrer Tochter ans Licht kamen. Diese Tragödie werde ich nie vergessen – und frage mich oft, wie vielleicht alles anders gelaufen wäre, wenn sie in jener Nacht nicht ihre Schwester getroffen oder wenn die beiden nicht gestritten hätten und Frances bei ihr geblieben wäre, was sie wohl beabsichtigte. Oder wenn sie einfach *ihren* Mantel genommen, die Wohnungstür aufgeschlossen und dann sicher im eigenen Bett geschlafen hätte.

Frances‘ gewaltsamer Tod ist eine der traurigsten Erinnerungen an mein Leben. Damals war es fast unmöglich, darüber zu schweigen. Obwohl sie die Nichte meiner Mutter war, behandelten mich all meine Schulfreunde so, als wäre meine Schwester gestorben. Sich auf Schularbeiten und Prüfungen zu konzentrieren fiel schwer, aber irgendwie blieb mir nichts anderes übrig. Als Teenager macht man einfach weiter, weil die Zukunft einen erwartet und auf den richtigen Weg bringen will.

Ich wollte aufs College und Lebensmittelhandel studieren oder vielleicht in Hotelküchen arbeiten, um Koch zu werden. Als ich meinem Vater davon erzählte, schüttelte er nur den Kopf. Er meinte, ich solle nicht auf einen Studienplatz warten, sondern lieber jeden verfügbaren Job annehmen. Je eher ich ins Arbeitsleben eintrete und dessen Abläufe kennenlerne, desto besser. Doch diese Denkweise war mir fremd. Ich hatte inzwischen meine eigene Persönlichkeit entwickelt, war anders als die meisten meiner Freunde, anders auch als meine Geschwister. Dazu hatten in besonderem Maße meine zahlreichen Aufenthalte in London beigetragen. Ich war im zweisitzigen Sportwagen von Onkel Michael herumgefahren, und Tante Sylvia hatte mir beigebracht, gute Kleidung zu tragen. Ich hielt mich für aufgeschlossen, liebenswürdig im Umgang und durchaus imstande, mit meinem Leben etwas anzufangen.

Als ich ungefähr fünfzehn war, nahm Sylvia mich mit ins Kino, um den Film *Little Darlings* (Kleine Biester) anzusehen. Es ging darin um Teenager und ihre ersten sexuellen Erfahrungen. Da meine Mutter nie darüber redete, war ich verblüfft, dass Sylvia mich geradeheraus fragte, ob ich schon einmal Sex gehabt habe. Vielleicht spürte sie mein tiefes Unbehagen bei diesem Thema und fuhr deshalb fort:

»Wer sich ausschweigt über Sexualität, bekommt Probleme, und wenn jemand schwul ist, sollte er offen darüber sprechen. Das ist nichts Schlechtes. Man braucht nicht zu lügen.«

Obwohl mir irgendwie klar war, wen sie meinte, gestand ich mir es nicht ein. Mein damaliges Leben kreiste um Turnen, nicht um Sex. In vielerlei Hinsicht wurde ich von Sylvia besser verstanden als von meinen Eltern.

Trotz meines jugendlichen Ehrgeizes fuhr ich schon eine Woche nach meinem Schulabgang zu einem Baustoffhändler im südlichen Glasgow, um bei ihm als Handlanger zu arbeiten, der Tee zubereitete und Sachen holte. Dafür bekam ich einen Hungerlohn von elf Pfund die Woche.

Das sei eine moderne Form von Sklaverei, sagte ich zu meinem Freund David. In meiner pseudokünstlerischen Art war ich sicher, etwas Besseres zu sein. Wir beide waren begeistert von der Modewelle New Romantic und pflegten einen distanzierten, bohemehaften Stil. Ich mochte den Esprit, die damit verbundene Extravaganz, und Davids wunderbar tuntiger Humor amüsierte mich immer wieder.

David Highlands war ein Jahr jünger, aber etwa fünfzehn Zentimeter größer als ich und einer der begabtesten Turner Schottlands. Ebenso wie ich hatte er sich dem Sport verschrieben und trainierte jede freie Minute. David war wie ein Licht, das mein Leben in hellen Glanz tauchte. Wir brachten uns gegenseitig zum Lachen und genossen wirklich die Gesellschaft des anderen. Besonderen Genuss bereitete uns, Leute nachzumachen und kleine lustige Sketche zu spielen. Ja, wir blödelten einfach herum.

Davids Familie wohnte in Drumchapel, einer Siedlung im Nordwesten Glasgows, die vieles gemein hatte mit Easterhouse, wo ich geboren wurde. Doch gab er gern vor, aus einer wohlhabenden Familie zu kommen, die am Stadtrand in einem Herrenhaus namens Lillyburn Manor residierte. Wenn er uns besuchte, war meine Mutter hin und weg, weil er überzeugend einen vornehmen Akzent anschlug und über die entsprechenden Allüren verfügte.

»Mrs Smith, dieses Lachsfilet war göttlich, ich kann Ihnen gar nicht genug danken.«

Lizzy errötete ein wenig und fand dann ihre übliche Telefonstimme wieder. »Ach, das iss schrecklich nett, junger Mann, aber sicher sind Sie gewohnt, nur frische Sach'n zu ess'n, denk ich mal.«

Sie wandte sich meinem Vater zu und flüsterte: »Was für'n reizender Junge. Mit *so* guten Manier'n.«

In meinem Job zertrümmerte ich alte Toiletten und entfernte Tausende von Schrauben für geringen Lohn, aber all das war vergessen, sobald ich in meine Sportkleidung schlüpfen und mich aufwärmen konnte für Ringe, Barren, Reck oder Sprungtisch. Meine – wie auch Davids – bevorzugte Disziplin war das Bodenturnen. Wir ließen uns fallen, vollführten Saltos und Rollen, fügten Schrauben hinzu, um der Bewegung mehr Kunstfertigkeit zu verleihen und sie dabei auf anmutige Weise zu beherrschen.

Mich durch diese wagemutigen und athletischen Bewegungen auszudrücken bescherte mir ein Gefühl von ungetrübter, überschwänglicher Freude. Das Turnen erschien mir sowohl als körperliches Training wie auch als geistige Übung. Konzentration und Präzision waren vonnöten, um etwa am Reck zu schwingen, loszulassen, sich mit hohem Tempo in der Luft zu drehen und dann die Stange wieder zu ergreifen. Wenn ich heute über Meditation oder eine andere spirituelle Übung spreche, denke ich oft zurück an jene Zeit, als physische und mentale Fähigkeiten völlig in Übereinstimmung sein mussten, und frage mich, ob diese tief empfundene Synchronizität nicht dazu bestimmt war, eine wesentliche Station auf meiner Lebensreise zu markieren.

Außerhalb der Turnhalle und fern von David war ich wie ein Fisch ohne Wasser. Ich hatte das Gefühl, nicht in große Gruppen zu passen. Mit sechzehn, siebzehn Jahren kam ich mir immer seltsam vor, wenn ich nicht um ein Seitpferd wirbelte oder im Trainingsanzug die Muskeln dehnte, bis sie brannten.

Mittlerweile hatten Freunde wie Alex White den Punk aufgegeben und gingen in die Disco. Damals klang die Musik noch besser, wenn man sie auf farbigen Schallplatten kaufte, und Maxi-Singles waren der absolute Hit. *Saturday Night Fever* hatte jeden umgehauen. Zu jener Zeit teilte Alex unserer Gruppe bei einer häuslichen Party mit, dass er schwul sei – und eine Schwäche für John Travolta habe.

Sein Bekenntnis war großartig, denn es bedeutete, dass Alex keine weiteren Selbstmordversuche unternahm, so zaghaft oder vorgetäuscht sie auch gewesen sein mochten. Während einer seiner früheren Discopartys hatte er sich nämlich im Badezimmer eingeschlossen und verlangt, in Ruhe gelassen zu werden. Wir andern nahmen ihn beim Wort und kümmerten uns nicht um ihn. Etwas später zerschlug er das Milchglas in der Badezimmertür und schrie, er habe sich mit einer Scherbe die Pulsadern aufgeschnitten. Schließlich gelangte ich zu ihm und sah, dass seine Arme rot glänzten. Für einen Moment erschreckte ich, bemerkte dann aber den vertrauten Geruch.

»Alex, iss das Ketchup auf deinen Armen?«

Es war Ketchup.

Er hatte die Flasche mit ins Badezimmer genommen und den Inhalt über Handgelenke und Arme geschüttet.

Damals trank jeder in meinem Alter. Ich hingegen widmete mich mit aller Kraft meinem Sport. Außerdem war in meinen Augen Alkohol gleichbedeutend mit Streit und Kampf wie in meiner Familie. Gott und die Welt rauchte, aber ich hasste Zigarettenrauch. Wegen des Rauchens las ich sogar meiner Mutter die Leviten, hob einen verschmutzten Aschenbecher hoch und sagte: »So seh'n deine Lung'n aus, Ma.«

Sie wollte das überhaupt nicht hören, wohlwissend, dass dies der einzige schmuddelige Gegenstand im ganzen Haus war.

Obwohl ich mich ein bisschen als Außenseiter fühlte, hielt ich an meinen gewohnten Tätigkeiten fest. Ich arbeitete auf dem Hof des Baustoffhändlers, ging fast jeden Abend zum Sportzentrum und führte meinen Hund aus. Ich mochte Alex, hielt mich aber nicht für schwul. Ich mochte auch David und seinen tuntigen Humor, wusste aber nicht genau, ob er tatsächlich schwul war. Ich küsste Mädchen und erzählte all meinen Freunden, dass ich mit fünfzehn Sex hatte, so wie es sich eben gehörte. Ich konnte mir irgendein Mädchen in London ausdenken und eine sexy Geschichte über sie zum Besten geben. Denn nach wie vor kehrte ich zur Ferienzeit fast immer dorthin zurück.

Dann kam Katie McIver in mein Leben und mit ihr eine ganze Ladung Unverschämtheiten. Bei jedem Treffen gerieten wir in Streit. Wir mochten uns nicht und fanden jeden möglichen Grund, übereinander herzuziehen. Meinen Hund zum Beispiel bedachte sie mit der Frage: »Iss das deine Freundin?«

»Nun, zumindest sieht sie besser aus als du«, erwiderte ich.

Katie war blond und schön mit braunen Augen infolge ihrer italienischen Herkunft. Sie hatte die besten Beine, die ich je gesehen hatte, und war äußerst beliebt. Erst stritten, dann lachten wir. Katie hatte einen sehr trockenen Humor und konnte Leute wunderbar nachahmen. Sie lauschte einem Menschen, erkannte sofort seine Wesensart und imitierte ihn. So unterschied sie sich von anderen Mädchen.

Selbst meiner Mutter war sie gewachsen. Bei ihrer ersten Begegnung erhitzten sich die Gemüter, und Katie sagte: »Komm schon, alte Frau, leg los, wenn du meinst, du bist tough genug.«

Ich war sprachlos vor Angst – und vor Bewunderung.

Wenn ich mich recht erinnere, ging sie damals mit Ian Harvey. Ihre »Liebesbeziehung« bestand allerdings nur in stundenlangem Küssen. Ja, *wirklich* stundenlang, bis die Lippen ganz taub und schlaff waren. In Glasgow gab es dafür den Ausdruck

»winching«, als hätte man buchstäblich ohne Unterlass an der Kurbel einer Seilwinde gedreht.

Katie und einige ihrer Freundinnen begleiteten mich spät nachts öfters zur Bushaltestelle, wo ich – mit Lassie an meiner Seite – den letzten Bus in die Gorbals nahm. Da Katie auf mich äußerst irritierend wirkte, habe ich bis heute keine Ahnung, wie es dazu kam, dass wir uns eines Nachts auf der untersten Treppe von Alex Whites Wohnhaus küssten. Wahrscheinlich war es für uns beide eine Art Herausforderung. Danach gingen wir miteinander, und jeden Abend verknoteten sich unsere Zungen. Einige Mitglieder meiner Familie, die mich offenbar für schwul hielten, waren sicherlich erleichtert, dass ich eine Freundin hatte. Schließlich hatte mein Freund Alex sich bereits geoutet.

Auf keinen Fall gab ich meiner Familie etwas über meine Aktivitäten preis, denn dabei handelte es sich ausschließlich um meine Angelegenheiten. Ich reagierte verstimmt und gereizt, sobald mir jemand persönliche Fragen stellte.

»Gordon, tuste momentan mit jemandem rumknutschen?«, wollte ein Onkel oder eine Tante wissen.

Ich errötete und verließ den Raum, ohne zu antworten.

Als ich mit Katie zum ersten Mal ausging, war ich siebzehn, ein Jahr älter als sie. Da wir nun ein Paar waren, blieb mir noch weniger Zeit, alle Tätigkeiten in mein ohnehin schon angefülltes Leben »einzupassen«.

***

Die Stadtverwaltung hatte meinen Eltern ein Schreiben wegen der Hündin in unserer Wohnung zugeschickt. Lassie war Teil unserer Familie, und selbst Lizzy hätte für sie gekämpft. Aber das änderte nichts daran, dass schließlich zwei Beamte vorbeikamen. Sie verlangten von meinen Eltern, das Tier wegzugeben, andernfalls erhielten sie einen Räumungsbescheid. Es blieb keine andere Wahl, als der Aufforderung Folge zu leisten. Also brachten wir Lassie zu Tommy. Ich sagte mir, dass dies besser für sie sei, weil mein ältester Bruder ein Haus mit vorderem und hinterem Garten bewohnte. Dort würde sie ihre letzten Tage mit ihm und seinen Kindern verleben und viel mehr Freiheit haben.

Das schreibe ich einfach so, aber es brach mir das Herz. Ich wollte Lassie nicht verlieren. Sie war wirklich meine allerbeste Freundin. Obwohl ich eine tapfere Miene aufsetzte, schmerzte mich diese Sache zutiefst. Anfangs rief ich meinen Bruder jeden Tag an, um zu erfahren, wie es ihr ging. Immer wieder bekam ich das Gleiche zu hören:

»Gordon, die Hündin iss glücklich, alle Kinder in der Straße lieb'n sie und spielen dauernd mit ihr. Und sie genießt's, mit uns über die Felder zu laufen.«

Zugegeben, diese Nachricht beruhigte mich, aber schon bald gingen mir andere Dinge durch den Kopf, die absoluten Vorrang beanspruchen würden.

»Gordon, ich glaub, ich bin schwanger.«

Dieser Satz Katies traf mich wie einer von Lizzys Faustschlägen. Mir fehlten die Worte. Nur ein Gedanke blitzte auf: *Wie iss'n das passiert?* Ich war nicht so naiv, dass mir die Umstände, die zu ihrer Schwangerschaft führten, verborgen geblieben wären. Ja ich erinnere mich, den Akt genossen zu haben, weshalb meine innere Frage wohl eher lautete: *Wie konntest du's so weit kommen lassen?* Ich war erst achtzehn. Natürlich verwendeten wir keinerlei Verhütungsmittel, zum einen, weil mir deren Notwendigkeit nicht bewusst war, zum anderen, weil Katie als Katholikin nicht die Pille nehmen wollte. Schlimmer noch, wir hatten über dieses Thema nie gesprochen. Wir waren Glasgower des Jahres 1980, und da hieß es nur: »Über solche Dinge redet man nicht, nee.« Die typische Glasgower Art eben.

Diese dämliche Biologielehrerin, dachte ich, *warum hat sie uns nicht besser aufgeklärt?* Wie viele junge Menschen mussten Katie und ich feststellen, dass wir Eltern werden sollten, ohne selbst wirklich erwachsen zu sein. Wir waren noch nicht einmal ein Jahr zusammen gewesen, hatten nicht das getan, was verliebte Paare normalerweise tun, zum Beispiel gemeinsam verreisen, und keine romantischen Rendezvous mit all den schwindelerregenden Gefühlen des Verliebtseins erlebt. Wir waren gewiss »verliebt«, weil wir uns jede Minute anriefen – und das war lange vor den Handys. Ich benutzte das Geschäftstelefon, wann immer niemand in der Nähe war, und fragte Katie, wie sie sich fühle, nachdem ich ihr kurz zuvor bereits die gleiche Frage gestellt hatte. Dann ging es weiter mit: *Du legst auf … Nein,* du *legst auf.* Doch inzwischen war unsere Geschichte sehr ernst geworden, um nicht zu sagen furchterregend. Wir versuchten, uns den nächsten Schritt zu überlegen, ohne ihre Eltern in Kenntnis zu setzen – und schon gar nicht Lizzy, o mein Gott! Schließlich aber waren Katies Mutter Josephine und ihr Stiefvater Bob durchaus verständnisvoll und ziemlich hilfsbereit – nachdem sie uns erst einmal ins Gebet genommen hatten wegen Verantwortung und dergleichen. Immerhin waren sie Katholiken, die vielleicht dachten, dem Protestanten die Schuld zuschieben zu können. Das machte mir nichts aus. Ich hätte mich auch mit einem Rosenkranz gezüchtigt, wenn dadurch alles wieder normal geworden wäre.

Meine Eltern zu informieren war für mich ein Horror. Dieses Angstgefühl schnürte mir den Hals zu. Warum, weiß ich nicht, denn auf beiden Seiten meiner Familie waren keine Heiligen. Außereheliche Kinder gab es links, rechts und in der Mitte, ganz zu schweigen von Trennungen und Scheidungen. Dennoch erschien mir dieser einsame Gang voller Scham durch den Flur zum Wohnzimmer meiner Eltern in den Gorbals unerträglich lang und ihre Gegenwart dort wie eine bleischwere Last. Aber schlimmer noch war ihre Reaktion auf die Nachricht, dass ihr Jüngster nun Vater werden würde. Es gab keine!

Als ich eintrat, ergriff Lizzy sogleich das Wort:»Brauchst mir nichts zu sag'n. Weiß genau, was du sag'n willst.«

Dann starrte sie direkt durch mich hindurch. In diesem Moment hätte ich alles gegeben für einen ihrer Wutausbrüche. Sogar mich zu schlagen wäre besser gewesen als ihr Schweigen. Auch mein Vater blieb still, seufzte nur, als hätte er mit all dem gerechnet, schüttelte den Kopf und zuckte die Achseln.

Immerhin, die Szene war vorbei. Eilends verließ ich die Wohnung, um Katie zu treffen, die hinter der Straßenecke wartete. Wahrscheinlich wurde mir da bewusst, dass in meinem Innern die Stimme meiner Mutter nachhallte, die ihren Gefühlen doch noch Luft gemacht hatte:

»Also, wenn die von dir nichts wiss'n will, soll sie sich zum Teufel scher'n!«

O mein Gott!

Katie und ich beschlossen, das Beste aus der Situation zu machen. Wir liebten uns wirklich, waren unzertrennlich wie Bruder und Schwester.

Als ich Katie begegnete, besaß ich für jemanden in meiner Position eine Menge Geld. Jeder in unserer Familie brachte Lohn nach Hause, sodass Lizzy uns erlaubte, den größten Teil davon – oder alles – zu behalten. Inzwischen verdiente ich beim Baustoffhändler zweiundzwanzig Pfund die Woche, und in einer meiner Schubladen lagen mehrere ungeöffnete Tüten mit dem Monatslohn. Außerdem bekam ich ständig Geld von meinem Onkel und meiner Tante in London. Mein Bankkonto war gut gefüllt. Doch das sollte nicht lange so bleiben …

Eine schwangere Freundin hat vielerlei Bedürfnisse.

»Ah, ich glaub, wir brauch'n diesen Kinderwagen, iss das neu'ste Modell mit Extras …«

Die Liste war endlos. Es wurden Kleidungsstücke ausgewählt für den Aufenthalt im Krankenhaus, weitere für nach der Entlassung, dazu kamen all die Anziehsachen für das Baby. Bald öffnete ich meine Schublade und nahm eine Lohntüte nach der anderen heraus. Wenige Wochen vor der Geburt meines Sohnes verlor ich im Zuge von Entlassungen meinen Job beim Baustoffhändler, weshalb wir von meinen Ersparnissen leben mussten, die natürlich rasch dahinschmolzen. Ziemlich schnell war ich gezwungen, mir einen neuen Job zu suchen.

Meine große Trauer rührte daher, dass ich meine Hoffnungen aufgeben musste, unter den Turnern ein Star zu werden. Oft hieß es, einem Ort wie den Gorbals könne man nur durch den Sport oder das Showbusiness entfliehen. In einem Brief wurde mir mitgeteilt, ich sei nominiert worden für die Turnriege, die sich um die Teilnahme an den Commonwealth Games bewerbe. Das bedeutete nicht, dass ich definitiv dorthin fahren würde, aber die Chancen standen gut. Ich hatte diesen Traum mit meinen Freunden in der Turnhalle geteilt – und war nun beschämt, ihnen sagen zu müssen, dass ich darauf verzichte, weil meine Freundin schwanger war. (David fand seine Art von Ausweg: Er schloss sich dem Ballet Rambert an, starb aber später, wie ich hörte, an AIDS.) In meiner tiefen Niedergeschlagenheit erging es mir vielleicht ähnlich wie Lizzy nach dem Tod ihrer Mutter. Sie hatte ihre Träume vom Showbusiness begraben müssen, um für die Familie zu sorgen.

Zu jener Zeit verfielen Tante Sylvia und Onkel Michael mir gegenüber allmählich in Schweigen. Später erfuhr ich, dass sie von mir enttäuscht waren, hatten sie doch gehofft, ich würde nach London kommen und dort ein neues, von ihnen schon vorausgeplantes Leben beginnen. Ihre Absicht war, dass ich in der Dachdeckerfirma meines Onkels arbeite, dass sie mir eine Wohnung kaufen und eines Tages ihren ganzen Besitz vererben. Als ich dann Sylvia anrief, war sie wortkarg, was in mir aus irgendeinem Grund das Gefühl hervorrief, unehrenhaft aus der Armee entlassen worden zu sein.

Aber das war der Weg, den ich gewählt hatte. Bei Katie zu bleiben und die Schwangerschaft bis zum Ende durchzustehen war die beste Entscheidung, die ich je getroffen habe. Sie machte mir Angst, aber niemand behauptet, das Leben sei leicht.

Kurz zuvor war ich noch im Begriff, als Turner für mein Land anzutreten, nun fühlte ich mich plötzlich wie ein kleiner Junge unter Männern. Katie hatte Wehen bekommen, derweil ich im Wartesaal des Stobhill Hospital neben anderen Vätern nervös auf Nachrichten aus dem Kreißsaal hoffte. Es war der 14. Juni 1981. Mir gegenüber saß ein Typ namens Jonny Murphy. Ich kannte ihn aus der Drumbottie Road, die parallel zur Mansel Street verlief. Seine Frau lag zur gleichen Zeit in den Wehen, und ich beobachtete ihn beim Kettenrauchen. Besonders erinnere ich mich an jene hypnotische Bewegung, mit der er jede Zigarette immer wieder zwischen den Fingern hin und her drehte.

»Willste eine, Gordon?«

Freundlich bot mir Jonny eine seiner John Player Specials an. Obwohl ich nicht rauchte, nahm ich sie, eher aufgrund einer automatischen Reaktion als aus Bedürfnis. Ich hatte versucht, zu rauchen, und es gehasst, aber in diesem Moment schien es richtig.

Aus dem 14. wurde der 15. Juni, und man rief Jonny aus dem Wartesaal. In den frühen Morgenstunden brachte seine Frau eine Tochter zur Welt. Als er einige Zeit später wieder hereinstürzte, war er in Ekstase. Das sei das Wunderbarste, was er je erlebt habe, sagte er und brach in Tränen aus. Ich umarmte ihn.

»Du musst reingeh'n und es dir anschau'n, Mann. Ich mein's ernst, iss der Wahnsinn. Gehste rein und bist bei der Geburt dabei?«

Offen gestanden, Jonny, ich war mir nicht einmal sicher, ob ich bei der Empfängnis hätte dabei sein sollen.

»Nee, werd hier wart'n«, erwiderte ich.

Ich teilte seine Aufregung und hatte zugleich große Sorge um Katie. Plötzlich dämmerte mir, dass sie vielleicht allein war und sich fürchtete. Aber sie wollte mich nicht an ihrer Seite haben. In dieser Angelegenheit verhielt sie sich merkwürdig, aber schließlich stand ihr achtzehnter Geburtstag erst noch bevor.

Jonny verließ das Krankenhaus, und ich war die letzte Person im Wartesaal. Immer wieder ging eine Krankenschwester an mir vorbei, der ich jedes Mal einen fragenden Blick zuwarf, woraufhin sie mitfühlend den Kopf schüttelte. Tief eingeprägt hat sich mir, dass sie den damaligen Hit von Michael Jackson *One Day in Your Life* leise vor sich hin sang. Dieses Lied bringe ich immer mit der Geburt meines Sohnes in Verbindung, der am 15. Juni 1981 gegen vier Uhr morgens zur Welt kam.

»Iss 'n Junge«, sagte die Schwester frohgemut, als sie mich in den Kreißsaal holte, wo Katie lag und völlig erschöpft wirkte. Aber sie lächelte in dem Augenblick, da sie mir unseren Sohn zeigte. In mir regte sich etwas, als wäre ich von Gott berührt worden. Eine Vibration in meinem Körper und um ihn herum gab mir das Gefühl, riesig und unendlich zu sein. Ich kann meine Empfindungen nicht beschreiben, als ich Paul zum ersten Mal sah und seine Gegenwart spürte.

»Damit iss auch das geklärt«, sagte sie zu mir bezüglich seines Namens. Sie wollte unser Kind nämlich immer Paul nennen – falls es ein Junge würde. Mir wäre der Name für ein Mädchen eingefallen, Nicola zum Beispiel oder Sarah nach meiner Großmutter, der ich nie begegnet bin. Doch nun war es Paul. Man merkt also, die ganze Sache mit den medialen Fähigkeiten hatte bei mir noch nicht wirklich begonnen.

Während Pauls ersten Lebensmonaten wohnten Katie und ich bei ihren Eltern. Katies Großvater, Joe Gargano, war Friseur und erzählte mir, einer seiner Verwandten sei Lehrer an einer Friseurschule. Jeder, der einen von der neuen Regierung geförderten Ausbildungskurs absolvierte, bekam fünfunddreißig Pfund die Woche. Das war mehr, als ich beim Baustoffhändler verdient hatte, und hörte sich gut an. Friseur zu werden wäre mir zwar nicht einmal im Traum eingefallen, aber dadurch würde ich bezahlt und gleichzeitig ausgebildet – montags bis freitags von neun bis siebzehn Uhr. So konnten wir uns die neu renovierte Wohnung in der Drumbottie Road, die Katie und mir gerade angeboten worden war, leisten und hatten unser eigenes Zuhause zu dritt.

Old Joe mochte unseren Sohn vom ersten Moment an, als er ihn zu Gesicht bekam. Ich werde nie vergessen, wie großzügig er uns finanziell unterstützte und wie bereitwillig er sich um Paul kümmerte, wenn Katie hier und da in den Läden einen kleinen Job annahm.

In so jungen Jahren Vater oder Mutter zu werden ist fürwahr beängstigend. Manchmal blieb ich die ganze Nacht wach, nur um das Baby anzuschauen. Ich befürchtete, es könnte aufhören zu atmen oder irgendein anderes Missgeschick erleiden. Sobald seine Atmung flacher oder stiller wurde, geriet ich in Panik und stieß es sanft mit dem Finger an, um eine Reaktion hervorzurufen und sicher zu sein, dass Paul nicht tot war. Jeder Elternteil kennt diese Sorgen, und ganz egal, was die Leute einem zur Beruhigung sagen: Man sorgt sich um sein Neugeborenes, immer und immer wieder, ohne Ende.

Als ich meine Ausbildung am Queenslie Skill Centre begann, um Herrenfriseur zu werden, erschien mir das zunächst alles ein bisschen komisch. Doch ab der zweiten Woche war ich wirklich fasziniert. Mein Lehrer hieß Davy Wahl, ein vielseitiger Meister seines Fachs. Er erkannte meine Begabung und brachte mir weitaus mehr bei, als der Kurs vorschrieb. So führte er an künstlichen Köpfen vor, wie man Damenfrisuren und Dauerwellen macht, die in den frühen Achtzigerjahren der letzte Schrei waren. Darüber hinaus lernte ich von ihm viel mehr als die Grundlagen des Scherenschnitts, mit denen die meisten Kursteilnehmer sich begnügen mussten.

Doch dann kreuzte der Tod wieder meinen Weg. An Montagen kamen Rentner für einen kostenlosen Haarschnitt zu uns in den Übungsraum. Normalerweise fing einer der Neulinge an und ließ dann einen fortgeschritteneren Schüler – oder nötigenfalls Mr Wahl – die Arbeit beenden. An diesem Morgen hatte ich einen alten Herrn auf dem Stuhl und stellte ihm die üblichen Fragen:

»Wie viel soll ich denn abschneid'n, Mister?«

Natürlich war die ganze Klasse anwesend.

»Hint'n und an 'en Seiten kurz, junger Mann, und am Nack'n Rundschnitt, wenn's Ihnen nix ausmacht.«

Es machte mir nichts aus. Das Haar am Nacken auf eine Länge zu schneiden war einfacher, als es abzustufen und spitz zulaufen zu lassen. Ich schnippte ein paarmal mit der Schere und legte dann stürmisch los. Das weiche graue Haar flog durch die Luft wie der Flaum einer Pusteblume.

»Sind Sie bloß für'n Haarschnitt aus'm Haus, Sir, oder geht's danach noch irgendwohin, wo's schön iss?«

Keine Reaktion. Ich vermutete, dass er schwerhörig war.

»Könnten Sie nur mal kurz 'n Kopf heb'n, Sir, damit ich den Haaransatz rundum schneide?«

Immer noch nichts. Ich tat mein Bestes, während sein Kopf langsam auf die Brust sank. Mit Daumen und Zeigefinger bewegte ich seine Stirn behutsam nach oben.

»Sir, können Sie bitte den Kopf für 'ne Sekunde aufrecht halt'n?«

Zu diesem Zeitpunkt wusste Davy Wahl, dass irgendetwas nicht stimmte, und eilte zu mir. Er untersuchte den Mann und stellte fest, dass dieser bereits tot – oder im tiefen Koma – war. Sofort verständigte er den Rettungsdienst, der dann seine Diagnose nur bestätigen konnte. Die Nachricht ging wie ein Lauffeuer durch die Schule. Man nannte mich Sweeney Todd – nach dem fiktiven Barbier und Massenmörder im London des 19. Jahrhunderts. Bisher hatte ich noch keinem Kunden die Haare zu Ende geschnitten, nun aber einen regelrecht erledigt.

In meiner Ausbildung gab es immer wieder etwas zum Lachen. Ich erfuhr, dass dieses Gewerbe, welches einen meiner besten Lebensabschnitte einläutete, den großartigen Rahmen für komische Szenen bildet. Für die nächsten dreiundzwanzig Jahre würde ich in sämtlichen Bereichen des Friseurberufs arbeiten und dabei jeden Moment genießen. Nach nur neun Monaten erhielt ich meine Urkunde und wurde dann in die Salons von Glasgow geschickt, um meine magischen Fähigkeiten unter Beweis zu stellen.

Apropos Magie: Jahrelang hatte ich keine Erfahrungen mehr mit übernatürlichen Ereignissen gemacht. Meiner Ansicht nach ist der Zugang zur inneren Welt während der Teenagerjahre versperrt. Ich hatte weder seltsame Träume noch Vorahnungen und an solche Dinge auch gar nicht mehr gedacht, wenn ich ehrlich bin. Doch als ich unsere erste eigene Wohnung betrat, um den Einzug vorzubereiten, traf ich plötzlich auf eine Person, die ich völlig aus den Augen verloren hatte.

Katie und ihre Mutter waren zugegen, um die Wände zu streichen und unser neues Heim herzurichten für später, wenn wir uns Möbel leisten und mit dem Baby einziehen konnten. Zu jenem Zeitpunkt hatten wir nur einen Herd, einen Wasserkessel und einen sehr kleinen Kühlschrank. Im Schlafzimmer standen ein Doppelbett und ein Stuhl, darauf ein digitaler Radiowecker.

Der Eingang zu unserem Mietshaus war mit einer Sicherheitstür versehen, aber jeder in der Drumbottie Road kannte Katie und mich. Obwohl es in der Straße rau zuging, besaßen die Leute kaum etwas, das zu stehlen sich lohnte, und so beunruhigte es mich nicht, dort einstweilen allein zu übernachten.

Als ich eines Abends gerade den Wecker gestellt und mich ins Bett gelegt hatte, glaubte ich jemanden auf der Treppe zu hören, die zum Stockwerk über mir führte. Das war merkwürdig, denn die Wohnung oben war leer und die Tür mit Brettern vernagelt. Ich lauschte einen Moment und muss dann in tiefen Schlaf gesunken sein.

Um vier Uhr morgens wachte ich auf. Die Leuchtziffern des Weckers blinkten genauso, wie wenn der Alarm losgegangen wäre. Er war aber auf sieben Uhr eingestellt. Allein das war äußerst seltsam. Meine Sinne schienen sich auszudehnen und den Raum auszufüllen. Es war, als könnte ich jedes Atom in der Atmosphäre spüren – und als würde jemand neben mir stehen. Das wusste ich, ohne mich umzuschauen. Eine Frau war da. Mein Puls raste, doch ich hatte nicht die geringste Angst. Das Gefühl war ganz natürlich und zugleich aufregend. Ich konnte jemanden schwer atmen hören und merkte dann, dass ich es war, nämlich die Person, die im Bett lag. Ich befand mich in einem außerkörperlichen Zustand, sah mich selbst und eine Frau, die dastand und ihrerseits auf mich herabblickte, als würde sie über mich wachen und für mich sorgen. Sie schien etwa genauso alt wie ich, Anfang bis Mitte zwanzig, war aber nicht leibhaftig anwesend wie Ummy damals, sondern als Lichtwesen, leuchtend wie ein Hologramm, nur heller und Wohlbehagen ausstrahlend. Ich wusste, sie war Ummys Freundin, die Mutter meiner Mutter, Sarah Riley. Bei ihr fühlte ich mich sicher und empfand jedenfalls keinerlei Furcht.

Sobald ich erkannte, an zwei Orten gleichzeitig zu sein, wurde ich blitzschnell in meinen Körper zurückbefördert, im Ohr ein kratzendes Geräusch wie das von Kreide, die über eine Tafel schrammt und zerbricht. Es zog sich durch mein Innerstes, bis ich im Bett aufsprang, als wäre mir Adrenalin gespritzt worden. Mein ganzer Körper vibrierte. Eine Stimme riet mir, die Füße auf den Boden zu setzen und mich zu erden.

Das war eine meiner seltsamsten Erfahrungen überhaupt, die ich in keiner Weise erklären konnte. Ich wollte Katie nichts darüber sagen, da es sie vielleicht erschreckt und bewogen hätte, nicht in unsere neue Wohnung zu ziehen. Wem also sollte ich mich anvertrauen? Meinen Arbeitskollegen? Sie und alle anderen hätten mich für verrückt gehalten, also beschloss ich, niemandem etwas mitzuteilen.

Eines jedenfalls war mir nun deutlich: Durch tiefgreifende emotionale Erfahrungen werden Geister freigesetzt. Und genau dies ist mir offenbar geschehen.

* * *

Friseur, Ehemann und Ferien von der Hölle

Die erste Zeit unserer Ehe verlief so wie bei den meisten Paaren. Nach wie vor liebten wir uns abgöttisch und waren wohl zu eng miteinander verbunden, um die Außenwelt richtig wahrzunehmen. Doch es dauerte nicht lange, bis sie sich einen Weg in unser Leben bahnte. Die Drumbottie Road war Teil meiner Jugendjahre gewesen und erschien mir daher ganz vertraut. Als wir über genügend Geld verfügten, um unsere Wohnung nach und nach zu möblieren, begannen wir uns darin wirklich heimisch zu fühlen.

Die Straße war voller Menschen, die sich mehr oder weniger in der gleichen Situation befanden wie wir. Man musste kämpfen, um über die Runden zu kommen. Auf die eine oder andere Weise gelang es Katie, Paul und mir, für nur ein Pfund zu Abend zu essen. Trotz der täglichen Mühen hätten jedoch fast alle in der Straße ihren letzten Penny gegeben, um jemand anderem auszuhelfen, denn schon bald würden sie vielleicht diejenigen sein, die um Hilfe bitten.

So war es einfach, damals in der Drumbottie Road.

Unsere neue Wohnung hatte ein Erkerfenster, das einen Rundblick auf die Straße gestattete. Von dort aus sahen wir häufig dubiose Dinge, die sich in den dunklen Ecken der Mietshäuser zutrugen – und manchmal sogar mitten auf der Straße. Anfangs wurden dort gestohlene Waren aller Art getauscht. Als wir einzogen, spielten Drogenprobleme eine eher untergeordnete Rolle. Wer schließlich doch abglitt in die Sucht, experimentierte mit Klebstoff und billigem Fusel. Aber niemand in dieser Straße hätte uns auch nur ein Haar gekrümmt. Obwohl die sozialen Bedingungen einen miserablen Eindruck erwecken mochten, wirkten sie anders, wenn man unter ihnen lebte und nach draußen schaute.

Wichtig waren die Fenster, denn durch deren Öffnung wurde am meisten kommuniziert.

»Hey, Katie, haste 'n bisschen Zucker, den meine Ma sich kurz ausborg'n kann?«

In vielen Fällen lautete die Frage aber eher so: »Katie, kannste meiner Ma 'n paar Pfund leih'n, bis sie ihr'n Lohn kriegt?«

Durch die Fenster wurden nicht nur Worte gewechselt, sondern auch Waren von einem Nachbarn zum andern befördert, und manchmal warfen die Mieter aus Wohnungen im dritten Stock Gegenstände hinunter, die jemand weiter unten auffing, statt all die Treppen hochzusteigen. Die regelmäßige Nutzung der Fenster hatte auch den Vorteil, dass die Erwachsenen ihre Kinder im Auge behalten konnten, wenn die auf der Straße spielten. In dieser Welt blieb nichts unbemerkt.

Jeden Tag kam Katies Mutter Josie vorbei, um Paul abzuholen und für tagsüber zu ihrem Vater zu bringen, der meinen Sohn wie einen kleinen Prinzen behandelte. Joes Haus war immer voller Leute, die ein- und ausgingen und den Kleinen, ein sehr zufriedenes Kind, gern verwöhnten.

Ich arbeitete in einem kleinen Friseursalon im Osten von Glasgow und erhielt fünf Pfund am Tag plus Trinkgelder. Am Ende der Woche hatte ich etwas mehr verdient als auf der Friseurschule, aber nur, wenn die Trinkgelder stimmten. Ich war als Herrenfriseur angestellt, fand jedoch heraus, dass mir Damenfrisuren immer besser gelangen. Also ermunterte mich Linda, meine neue Chefin, diese Richtung einzuschlagen, was ich mit leichter Hand auch tat. Bald wurde mir klar, dass ich außerdem den Leuten in unserer Straße die Haare zu Hause machen konnte: Haarschnitte für ein Pfund, Dauerwellen, Strähnen und Tönungen für jeweils fünf Pfund. Das war wesentlich günstiger als in einem Friseursalon. Die zusätzlichen Einnahmen erhöhten ein wenig unseren Lebensstandard, und tatsächlich schien alles wie am Schnürchen zu laufen. Es war nur so, dass meine häuslichen Dienstleistungen derart beliebt wurden, dass ich manchmal erst spät abends heimkehrte und allmählich das Gefühl hatte, von der Arbeit völlig aufgezehrt zu werden. Da ich zu jener Zeit kein Auto besaß, ging ich mit drei großen Taschen voller Utensilien für den Friseurbedarf durch die Gegend – in der einen die Trockenhaube, die ich für Dauerwellen und Strähnen benötigte. Es war eine ziemliche Plackerei, aber sie machte mir eigentlich nichts aus, denn ich liebte meinen Beruf. Ich hatte eine Leidenschaft dafür und ein Talent. Auf diese Weise wurden sozusagen meine künstlerischen Anlagen zum Ausdruck gebracht.

Einmal – am Rentnertag – kam eine ältere Frau in den Salon, um sich eine Dauerwelle machen zu lassen. Linda war mit mehreren Kundinnen gleichzeitig beschäftigt. Von der einen zur anderen wechselnd, fragte sie mich, ob ich jener Dame zunächst das Haar schneiden könne. Kein Problem. Es handelte sich um einen einfachen Stufenschnitt, und was sollte dabei denn schon schiefgehen? Das nasse Haar der Frau war völlig verknotet. Vor der Dauerwelle konnte kein Conditioner angewendet werden, also musste man das Haar lange und sorgfältig kämmen, um alle Knoten zu lösen. Anschließend schnitt ich das Haar stufig, damit es rundum die gleiche Länge hatte und für die Dauerwelle bereit war. Ich musste jetzt nur noch wissen, wie lang die Dame das Haar hinten und an den Seiten haben wollte. Auf meine entsprechende Frage benutzte sie Daumen und Zeigefinger, um die Länge anzudeuten – so weit, so gut.

Haaren ist beim Schneiden eine bestimmte Konsistenz, ja ein Geräusch eigen, die beide ganz vertraut anmuten; wenn man dann aber etwas schneidet, das nicht Haar ist, schießt ein schreckliches Gefühl durch einen hindurch. Genau das widerfuhr mir. Ich war ziemlich sicher, dass ich gerade kein Haar geschnitten hatte. Immerhin gab es zu meiner Erleichterung keine Blutspuren, Gott sei Dank war also die Haut unverletzt. Jeder Friseur, der eine ähnliche Erfahrung gemacht hat, wird meine Befürchtungen sofort bestätigen. Ich suchte den Hals der Dame ab, kämmte das Haar zu dieser und zu jener Seite – nichts Auffälliges.

Ich war ein wenig verwirrt, und Linda spürte, dass etwas nicht stimmte.

»Alles okay, Gordon?«, flüsterte sie, um kein Aufsehen zu erregen. Das machen Friseure so.

»Jaja.«

Ich zuckte die Achseln und kämmte weiter. Da offenbar weder Halskette noch Kleiderkragen durchtrennt waren, schien alles in Ordnung. Ich sagte mir, dass es ein Knoten gewesen sein musste, den ich nicht ganz gelöst hatte.

Anschließend übernahm Linda das Kommando, drehte die Lockenwickler ein, trug die Lotion auf und schob die Kundin zur Trockenhaube.

Als sämtliche Trockenhauben besetzt waren, setzte ich mich hinten im Salon mit Linda und Irene, die bei uns arbeitete, für einen Kaffee und eine Zigarettenpause zusammen. Wir redeten oft über Kundinnen oder andere Themen, die uns interessierten.

»Was war'n grad los, Gordon?«, fragte Irene. »Hab gemerkt, wie Linda dich anschaute, und du hast irgendwie komisch reagiert, war alles okay?«

Ich lächelte, weil ich mich von Neuem erleichtert fühlte, und erklärte, was geschehen war.

»Wahrscheinlich bloß 'n Knoten«, sagte Irene. »Einige von diesen alten Frau'n hab'n so viel Spray in ihr'n Haaren, dass es Ewigkeiten dauert, bis man's wieder draußen hat.«

Ich war beruhigt, zumindest bis ich zur Kundin ging, um sie von der Trockenhaube zum Waschbecken zu führen.

»Woll'n Sie bitte mit mir kommen, Mrs Johnson?«

Sie betrachtete mich, aber ihr abwesender Gesichtsausdruck gab mir zu verstehen, dass sie keines meiner Worte gehört hatte. Also beugte ich mich nah vor ihr Gesicht.

»Mrs Johnson, ich würd Sie jetzt gern zum Waschbecken bringen!«

Inzwischen war Linda im vorderen Teil des Salons erschienen und fragte: »Hab'n Sie Ihr Hörgerät abgestellt, Mrs Johnson? Wir nehmen Sie jetzt mit zum Waschbecken, kommen Sie bitte!«

Dann wandte sie sich mir zu.

»Das mach'n diese Rentnerinnen so, stelln'n einfach das Hörgerät ab, um Batt'rien zu spar'n.«

Ich nickte, nahm die Frau mit zum Sessel vorm Waschbecken und fing an, die Lotion aus ihren eingerollten Haaren zu spülen.

»Diese verdammten Billigbatt'rien, die sind keinen Pfifferling wert, können Sie mir glaub'n, junger Mann.«

Die alte Dame schlug gegen den Satz Batterien in der Tasche ihrer Wolljacke. Ich stimmte zu und ließ ihr weiter Wasser über den Kopf laufen.

Die Dauerwelle war jedenfalls großartig, und so dachte ich nicht mehr an die Schwerhörigkeit der Frau, bis ich ihr in den Mantel half und sie zur Tür begleitete. Nach wie vor schien alles in Ordnung, aber dann schaute ich zu Linda, deren Augen vor Schreck weit geöffnet waren. Ich folgte ihrem Blick und konnte es nicht fassen: Ein langer beiger Draht hing vom Mantel der alten Dame herab und schliff über den Boden, als sie den Salon verließ. Mit einem Mal dämmerte mir, welches knotige Ding ich an ihrem Nacken durchschnitten hatte – den Draht natürlich, der ihren Ohrhörer mit den Batterien verband; so funktionierten die Geräte damals. Niemand von uns hatte den Mumm, die arme Frau über den Vorfall zu informieren. Stattdessen standen wir wie versteinert da, während sie beim Hinausgehen wiederholt mit der Hand gegen die Batterien schlug und vor sich hin murmelte:

»Diese blöden Batt'rien, sollte sie ins verdammte Geschäft zurückbringen, wo ich sie gekauft hab.«

***

Paul war fast ein Jahr alt, als Katie und ich uns zur Heirat entschlossen. Das war im März 1982. Wir hatten nicht viel Geld, aber dank meiner Nebenverdienste durch die Arbeit bei den Leuten zu Hause kamen wir damit aus. Außerdem hielten Katie und Josie es für richtig, dass wir nicht nur zusammenleben, sondern in den Ehestand treten. Katie fand, das sei besser für unseren Sohn, sobald er größer würde. Wahrscheinlich hatte sie recht, doch mit so wenig Hab und Gut zu heiraten ist keine stilvolle Angelegenheit.

Und wenn die Geschehnisse am Hochzeitstag irgendeinen Hinweis auf die gemeinsame Zukunft geben, dann war die unsere den Gewalten des Schicksals ausgeliefert.

Es begann damit, dass an dem Tag, als wir auf dem Standesamt in der Glasgower Martha Street getraut werden sollten, Katie sich nicht von mir die Haare machen lassen wollte. Stattdessen bat sie um einen Schaumfestiger, der sie aufhellen und die blonde Farbe verstärken würde. Ich sagte zu ihr, der gewünschte Festiger befinde sich bereits im Badezimmer und sie solle von den beiden Dosen die silberne nehmen.

»Gordon, soll dieses Zeug rot sein?«

Manchmal nehmen blonde Komponenten in Haarfärbemitteln und Spülungen nach einer Weile zwar kräftige Töne an wie Blau oder Violett, die jedoch beim Auswaschen verschwinden und nur einen warmen Ton zurücklassen. In diesem Fall hingegen schien irgendetwas nicht zu stimmen.

»Hast du die silberne Dose benutzt?«, fragte ich von der anderen Seite der Badezimmertür. Einen Moment lang herrschte Stille, dann wurde die Tür entriegelt und langsam geöffnet: In Erscheinung trat meine künftige Braut mit nassem, auffällig burgunderrotem Haar. Das mochte noch nicht allzu schlimm gewesen sein, aber ich wusste, dass die Farbe des nassen Haares sich deutlich unterschied von der des getrockneten, und dieses hier wäre aller Voraussicht nach bald rosa. Katie hatte auf ihre langen, dicken, lockigen Haare so viel Festiger aufgetragen, dass der ganze Schopf vollständig damit bedeckt war. Da er zudem zahlreiche blondierte und äußerst brüchige Strähnen aufwies, hatte das Haar die Pigmente aufgesogen und tendierte zu einem leuchtenden Rosa, das lange Zeit nicht auszuwaschen wäre. Katies Wahl bestand nun darin, das Haar entweder auf die Länge von einem Zentimeter stutzen zu lassen oder sich mit dem Rosa abzufinden!

Als meine Mutter von diesem Dilemma erfuhr, hatte sie eine blendende Lösung parat. Ein Hut! Nicht schlecht, Lizzy, aber wir waren pleite. Keineswegs leicht von ihrem Vorhaben abzubringen, schlug sie vor, den Hut für einen Tag zu kaufen, das Preisschild nicht zu entfernen und ihn am nächsten Morgen zurückzugeben, um den Betrag erstattet zu bekommen. Dieser Plan war immer noch besser als die pinkfarbene, punkige Frisur, die Katie gerade zur Schau trug. Also wurde von einem Kaufhaus in der Argyll Street ein rosafarbener, breitkrempiger Hut mitsamt Preisschild herbeigeschafft, das den Kaufpreis von 10,99 £ auswies und von der Innenseite herabhing. Ich steckte

Katie das Haar hoch, sodass die ärgerliche rosafarbene Masse neben dem Preisschild unter dem Hut verschwand. Lizzy schien sehr zufrieden mit sich.

Was das Wetter betrifft, so ist der März in Glasgow nur selten mild. Gerade als wir frisch vermählt aus dem Standesamt traten, blies ein heftiger Windstoß den Hut vom Kopf der Braut. Ungefähr fünf Sekunden schwebte er über uns, um dann direkt in der nächsten Pfütze zu landen. Katie stieß einen Schrei aus, und ich rannte los, um den Hut zu holen, aber inzwischen hatte der die Hälfte des Wassers aufgesogen, weshalb das Preisschild aus dem Innern hervorgetrieben und schmutzig grau geworden war. Ich wandte mich Katie zu, gewillt, eine enttäuschte Miene aufzusetzen. Doch als ich sah, dass auch die Spangen sich aus ihrem Haar gelöst hatten, das nun einem hellrosa Bausch Zuckerwatte ähnelte, prustete und lachte ich los. Zum Glück konnten wir uns keinen Fotografen leisten. Katie brach ebenfalls in schrilles Gelächter aus, und die kleine, auf der windigen Glasgow Street versammelte Hochzeitsgesellschaft stimmte mit ein. Wir hatten einen rosigen Start erwischt, einen rosarosigen Start, um genau zu sein.

Bald wurde mir klar, dass ich als selbstständiger mobiler Friseur in Springburn wesentlich mehr Geld verdienen konnte als die fünf Pfund pro Tag, die Linda zahlte. So baute ich mir in den darauffolgenden Jahren eine stattliche Kundschaft auf, arbeitete zu Hause bei den Leuten, die mich dann an Freunde und Familienmitglieder in der ganzen Gegend weiterempfahlen. Schnell wurde ich im nördlichen Teil Glasgows bekannt. Wann immer Katie und ich eine der örtlichen Kneipen besuchten, waren die Personen, deren Haare nicht von mir gestylt wurden, an den Fingern einer Hand abzuzählen. So konnte ich nach einiger Zeit etwas Geld zur Seite legen.

Unsere kleine Wohnung sah sehr schick aus. Die Einrichtung entsprach wohl den neuesten Moden, und Katie hielt sie makellos in Schuss. Daher würde man meinen, Lizzy wäre stolz darauf gewesen. Einmal in der Woche kündigte sie uns ihren Besuch an. Vier weitere Mitglieder unserer Familie lebten im gleichen Viertel, und wir alle waren in höchster Alarmbereitschaft, sobald der Anruf kam, sie sei unterwegs. Meine Schwester Betty wohnte jetzt der Haltestelle am nächsten, wo meine Mutter aus dem Bus stieg, weshalb sie von ihr zuerst besucht wurde. Betty war aus ihrer kleinen Einzimmerwohnung mit Küche in eine größere Zweizimmerwohnung ähnlich der unseren gezogen. Danach mochte Lizzy zu Jonny gehen, der inzwischen mit seiner Freundin und ihrem ersten Sohn John etwa zehn Fußminuten von uns entfernt wohnte. Also waren wir die Nächsten – oder Joan, nur eine Minute von uns entfernt. Wir wussten nicht immer, in welcher Reihenfolge die Besuche erfolgen würden, weil sie jede Woche wechselte. Offenbar wollte Lizzy damit eines ihrer Kinder in einer unordentlichen Wohnung ertappen. Die dafür fällige Strafe war nicht auszudenken.

Wir hätten uns keine Sorgen machen sollen, denn Katie war akribisch. Doch wie sauber auch alles schien, Old Lizzy fand stets etwas, das nicht ihren Vorstellungen entsprach. Selbst wenn das Baby auch nur einen Krümel auf den Boden geschleudert hatte, stürmte sie los, um ihn aufzuheben und nachdrücklich darauf hinzuweisen.

»Schau dir das an, Katie, der Kleine hat 'n paar Krümel fallengelass'n, ich mein, wenn du die nicht sofort entfernst, werden sie in 'en Teppichboden reingetret'n. Diese Dinger lös'n Krankheiten und Entzündungen aus, ich hoff, du passt da auf. Gibt nix Schlimm'res als 'ne dreckige Bude.«

Die Kommentare gingen Katie zwar höllisch auf die Nerven, aber meistens biss sie sich auf die Zunge und fand sich damit ab.

»Dein kleines Haus schaut bestimmt tipptopp und wie geleckt aus, nehm ich mal an. Kriegste das wirklich immer so hin?«

Manchmal jedoch, wenn Katie fast platzte vor Wut, versuchte ich, meine Mutter abzulenken:

»Wie geht's denn Betty und Jim, Ma, alles okay bei denen?«

Lizzy machte ein Gesicht, als hätte jemand sie soeben beleidigt. »Die halt'n mich für blöd, war'n grade erst aufgestand'n, zwei Minuten bevor ich eingetroff'n bin. Hab gemerkt, dass Zeitungen unter Kissen geschoben war'n.«

Meiner Ansicht nach kamen meine Mutter und Katie ganz gut miteinander aus. Sie respektierte meine Frau, weil diese auf Ordnung bedacht und sehr gewissenhaft war – für Lizzy das unverzichtbare Kennzeichen einer Ehefrau. Obwohl Katie während der wöchentlichen Inspektionen weitgehend Ruhe bewahrte, ließ sie sich von Lizzy doch in keiner Weise einschüchtern und sorgte dafür, dass diese in Bezug auf mich und Paul nicht immer das letzte Wort hatte.

Eines Abends, als wir drei meine Eltern besuchten, gerieten die beiden Frauen meines Lebens in eine Art Sackgasse. Am Ende bekam ich einen Schlag in die Rippen. Meine Mutter führte eine strenge Aufsicht über ihre Familie. Katie aber war seit jeher eine hitzige Person, die niemals nachgab, wenn sie in die Ecke gedrängt wurde. Wir beide wissen heute wirklich nicht mehr, wie die Auseinandersetzung begann, doch wahrscheinlich ging es wieder einmal um unseren Sohn oder um mich.

Ich war zusammen mit meinem Vater und Paul in einem der Schlafzimmer, wo wir alte Fotos von Sammy und seinen Eltern betrachteten, als plötzlich laute Stimmen aus dem Wohnzimmer drangen. Er und ich eilten den Flur entlang und sahen dann, wie meine Mutter und Katie mitten im Raum standen, offenbar bereit für einen Kampf. Also trat ich natürlich zwischen die beiden und fragte, was verdammt nochmal los sei.

Über meine Schulter hinweg richtete Katie das Wort an meine Mutter.

»Schau, Lizzy, du bist zu alt, ich werd nicht mit dir kämpf'n. Aber ich lass mir von dir doch nicht vorschreib'n, wie ich mein Leben zu führ'n hab. Was soll's, jedenfalls biste zu alt.«

Lizzy sprach leise, und das hatte nichts Gutes zu bedeuten.

»Meinste das ernst, Katie?«

Es sah aus, als würde sie einen Rückzieher machen, und die Spannungen lösten sich für einen Moment.

Daraufhin sagte mein Vater zu ihr: »Setz dich hin, Lizzy, kein Ton mehr. Die sind jung, also misch dich nicht ein, hast du gehört?«

Sie schwieg, holte dann aber blitzschnell zu einem rechten Haken gegen Katie aus. Instinktiv bewegte ich mich zur Seite, um ihn abzublocken, und wurde dabei in die Rippen getroffen. Wie gut, dass ich den Schlag abbekommen hatte und nicht meine Frau. Danach taten mir allerdings einige Tage lang die Rippen weh.

Im Grunde gab es zwischen den beiden Frauen nicht oft Streit. Wie gesagt, meine Mutter schätzte Katies starke Persönlichkeit. Ja sie mochte deren Gesellschaft so sehr, dass sie bei einer ihrer wöchentlichen Inspektionen eine kleine Überraschung für uns hatte. Katie und mir war es gelungen, genug Geld zu sparen, damit wir auf unsere erste Auslandsreise gehen konnten.

Man stelle sich daher unseren Schock vor, als Lizzy verkündete: »Wirst nie raten, Katie, was ich grade gemacht hab. Ich hab die gleich'n Ferien wie ihr beide im gleichen Hotel gebucht! Und dazu noch 'n paar andre Sach'n. Was haltet ihr'n davon?«

Ich wollte nicht in Worte fassen, was wir davon hielten. Aber das war noch nicht alles. Katies Eltern, die kurz zuvor ihre kleine Wohnung verkauft hatten, beschlossen feierlich, sich eine Ferienreise zu gönnen und ebenfalls mitzukommen. Das war allerdings gar nicht so schlimm, weil Josie sich gern um ihren einzigen Enkel kümmerte; folglich konnten Katie und ich vielleicht ein oder zwei Abende allein ausgehen. Doch der Gedanke, dass meine Mutter uns begleiten würde …

Nun, alles, was wir als Möglichkeit ins Auge fassten, geschah tatsächlich – und noch mehr, viel mehr.

Keiner von uns war je geflogen, und so wurde der Flug zum Albtraum. Meine Mutter saß zwischen Katie und mir und redete dauernd von Absturz.

»Weiß nicht, Katie, dieses verdammte Ding könnt jeden Moment vom Himmel runterfall'n, sag ich dir. Ich trau dem Fahrer nicht. Iss noch sehr jung, haste den geseh'n? Und seine Rübe iss echt klein, kann nicht viel Hirn drin sein.«

Zum Glück dauerte der Flug nach Palma nur drei Stunden. Noch ein wenig länger und ich hätte vielleicht versucht, die Maschine zum Absturz zu bringen.

Das Hotel war nicht sauber genug, also zog Lizzy los, fand einen Laden mit Reinigungsmitteln und putzte einmal kurz das Zimmer durch.

»Schon besser. Weißt ja nicht, wo so spanische Schmutzfinken überall war'n. Haste den Dreck unter'n Nägeln dieser Schlampe geseh'n? Ehrlich, Katie, man weiß nie, wo so'n Volk sich rumgetrieb'n hat.«

Das Essen war auch nicht richtig. Lizzy schien eine Abneigung gegen alles Spanische zu haben.

»Ich wette, ihre spanischen Hühner sind unsauber. Nee, das rühr ich nicht an, und auch den Salat krieg ich nicht runter, weil sie den in ihr'm versauten Wasser wasch'n. Ich werd bloß 'n gekochtes Ei ess'n.«

Keine Ahnung, ob Katie das aus reinem Übermut sagte, aber sie erinnerte Lizzy daran, dass dieses Ei ja aus einem schmutzigen spanischen Huhn gekommen sei. Also verzehrte meine Mutter nur Käse – in der Annahme, die Kühe in Spanien seien britischer Herkunft. Es dauerte mehrere Tage, bis sie feststellte, dass die Speisen am Büfett in Ordnung waren, gut zubereitet und sauber. Doch hier in der Fremde befand sich Lizzy definitiv außerhalb ihrer Komfortzone.

Wie schon erwähnt, meine Mutter hatte eine Vorliebe für Schnäppchen, und man kann sich nicht ausmalen, wie glücklich sie war über den Kauf einer Sonnencreme für fünfzig Peseten aus der Kramkiste eines Souvenirladens.

»Super, was für'n Schnäppchen!«, rief Josie. »Wie heißt'n die, Lizzy, was für 'ne Marke iss es?«

Meine Mutter nahm die Brille ab, um die Schrift besser lesen zu können – eine Geste, die ich in meinem ganzen Leben nie verstanden habe.

»Nee, kann's nicht les'n, Josie. Iss alles in Spanisch. Aber die leb'n hier, also werden sie wohl die guten Mark'n kennen, oder?«

Nun, Lizzy und mein Vater übergossen sich mit der billigen spanischen Creme, während wir andern Nivea verabreicht bekamen, um neben dem Hotelpool in der Sonne zu liegen. Es war nicht sengend heiß, aber nach einer Weile mussten wir alle zur Abkühlung ins Wasser.

Plötzlich machte Katie mich auf etwas aufmerksam.

»Gordon, täusch ich mich, oder seh'n deine Ma und dein Pa wirklich so braun aus?«

In der Tat. Meine Mutter wurde jedoch nicht müde zu betonen, welch großartiger Fund ihre Billigcreme war, und rieb sich immer wieder damit ein.

Ungefähr eine Stunde später kam mein Vater ins Zimmer und sah aus wie Ray Charles – nicht nur, weil er eine Sonnenbrille trug. Seine Bräune war nun so tief, als hätte er die Hautfarbe gewechselt.

»Papa, haste dich mal angeschaut?«, fragte ich ihn, und er blickte in den Spiegel. Endlich schien der Groschen zu fallen, als die andere Hälfte der Motown Tribute-Band die Stimme erhob.

»Die Sonne muss hier unt'n irgendwie anders sein, Sammy«, sagte sie. »Guck doch, was wir für 'ne Farbe hab'n.«

Wahrscheinlich ahnt man schon, was nach der Dusche geschah.

»Diese verdammte dreckige spanische Billigcreme! Sammy, ich bin wieder weiß!«

Wir konnten ihre Schreie durch die dünnen Wände des billigen spanischen Hotels hören und brachen in lautes Gelächter aus. Allein das war die Reise wert.

An einem anderen Tag nahmen wir alle auf Liegestühlen ein weiteres Sonnenbad am Pool. Mehrere Urlauber lagen ringsum, Kinder spritzten im flachen Bereich des Beckens fröhlich mit Wasser, aus einem offenen Hotelzimmerfenster dröhnte Musik. Aus dem Augenwinkel bemerkte ich eine Frau, die sich eine Zigarette anzündete, und spürte, dass Lizzy sie ebenfalls beobachtete, denn ihre Anspannung übertrug sich auf mich.

»Schau dir diese verfluchte Hure an, Gordon! Nein, schau nicht hin!«

Natürlich schaute ich hin. Die Frau mit Zigarette, kurzes braunes Haar, in mittleren Jahren, Typ Mütterchen, badete oben ohne in der Sonne.

»Hier sind verdammt nochmal Kinder! So was Widerliches!«

»Mutter, beruhig dich.«

In diesem Moment stand die Frau auf, streckte die Arme zur Seite, bog den Kopf nach hinten, um sich für einen Kopfsprung zu lockern. Lizzy konnte nicht mehr an sich halten.

»Ah, die Schlampe stellt sich zur Schau!«

Bevor ich etwas entgegnen konnte, war sie von ihrem Liegestuhl hochgeschossen, lief um den Pool, attackierte die Frau so, wie es im Rugby üblich ist, und stieß sie ins Wasser, wobei Arme, Beine, Brüste in alle Richtungen flogen. Als die andere wieder auftauchte, stand Lizzy am Beckenrand über ihr und brüllte sie an:

»Du stinkige, ekelhafte, dreckige Hure, zieh dir was über!«

Kurz darauf kam Lizzy zurück und ließ sich ächzend auf den Liegestuhl fallen.

»Los, Lizzy«, räusperte sich Sammy. »Packen wir unsre Sach'n zusammen und geh'n rein.«

Nun, jenes alte Sprichwort trifft wohl durchaus zu: »Du kannst 'n Mädchen aus 'n Gorbals raushol'n, aber nicht die Gorbals aus 'm Mädchen.«

Über diese Ferien könnte ich ein Drehbuch schreiben mit dem Arbeitstitel »Eine Gruppe von Glasgowern auf ihrer ersten Reise nach Spanien«. Der Höhepunkt jedoch war die Episode auf dem Rückflug, als Lizzy in ein Handgemenge an Bord verwickelt wurde.

Bereits in der Abflughalle geriet sie in Wallung, als sie ein Paar erspähte, das sich küsste.

»Schau dir diese Hure mit dem alten Mann an. Dreckige, widerliche Schlampe! Schau, wie die angezog'n iss! Kannst alles seh'n. Solche Kühe dreh'n mir 'n Magen um.«

Man kann wohl sagen, dass Lizzy keineswegs entzückt war über die beiden, zwischen denen altersmäßig eine gewisse Kluft bestand. Zum Glück wurde Mutter durch andere Leute abgelenkt, die sie nervten. Alles ging relativ gut, bis wir in die Maschine stiegen und vom Boden abhoben. Schon bald ließ meine Mutter uns erneut wissen, dass wir alle sterben könnten, falls die Triebwerke streikten oder der Treibstoff ausginge.

Kurze Zeit später fiel mir auf, dass einige Reihen hinter uns laute Unruhe herrschte.

»O mein Gott, iss das 'ne Rauferei?«, fragte einer der Passagiere.

»Iss 'ne verfluchte Rauferei! Lass mich raus, Katie!«

Mutter schoss aus ihrem Sitz wie ein Windhund aus der Startbox, sah, wie eine Frau auf den älteren Mann aus der Abflughalle einprügelte, ergriff ihre Schultern und schüttelte sie.

»Was fällt'n dir ein, 'n alten Mann zu hau'n!«

Sie war nun bereit, sich ins Getümmel zu stürzen.

Ein Steward kam herbeigeeilt, packte Lizzy und zog sie weg. Die andere Frau, die von ihr zurückgehalten worden war, machte sich frei und fuhr fort, auf den Mann einzuschlagen. Erst jetzt stellte sich heraus, dass sie versuchte, ihn wiederzubeleben, denn offenbar hatte er einen Herzanfall. Es war nämlich die Stewardess, die sich zugleich bemühte, ihm eine aus der oberen Verkleidung herabhängende Sauerstoffmaske aufs Gesicht zu pressen, während seine Freundin daneben hysterisch wurde.

»Siehste, Katie, hab doch gewusst, dass die Sache schlimm ausgeht, dass die viel zu jung war für den armen alten Knacker, hab ich's nicht gesagt?«

Man stelle sich die Erleichterung vor, die wir fühlten, als unser Flugzeug in Glasgow landete. Verblüffend war, dass Lizzy plötzlich einen anderen Ton anschlug in Bezug auf die junge Frau, als diese mit ihrem Partner das Flugzeug verließ und ihn zu einem wartenden Krankenwagen begleitete.

»Gott steh ihr bei, armes Ding. Die iss doch nicht so jung, wie ich zuerst gedacht hab. Nach all dem Heul'n iss ihr Gesicht aufgeduns'n, und man sieht ihr wahres Alter. Ach Gott, steh ihr bei … Will nur hoff'n, dass desweg'n nicht ihr Urlaub im Eimer iss.«

Hinterher schworen wir uns, Katie und ich, nie wieder mit meinen Eltern in Urlaub zu fahren. Wir taten es trotzdem, drei Mal noch, und jedes Mal war es schlimmer und hektischer als davor. Immerhin, wenn wir uns heute an diese verrückten Reisen erinnern, verbringen wir Stunden damit, großartige und lustige Geschichten zu erzählen, obwohl sie aus unmittelbarer Nähe nicht ganz so lustig waren. Meine Mutter bescherte uns viele solcher Erinnerungen.

Während jener ersten Reise wurde Katie erneut schwanger. Ich spürte tatsächlich den Augenblick, als mein Sohn Steven empfangen wurde. Eine Art Elektroschock durchzuckte meinen Körper und gab mir zu verstehen, dass meine Frau schwanger würde. (Danach machte Katie die Bemerkung: »Warst heut nicht sooo gut, Junge.«) Einige Wochen später setzte sie mich wie erwartet über ihre Schwangerschaft in Kenntnis. Als sie die Daten zurückverfolgte bis zu unserem Aufenthalt in Spanien Mitte Januar, schloss sie daraus, dass ich vielleicht durchaus recht hatte.

Katies zweite Schwangerschaft verlief für uns völlig anders als die erste. Ich war zwar erst einundzwanzig und würde bei der Geburt meines Sohnes zweiundzwanzig sein, aber im Gegensatz zu vorher, als sie Paul austrug, fühlte ich mich nicht mehr wie ein kleiner verlorener Junge.

Der Sommer 1984 in Glasgow war heiß und die Schwangerschaft ziemlich unangenehm. Katie wirkte erschöpft, als der Oktober anbrach und sie niederkommen sollte. Sehnsüchtig erwartete ich die Geburt meines zweiten Sohnes, wozu ich bei Paul nicht fähig gewesen war. Er kam am Nachmittag des 9. Oktober 1984 zur Welt, wog knapp vier Kilo und war kerngesund. Vom Moment seiner Geburt an – möglicherweise sogar schon davor – hatten wir eine enge Verbindung.

Als Steven ein Säugling war, hielt ich mich viel öfter zu Hause auf, konnte ihn beobachten und Zeit mit ihm verbringen. Paul war es gewohnt, zu seinem »Opa-Joe« zu gehen – so nannte er ihn –, und Josie nahm ihn am Wochenende häufig mit in ihre Wohnung. So schien es uns selbstverständlich, dass er in der Familie herumgereicht wurde. Steven hingegen hing sofort an mir. Diesmal war ich ein entspannterer Vater, was ihm sicherlich zugutekam.

Mein Onkel Barney, bei dem 1970 Lungenkrebs diagnostiziert worden war, erfuhr jetzt, dass er noch sechs Monate zu leben habe, war jedoch weiterhin rüstig, ausgestattet mit einem ungebrochenen Sinn für Humor. Wir alle waren überzeugt, dass er gerade dadurch in Schwung blieb.

Er sagte immer, er mache sich nichts aus Kindern, aber Hunde, die bellen, beißen nicht. Von Paul war er auf der Stelle hingerissen. Dessen Charme zu widerstehen war fast unmöglich. Mit drei Jahren konnte er lesen, nahm gern die Zeitung zur Hand und verkündete die Schlagzeilen. Barney liebte das. Er ermunterte Paul, aus verschiedenen Büchern und Magazinen bei sich zu Hause laut vorzulesen. Außerdem war er verblüfft, wie deutlich mein Sohn zu Erwachsenen sprach, weniger wie ein Kind, eher wie ein Großer.

»Barney, dieser Stift, der aus Metall ist, muss dein bester Stift sein, würde ich sagen, kann ich mir also bitte einen der anderen Stifte ausleih'n, um damit zu schreiben?«

Mein Onkel brüllte vor Lachen.

Angesichts meiner keineswegs üppigen Einkünfte überraschte es mich, wie gut unsere Kinder angezogen waren und wie wir uns dauernd die neuesten Sachen kaufen konnten. Wir hatten Hi-Fi-Anlagen, Hi-Tech-Videorekorder, TV-Ausrüstung und im Schlafzimmer diesen wirklich eleganten Kleiderschrank mit fünf Türen und dazu passenden Schubladen-Sets. Sämtliche Teppichböden waren gegen solche in besserer Qualität ausgetauscht worden. Ich hätte die vielen Ausgaben mal zusammenrechnen sollen.

»Wie hast du's denn nur geschafft, Katie, all diese Sachen zu kaufen?«

»Die Sach'n im Schlafzimmer hab ich von 'ner Frau um die Ecke gekriegt, die sich von ihr'm Mann getrennt hat. Sie zieht weg und wollte fast nix dafür. Den Videorekorder hat uns meine Ma gekauft. Der Rest kommt von 'em Geld, das du mir gegeben hast.«

Das fühlte sich gut an, keine Frage. Aber mein Vater pflegte zu sagen: »Wenn etwas zu gut scheint, um wahr zu sein, dann ist es meistens auch nicht wahr.«

Zu jener Zeit erhielt ich aus heiterem Himmel einen Anruf von meiner Tante Sylvia, die fragte, ob ich mit Katie und den Kindern zu Besuch kommen wolle. Wir hatten ohnehin geplant, nach London zu reisen, um zusammen mit Paul meinen Onkel Barney zu sehen, und sagten also, wir würden vom nördlichen London, wo er wohnte, nach Sutton weiterfahren und den Tag mit ihr verbringen. Darüber war sie über die Maßen entzückt. Ich dagegen reagierte etwas zurückhaltend, denn bisher hatte sie an meiner neuen Familie kein wirkliches Interesse gezeigt. Obwohl es mich freute, dass meine Lieben sie kennenlernen und etwas über einen ganz besonderen Teil meines Lebens erfahren sollten, waren meine Gefühle doch bestenfalls gemischt.

Wir verbrachten nur einen Tag mit Tante Sylvia und Onkel Michael, aber sie gab mindestens hundert Pfund für Kleidung und Spielsachen aus, um sie den Kindern zu schenken. Wie jedes Kind war Paul im siebten Himmel, ähnlich wie ich es gewesen war, als ich in jungen Jahren diese reizende Lady getroffen hatte.

Katie teilte mir mit, dass die Art und Weise, wie meine Tante den kleinen Paul anschaue, tiefes Mitleid in ihr wecke. Ihrer Meinung nach fragte sich Sylvia, wie wohl ihr Enkelkind ausgesehen hätte, würde ihr Sohn noch leben. Stephen wäre etwa in meinem Alter gewesen. Trotzdem war es großartig, meine Tante und meinen Onkel wieder in meinem Leben zu haben – wie auch im Leben meiner Söhne, die schneller groß zu werden schienen, als wir es uns vorstellen konnten. Für Paul war seine Großtante Sylvia der beste Mensch, dem er je begegnet war. Um das nach unserer Ankunft in Glasgow zu beweisen, zeigte er jedem die Fliege, die sie ihm gekauft hatte. Merkwürdiges Kind. Unter all den Dingen, um die er hätte bitten können, wollte er diese als Querschleife gebundene Krawatte.

Paul war gerade erst in die Grundschule gekommen, als sein Lehrer uns einbestellte. Das machte mir Sorgen. Paul hatte nie Ärger, war als Kind nie schlecht gelaunt – worum also mochte es hierbei gehen? Die Frage des Lehrers überraschte mich ein bisschen:

»Sind Sie sich bewusst, wie gut Ihr Sohn für sein Alter lesen kann?«

Natürlich waren wir uns dessen bewusst. Jede Nacht las Paul sich selbst in den Schlaf. Für die Schule bestand das Problem darin, dass er allen anderen Kindern voraus war. Die Lehrer wussten nicht genau, wie sie mit ihm umgehen und weiter verfahren sollten und fragten, ob wir irgendwelche Vorschläge hätten. Genau in dieser Situation begann Paul seine eigenen kleinen Projekte aufgrund der Ausflüge, die wir an Wochenenden zusammen unternahmen – zu Museen und anderen interessanten Orten, von denen es in Glasgow viele gibt. Diese Projekte wurden seine zusätzlichen Schulaufgaben, bis die anderen Kinder den Rückstand aufgeholt hatten.

Meine beiden Söhne genossen es, wenn ich sie auf Exkursionen zu Schlössern mitnahm. Manchmal führte ich sie auch zu den Trainingslagern, wo das schottische Turnteam sich aufhielt.

Ich kannte noch immer alle Trainer. Steven spielte gern an den Geräten herum, während Paul mit der Nase im Buch in einer Ecke saß. Meine Jungs entwickelten sich prächtig, es ging ihnen gut, und alles schien in Ordnung.

Etwa zur gleichen Zeit bekam ich eine Stelle in einem neuen Friseursalon angeboten, der in unserer Gegend eröffnet wurde. Die Besitzerin dachte, ich würde für ein florierendes Geschäft sorgen, und zahlte mir genug, sodass ich die meisten meiner häuslichen Kunden aufgeben konnte. Der Laden hieß *Top Edge* und befand sich am oberen Ende der Edgefauld Road, direkt neben dem Mietshaus, in dem meine Schwester Betty wohnte. Eine weitere junge Friseuse namens Christine Peebles wurde eingestellt, die in der Wohnung über der von Katies Mutter lebte und seit Langem mit Katie befreundet war. Christine erzählte mir, Katie sei als Teenager in ihren älteren Bruder Brian verschossen gewesen.

Der Job erwies sich als günstig für mich, weil ich zu Fuß nur fünf Minuten bis zum Salon brauchte und wieder regelmäßig von neun bis siebzehn Uhr arbeiten konnte. Es war wunderbar, wesentlich mehr Zeit zu Hause zu verbringen.

Christine und ich arbeiteten fast zwei Jahre im *Top Edge* zusammen. Dann bat mich einer meiner Kunden, zur örtlichen Kneipe *The Morven* hinüberzugehen und einen Mann namens Jimmy zu treffen, der mir einen Vorschlag unterbreiten wolle. Ich hatte keine Ahnung, um was es sich dabei handeln mochte, aber Christine meinte, ich solle mir zumindest einen Eindruck von der Sache verschaffen.

Es stellte sich heraus, dass Jimmy Mackintosh mir eine Chance geben wollte, in Possilpark – etwa fünfzehn Autominuten von unserer Wohnung entfernt – einen Salon für ihn zu führen. Er bot mir ein höheres Gehalt an und wünschte außerdem, dass

Christine sich mir anschließt. Offenbar schätzten die Leute unsere Arbeitsweise und sahen, dass wir zusammen einen großen Kundenstamm aufgebaut hatten. Mit anderen Worten: Jimmy, der bereits mehrere Salons besaß, wollte uns abwerben.

Katie und ich führten viele Gespräche über diesen Wechsel, an denen auch Christine und ihr damaliger Freund Robert teilnahmen. Wir hatten uns bis dahin wacker geschlagen und schreckten davor zurück, etwas an der Situation zu ändern. Possilpark war berüchtigt wegen seiner Junkies – ein damals noch nicht so gebräuchlicher Ausdruck. Zugleich aber machten wir uns klar, dass wir in Springburn lebten, das sich kaum von jenem Viertel im nördlichen Glasgow unterschied. Den Ausschlag gab schließlich der Gedanke, unsere eigenen Chefs zu sein und mehr Geld zu verdienen. Schon einen Monat später hatten wir uns in dem kleinen Salon in der Saracen Street eingerichtet, die als Hauptstraße das Zentrum von Possilpark durchzieht. Wir nannten ihn *New Image*.

Jeder weiß, wie einem manche Dinge im Leben Sorgen bereiten – aber ist der Drang, ihnen die Stirn zu bieten, nicht oft größer als die Angst davor? Genau dieses Gefühl hatten Christine und ich zu jener Zeit. An dem Tag, als wir diesen unscheinbaren Salon betraten, der sauber und hell war, wie Friseure es mögen, war etwas anders – eben weil wir hinter uns gelassen hatten, was uns bekannt erschien und Sicherheit gewährte. Wir waren ein Risiko eingegangen, um dem Unbekannten zu begegnen. Heute bin ich fest überzeugt, dass uns solche Augenblicke präsentiert werden, damit *eine* Entscheidung unverzüglich unsere Zukunft verändern kann. So wurde mein Leben irgendwie mit dem von Christine eng verknüpft.

Meine Güte, wie glichen doch die Leute in Possilpark denen in den Gorbals! Am Tag der Eröffnung des Salons erzählte uns eine Frau, die früheren Angestellten hätten sie um eine ziemlich hohe Geldsumme betrogen. Ein Mann wies Christine darauf hin, niemals allein die Straße entlangzugehen, sonst könnte sie vergewaltigt werden. Seltsamerweise hat niemand mich vor derlei gewarnt. Die Augen wurden uns vollständig zur Mittagszeit geöffnet, als ein neunzehnjähriges Mädchen im Eingang zum Salon bewusstlos zusammenbrach. Anscheinend hatte sie einen Drogencocktail genommen – und war bereits tot, ehe der Rettungswagen eintraf.

Natürlich wollten Christine und ich ihr erste Hilfe leisten, aber ein Polizist eilte herbei und rief: »Fasst die nicht an, iss 'ne kleine Fixerin und hat vielleicht Aids!«

Wie bitte? Noch vor fünfzehn Minuten hatte es in unserer Welt kein Aids gegeben, und keiner von uns war je auf eine echte Fixerin gestoßen, geschweige denn eine, die direkt vor uns starb. Meine Kollegin dachte wohl das Gleiche wie ich: *Verflixt nochmal, was haben wir nur verbroch'n?*

Wenn all das an unserem ersten Arbeitstag geschah, lag darin ein deutlicher Hinweis auf weitere schreckliche Ereignisse. Wir hatten also zwei Möglichkeiten – entweder unsere Sachen zusammenzupacken, nach Springburn zurückzukehren und um unsere ehemaligen Jobs zu betteln; oder uns der Situation anzupassen, damit fertigzuwerden und zu sehen, was als Nächstes käme. Obwohl es verrückt schien, muss ich doch sagen, dass an diesem Ort auch etwas anderes in der Luft lag, das uns faszinierte. Wer weiß, möglicherweise war es die raue Atmosphäre, die hier herrschte und uns schonungslos mit der Realität konfrontierte. Jedenfalls waren wir beide ziemlich bald einer Meinung: Wir würden bleiben.

* * *

Tiefe Kraft mit verborgener Schuld

Mein Sohn Steven war gerade zwei Jahre alt geworden. An einem Sonntagnachmittag führte ich ihn zu Hause bei meinen Eltern vor. Sein Haar war so blond, dass es fast weiß schien, wodurch seine großen, runden und blauen Augen noch betont wurden, die alle Familienmitglieder anblitzten, wenn sie mit ihm spielten oder ihn auf den Arm nahmen.

»Gordon, er sieht genau so aus wie du, als du zwei warst«, sagte Betty, als sie meinen Sohn über den Kopf hob und ihn spielerisch rüttelte.

Man hatte den Eindruck, als hielte sich an diesem Tag unsere ganze Familie in der hochgelegenen Wohnung in Norfolk Court auf – mein Bruder Tommy mit seiner neuen Frau Marry, ebenso Sammy, nun mit Maureen verheiratet. Sie hatten eine Tochter namens Donna, deren Haar ebenso schwarz war wie das von Steven blond. Donna und ihre Mutter wirkten wie Spanierinnen. Auch Jonny war da mit seinen zwei Söhnen John und Andrew. Um die Runde zu vervollständigen, traf dann noch Joan mit ihren Zwillingen und ihrer jüngsten Tochter Karen ein.

»Zum Teufel nochmal, mit all den Kleinen geht's hier zu wie in 'ner Tierschau!«, rief Lizzy mit entnervter Stimme.

»Ma, die Sauchiehall Street iss nicht so belebt wie eure Wohnung hier!«, schrie Tommy über die Sippschaft hinweg.

»Dann sollt ich nächste Woche vielleicht mal dorthin geh'n, um 'n bisschen Ruhe und Fried'n zu find'n!«, erwiderte sie lautstark.

Unsere Familie wurde immer größer, aber Lizzy bildete nach wie vor deren Mittelpunkt, so wie man es von ihr gewohnt war.

Am Morgen jedes Werktages mit Ausnahme von Mittwoch – mein freier Tag – holte ich Christine von der Wohnung ab, die sie mit ihrem älteren Bruder teilte, und fuhr mit ihr zur Arbeit. Inzwischen hatten wir eine neue Kollegin namens Tricia, die wirklich gut zu uns passte. Das Viertel Possilpark schien uns ebenfalls zu liegen. Die Leute dort führten ein Leben, für das sie sich einsetzten und über das zu reden sich lohnte.

Alle Friseure treten in Verbindung mit den Mitgliedern der Gemeinde, in der sie arbeiten. Für viele ist der Gang zum Friseur wie der Gang zur Beichte. Wer in einem Salon arbeitet, lernt allmählich, ein aufmerksamer Zuhörer zu werden, und erfährt so von ihren Problemen und Leiden. Einige bezeichneten uns sogar als ihren zusätzlichen Rettungsdienst. Die Tätigkeit als Barbier und Friseur war eine großartige Ausbildung für meine spätere Aufgabe, Menschen bei der Bewältigung von schmerzlichem Verlust und Trauer Beistand zu leisten.

So hart und schwierig das Leben in Possilpark sich auch gestaltete – Christine und ich waren der Auffassung, dass es eine Seele hatte und dass wir ein Teil davon sein wollten. Einmal sprach ich zum Beispiel mit einer Frau namens Wee Maggie, der ich gerade eine Dauerwelle machte. Ihr Enkel, erst zwanzig Jahre alt, führte das Leben eines Junkies, bettelte und stahl in den Straßen. Dieser junge Mann war nur zwei Jahre vorher drauf und dran gewesen, einen Vertrag beim Fußballklub Glasgow Rangers zu unterschreiben, dort zu trainieren und vielleicht in der ersten Mannschaft zu spielen. Das hätte sein Leben sein sollen, doch am Abend des Samstags vor der Vertragsunterzeichnung besuchte er mit Freunden eine Party, wo jemand aus der Nachbarschaft ihn überredete, ein paar Drogen auszuprobieren, obwohl er sich dafür nie interessiert hatte. Nun war von Wee Maggies einst stattlichem, glücklichem Enkel bloß noch ein Zombie übriggeblieben, seiner strahlenden Zukunft beraubt durch einen rücksichtslosen Dealer.

Diese Frau Ende sechzig ließ sich selbst dadurch nicht entmutigen. Sie war eine von vielen in der Gegend, die versuchten, sich zusammenzuschließen und für die jungen Leute in Possilpark zu kämpfen. Ihr Mann war an Trunksucht gestorben, aber sie gab niemals auf. Sie wollte in ihrer Gemeinde das Bewusstsein schärfen für die schädlichen Wirkungen von Alkohol und Drogen. In unseren Augen repräsentierte Maggie das andere Gesicht der Bewohner dieses Ortes, die fürsorglich, entschlossen und sicher für einen höheren Zweck hier waren.

Ladendiebstahl war der örtliche »Sport« von Junkies, wie wir erkannten, denn jeden Tag platzten zwei oder drei Frauen in unser Geschäft, die entweder völlig unter Drogen standen oder auf ihren nächsten Rausch scharf waren. So oder so wirkte das sehr unschön.

»Will jemand 'n Kleid Größe M von Marks & Spencer? Kostet zwanzig Pfund im Laden, aber wir verkaufen's für 'n Zehner. Okay, 'n Fünfer, wer will's hab'n?«

Kleider waren eine Sache, aber zu uns kamen auch Typen, die fragten, ob wir ihnen eine Kühl-Gefrier-Kombination oder andere Küchengeräte abkaufen wollten. Nach einer Weile machten wir uns nicht einmal mehr die Mühe herauszufinden, wie sie diese aus den Geschäften herausgeschafft hatten. Während der Arbeit im *New Image* herrschte nie Langeweile, aber das hieß auch, dass man immer auf der Hut sein musste.

Darüber hinaus gab es nun zunehmend Drogenprobleme in unserem eigenen Viertel, um die Drumbottie Road. Einige der Kinder – teilweise von Freunden –, die wir in den letzten Jahren hatten aufwachsen sehen, nahmen offenbar ebenfalls Drogen.

Gewiss, wir hatten Minderjährige dabei beobachtet, wie sie Klebstoff schnüffelten oder Alkohol tranken, doch durch harte Drogen war eine ganz neue Gefahrenstufe erreicht worden.

Daher verspürte ich den starken Drang, eine Wohnung zu kaufen und Springburn zu entfliehen. Wenn ich genügend Geld für die Anzahlung zur Seite legen konnte, würden wir mehr Alternativen haben, statt an dem Ort gefangen zu sein, den uns die Gemeinde anbot. Ich wollte dorthin ziehen, wo weniger Chaos und die Straße friedlicher war. Es fiel uns immer schwerer, den Überblick zu behalten über all die verschiedenen Leute, die durch die Tür unseres Mietshauses ein- und ausgingen. Suchtkranke Kinder in unserer Straße schleppten zwielichtige Gestalten aus Possilpark und weiteren Gegenden an, wo Drogen mehr verbreitet waren. Katie und ich wussten, dass wir von all dem genug hatten, als Paul, erst etwa fünf Jahre alt, auf eine benutzte Spritze mit Nadel deutete, die jemand auf einer Stufe hinter unserem Haus zurückgelassen hatte. Es war höchste Zeit, unsere Kinder aus dieser Hölle herauszubekommen.

Die Bibel sagt: »Suche, und du wirst finden.« Eigentlich suchte ich nicht aufgrund biblischer Maßstäbe nach Antworten, doch indem ich eine lose Schublade in unserem Schlafzimmer reparieren wollte, stieß ich zufällig auf die Antwort, warum unsere Wohnung so behaglich wirkte und weshalb meine Söhne, verglichen mit anderen Kindern in unserer Straße, so gut angezogen waren. Eines Sonntagmorgens war ich allein zu Hause, während Katie die Jungs spazieren führte. Ich bemerkte, dass die unterste Schublade schief hing. In solchen Dingen bin ich zwar kein Perfektionist, aber etwas drängte mich, sie wieder in die richtige Position zu bringen. Als ich die Schublade bis zum Anschlag nach hinten schieben wollte, traf sie auf irgendeine Art von Widerstand. Also zog ich sie ganz heraus.

»Was zum Teufel könnte darunter festklemmen?«, fragte ich in die Leere.

Meine Hand tastete in den Freiraum und spürte einen Packen Papiere. Ich nahm sie nacheinander heraus und stellte fest, dass es sich größtenteils um Briefumschläge handelte. Tatsächlich sahen sie alle wie Rechnungen aus; zudem gab es einige Zettel, auf die Zahlen notiert waren.

Bei näherer Betrachtung wurde mir klar, dass wir tief in Schulden steckten. Und ich hatte gedacht, wir würden gut über die Runden kommen! Inzwischen verdiente ich mehr als genug, um die nötigen Dinge zu besorgen. Aber die meisten dieser Rechnungen und Forderungen waren zwei oder gar drei Jahre alt – vor allem für Möbel, die Katie nach ihrer Aussage zum gleichen Preis gekauft hatte, wie die früheren Stücke in Zahlung genommen worden waren. Auf diese Weise besaßen wir immer die neuesten Einrichtungsgegenstände. So zumindest hatte Katie mir die Geschichte dargestellt. Ich war schockiert, konnte es nicht fassen, denn obwohl sie viel Geld für die Kinder und unser Zuhause ausgab, gönnte sie sich selbst nur wenig. Wo war all das Geld hingekommen? Ich brauchte dringend Antworten …

Katie ist die schlimmste Lügnerin überhaupt. Als sie in die Wohnung zurückkehrte, sagte ich ihr, dass die Schublade nun repariert sei. Einen Moment schaute sie mich an und fragte sich wohl, ob ich ihr Versteck hatte, aber ich ließ nicht locker.

»Oh, wie gut«, erwiderte sie. »Bin trotzdem der Meinung, wir sollt'n uns für's Schlafzimmer neue Schublad'n anschaff'n, vielleicht sogar 'n ganzen neuen Kasten. 's gibt jetzt diese verspiegelt'n, seh'n super aus. Angie nebenan hat sie sich grade zugelegt …«

Ich wollte sie nicht unterbrechen, um zu erfahren, ob sie mir etwas über den Stapel unbezahlter Rechnungen mitteilen würde, doch sie fuhr einfach fort, als wäre nichts geschehen.

»Meinst du, dass wir uns das wirklich *leisten* können, Katie?«, warf ich irgendwann ein.

Ehe sie antwortete, betrachtete sie mich sehr ernst, und ich glaubte bei ihr einen Ausdruck wahrzunehmen, der auf ein Eingeständnis hindeutete, aber nein.

»Nun, wollt's dir sowieso sag'n. Wahrscheinlich such ich mir 'n kleinen Job, jetzt, wo Steven in 'n Kindergarten kann. Bloß für 'n paar Stunden. Ich kauf dann die neuen Kästen und andre Sach'n. Wir hab'n ja keine Schuld'n, also krieg ich das vielleicht sogar auf Ratenkauf. Was hältst'n davon?«

»Ratenkauf? Wir hab'n uns immer nur dann Dinge gekauft, wenn wir sie uns leisten konnten oder wenn dein Opa uns das Geld dafür gelieh'n hat. Warum sollt'n wir was auf Rat'n kaufen, Katie?«

»Weißt du, ich muss schnell mal kurz zu meiner Mutter, bin bald wieder da. Dann reden wir drüber.«

Sie muss geahnt haben, dass ich all die Rechnungen und Forderungen entdeckt hatte, und brauchte Zeit, um nachzudenken. Wie hatte ich nur so dumm sein können? Ich sah mich in unserer Wohnung um und erkannte: Uns gehörte rein gar nichts.

Katie kam zurück, durch und durch in angriffslustiger Stimmung.

»Also, bevor du jetzt anfängst, mir 'ne Szene zu mach'n, denn ich weiß, dass du die Zahlungsford'rungen gefunden hast, will ich bloß eines klarstell'n, nämlich dass ich das Geld nicht für mich benutzt hab. Gibt viele Leute, die *mir* Geld schuld'n, uns, mein ich. Aber einiges davon krieg ich demnächst zurück …«

So ging es immer weiter. Letzten Endes lief es darauf hinaus, dass Katie ihrer Mutter, ihrer Tante und ein paar Nachbarn geholfen hatte, die Miete zu bezahlen, als die völlig blank waren. Offenbar war der Schuldenberg mit der Zeit immer höher geworden. Anstatt mich zu informieren, entschloss sie sich zu einer Art Aufholjagd: Sie teilte jedem der Gläubiger mit, die Rechnung würde nächsten Monat beglichen, dann im übernächsten, bis sie ihnen schließlich gar nichts mehr mitteilte.

Mir wurde schwer ums Herz. Meine überschwängliche Hoffnung, durch eine kleine Hypothek meiner Familie den Umzug in eine andere Wohnung zu ermöglichen, war zunichte. Ich wollte meinen Vater aufsuchen, befürchtete aber, er würde mich für einen Versager halten. Mir blieb also nichts anderes übrig, als all meinen Mut zusammenzunehmen, die Gläubiger zu treffen und mit ihnen Tilgungspläne zu erörtern. Ich muss zugeben: Wer sich je minderwertiger fühlen will als irgendein Bettler, braucht sich nur einmal Leuten gegenüberzusetzen, denen er Geld schuldet und die ihn gehörig zurechtweisen.

Nach ungefähr zehn Besprechungen in einer Woche kannte ich mich in der Angelegenheit ganz gut aus, und schon bald tat sie mir nicht mehr weh. Fast hätte ich einen Kredit von einer Firma akzeptiert, deren Mitarbeiter mich derart bedauerten, dass sie bereit waren, all meine Schulden in einem großen Darlehen zu äußerst niedrigen Zinsen zu bündeln. Doch mir wurde klar, dass ich die Kontrolle zurückgewinnen musste von diesen Leuten, die im Grunde kleinkarierte Diktatoren waren. Sie fühlten sich mächtig gegenüber Menschen mit niedrigem Einkommen wie wir, die sich Geld leihen müssen, nur um einen halbwegs ordentlichen Lebensstandard zu haben.

Statt mich unterkriegen zu lassen, beschloss ich, das Problem direkt in Angriff zu nehmen.

Neben meiner normalen Tätigkeit arbeitete ich so oft wie möglich bei Leuten zu Hause, um die Schulden abzubezahlen. Ich schuftete bis zum Umfallen, kam abends erst nach Hause, als die Jungs schon schliefen, und stand morgens früh wieder auf, um den Salon zu führen. Dass ich Katies Versteck ausfindig gemacht hatte, erwies sich letztlich doch als Segen, denn von nun an war zwangsläufig ich derjenige, der sich um die Finanzen kümmerte.

Eine Weile war Katie sehr still, und mir fiel auf, dass während jener Phase keines unserer Möbelstücke ausgetauscht wurde. Hinsichtlich der Kleidung unserer Söhne empfahl ich ihr, mit Stricken zu beginnen. Merkwürdigerweise tat sie das auch, aber ihre Talente wären eher im Mittelalter gefragt gewesen, denn die meisten dieser Strickwaren sahen aus wie Kettenhemden.

Eine Nacht in jener Zeit werde ich nie vergessen. Es war, um genau zu sein, Dienstag, der 8. März 1987. Ich hatte die Arbeit im Friseursalon beendet und fühlte mich entspannt, weil ich am nächsten Tag frei haben würde. Ich übergab die Schlüssel an Christine, die das Geschäft mittwochs öffnete. Sie war glücklich und aufgeregt, weil sie zusammen mit ihrem Bruder und einem seiner Freunde gerade eine Wohnung im trendigen Westend Glasgows gekauft hatte. Die drei durchlebten diese vergnügliche Phase, in der man sich einen eigenen Ort schafft. Außerdem sollte sie ihren Bruder später in einer Kneipe im Zentrum treffen. Brian arbeitete an einem der großen Theater im Herzen der Stadt, und nach den Aufführungen gingen sie oft mit den Kollegen etwas trinken. Christine liebte den Taumel, die Schwärmerei. Jedenfalls erinnere ich mich an diesen Abend wegen der guten Stimmung, in der wir beide waren, als wir den Salon verließen und hinter uns abschlossen.

Danach schaute ich mir im Fernsehen einen Film mit Steve Martin an: *The Man with Two Brains* (Der Mann mit zwei Gehirnen). Das prägte sich mir ein, weil ich den Film für Christine aufnahm, die ja unterwegs war und ihn nicht sehen konnte. Anschließend ging ich zur üblichen Zeit ins Bett, also kurz vor Mitternacht, denn damals blieb ich länger auf. Sofort sank ich in Schlaf.

Ich träumte, doch durch die Qualität des Traumes fühlte sich alles sehr real an. Da waren Leute in einer Straße, die ich nicht kannte und die mir doch irgendwie vertraut vorkamen. Ich befand mich irgendwo in Glasgow und war mir bewusst, dass das Licht ringsum eine seltsame blaue Färbung hatte. Eine andere Person stand hinter mir, aber mein Kopf drehte sich nicht um, sodass ich nicht sehen konnte, wer sie war. Es herrschte eine Stille, die sich von jeder mir bekannten Stille unterschied. Nein, ich hatte sie schon einmal empfunden, in der Kindheit, aber das spielte jetzt keine Rolle. Ich mochte dieses warme, wohlige Gefühl, so als wäre ich im Innern einer Blase oder dergleichen … Dann erwachte ich plötzlich und erblickte Brian Peebles, Christines Bruder. Er stand direkt vor mir in unserem Schlafzimmer, und ich setzte mich im Bett auf.

Brian machte einen guten Eindruck. Sein Gesicht war durch etwas belebt, eine Art Energie vielleicht. Er lächelte, kein strahlendes, sondern ein wissendes Lächeln, und ich freute mich sehr für ihn. Er trug ein Karohemd, dessen Ärmel bis zu den Ellenbogen hochgekrempelt waren, und enge Jeans. Daran erinnere ich mich, weil ich ihn nur von den Knien aufwärts wahrnehmen konnte. Gerade als mir dieser Gedanke durch den Kopf schoss, verschwand er durch den Boden des Schlafzimmers.

Der Anblick des Bruders meiner Freundin, der im Schlafzimmer stand, während Katie neben mir schlief, ängstigte mich nicht im Geringsten; aber in dem Moment, da er sich förmlich in Luft auflöste, begann mein Herz wie eine Trommel zu schlagen. Vor meinem inneren Auge sah ich Leute, die auf mich zugingen. Meine Augen waren nun weit geöffnet, während jene anderen noch immer da waren, wie in einem fernen Hologramm. Ich konnte sie deutlich erkennen, obwohl sie Meilen von mir entfernt waren. Instinktiv drehte ich mich zur Seite und drückte auf die Taste des Radioweckers. Die Ziffern der

Uhr leuchteten auf und zeigten 06:30 an. Zugleich brüllte die Stimme eines Mannes: »Im Westend von Glasgow ist ein Feuer durch ein Haus gefegt!«

Katie erwachte und setzte sich auf. »Was iss los, stimmt irgendwas nicht?«

Ich antwortete ihr nicht, denn in meiner Vision sah ich zwei Polizisten, die sich auf unsere Haustür zubewegten, und sprang aus dem Bett. Von unserem Schlafzimmer konnte ich die beiden Beamten nicht erspäht haben. Dazu hätte ich durch drei Wände sehen müssen ...

Es klopfte laut an unsere Wohnungstür, aber ich stand schon dahinter, um sie den Polizisten zu öffnen.

»Gordon Smith, sind Sie Gordon Smith?«

»Ja.«

Mehr brachte ich nicht heraus. Ich starrte die beiden nur an.

»Gab 'n Unfall, und Miss Christine Peebles hat mich gebet'n, Ihnen diese Schlüssel zu übergeb'n.«

Der Mann betrachtete mich mit ausdrucksloser Miene.

»Iss sie okay?«, fragte ich, während mein Herz nun heftig pochte. Die Polizisten wollten sich dazu nicht äußern, aber dann trat Katie hinter mich und sprach von der Radiomeldung, in Buckingham Terrace sei ein Feuer ausgebrochen. Ihre Worte durchzuckten mich wie ein Blitz, denn in diese Straße waren Christine und Brian gezogen. Ich *wusste*, dass es sich um ihre Wohnung handelte.

Ich bekleidete mich und ging zum Geschäft. Von dort rief ich einige von Christines Freunden an, die mir mitteilten, dass der Brand in ihrer Wohnung war, aber dass sie wohlauf und mit einer Freundin zusammen sei. Man habe ihr Beruhigungsmittel gegeben. Weitere Berichte über den Brand folgten mit dem Hinweis, eine Person sei in den Flammen umgekommen. Es wurde kein Name genannt. Doch etwa eine Stunde später hieß es, Brian Peebles sei in den frühen Morgenstunden einem Hausbrand in Buckingham Terrace zum Opfer gefallen.

Seither wurde mir mehrmals die Frage gestellt, warum ich Christine an dem Morgen, als ihr Bruder starb, meine Vision verschwiegen hätte. Tatsache ist, dass ich nach der Todesnachricht ziemlich durcheinander war. Meine einzige Sorge galt meiner Freundin, der ich unbedingt beistehen wollte. Als Teenager hatte sie unter äußerst tragischen Umständen ihre Mutter verloren, und danach war die Beziehung zu ihrem Vater nicht die beste gewesen. Sie würde jede nur erdenkliche Unterstützung brauchen.

Brians Begräbnis fand am darauffolgenden Samstag statt. Ich bot ihr meine Hilfe an, wie es in solchen Situationen üblich ist.

»Christine, wenn ich irgendetwas für dich tun kann, bitte …«

Ich hatte meinen Satz noch nicht beendet, als sie mich fest am Arm packte und mit durchdringendem Blick bat: »Führ mich zu einer Spiritualist Church, ich muss 'n Medium seh'n.«

Da ich ihren Wunsch nicht hinterfragen wollte, nickte ich und flüsterte ihr zu: »Einverstanden.«

Später erzählte Christine, sie habe aus purer Verzweiflung darum gebeten, zu einer solchen Kirche gebracht zu werden. Allerdings hatten wir beide keine Ahnung, wo sie zu finden wäre. Deren Mitglieder machten keine Reklame für sich. Doch im Laufe jenes Tages kam Christine erneut auf mich zu und wiederholte ihre Bitte mit großem Ernst. Im Rückblick erscheint mir das seltsam, denn sie fragte eigentlich nicht nach einem Medium, das vielleicht Szenen einer Séance oder schaurige Geschichten heraufbeschworen hätte, sondern nach einer Kirche. Ich versprach, ihr zu helfen, und brachte bis zum Ende des Tages in Erfahrung, dass es in Glasgow mehrere Spiritualist Churches gab. Bei meiner Friseurtätigkeit kam mir dann zu

Ohren, dass am nächsten Abend ein berühmtes Medium in der größten Kirche anwesend sein würde.

Gegen den Wunsch vieler Leute nahm ich Christine und Brians Freundin Fiona mit zu Somerset Place, wo die Glasgow Association of Spiritualists dreimal wöchentlich ihren Gottesdienst abhielt. Die Halle war aus viktorianischer Zeit, in der Ecke führte eine schmiedeeiserne Treppe zu einer höheren Ebene, und gut zweihundert Sitze standen vor einer niedrigen Bühne mit Vorhang im Hintergrund. Sie war leer bis auf ein Transparent mit der Aufschrift *Nature, Truth and Light!* (Natur, Wahrheit und Licht!) An diesem Sonntag war das angereiste Medium eine Frau aus Edinburgh namens Mary Duffy. Wenn die Versammlungsteilnehmer auch nur deren Namen erwähnten, war ihre Aufregung deutlich zu spüren.

Ich hatte mir alles schon innerlich ausgemalt. Hier das dicht gedrängte Publikum, dort die alte Hochstaplerin, die das übliche Geschwätz von sich geben würde. Notleidende Menschen würden sich an jedes Wort aus ihrem Munde klammern, weil sie genau das hören wollten.

Doch Mrs Duffy überraschte mich. Sie trat auf die Bühne und sprach auf äußerst intelligente Art darüber, wie der ganze Mediumismus funktioniert. Sie wirkte weder herablassend noch wie eine Hochstaplerin. Diese sehr liebenswürdige, offene und aufrichtige Frau unternahm keinerlei Versuch, die Leute zu täuschen. Ihre Redeweise zeugte von Entgegenkommen und Großzügigkeit. Ich schaute zu Christine und Fiona, die an ihren Lippen zu hängen schienen, und bemühte mich, objektiv zu bleiben – bis sie plötzlich ihre Aufmerksamkeit direkt auf uns richtete.

»Darf ich bitte zu der jungen Frau hier vorn auf dieser Seite sprechen?«

Wir drei waren wie getroffen von einer Elektroschockwaffe,

denn keiner von uns würde je vor weit über zweihundert Zuhörern das Wort ergreifen.

»Liebes, kann ich einfach nur Ihre Stimme hören und dann mit Ihnen arbeiten?«

Wieder zuckten wir zusammen. Mrs Duffy blickte direkt zu Christine und fügte mit dem fürsorglichsten Gesichtsausdruck hinzu:

»Liebes, man muss kein Medium sein, um zu wissen, dass Sie gerade einen schrecklichen Verlust erlitten haben. Also lassen Sie mich Ihnen sagen, dass ich später, wenn Sie gestatten, unter vier Augen mit Ihnen sprechen werde. Ihre Mutter lässt Ihnen mitteilen, dass er bei ihr ist …«

Die Frau schien ein Gespräch mit einem unsichtbaren Wesen neben ihr zu führen, und ich nahm ein Licht um sie wahr, das dem der Sonne glich. Natürlich hatte ich vorher Licht um Menschen gesehen, aber nie in solcher Intensität.

»Liebes, ich möchte das nicht in der Öffentlichkeit tun, und sicherlich brauchen Sie sowas auch nicht unbedingt, jedenfalls unterhalten wir uns später. Aber dieser junge Mann dort …«

Sie schaute und deutete hinter mich, doch da war kein junger Mann. Redete diese Frau etwa zu mir? Als sie ihre Augen auf mich richtete, bestand daran kein Zweifel mehr.

»Liebes, weiß Ihre Freundin, dass Sie ein Medium sind?«

Halt den Mund, verrückte Lady!, wollte ich erwidern, bemerkte aber, starr auf meinem Sitz, dass jeder mich nun fixierte. Alle Blicke brannten mir im Rücken, als Mrs Duffy fortfuhr:

»Ja, Sarah ist hier bei mir. Sie ist Ihre Großmutter, Lieber. Oh, sie ist so stolz auf Sie und sagt, dass Sie ihre Gegenwart schon einmal gespürt haben, stimmt's?«

Ich glaube, ich brachte keinen Ton heraus und habe wohl nur genickt. O mein Gott, ich war ein heimliches Medium, das nun der Öffentlichkeit vorgestellt wurde.

»Lieber, Ihre Großmutter sagt mir, dass Sie in fünf Jahren auf genau dieser Bühne stehen werden, wo ich gerade stehe. Meine Güte, Sie haben viel Arbeit zu tun für den Geist …«

Ich wollte, dass sie damit aufhörte. Christine drehte mir den Kopf zu und betrachtete mich mit einem Ausdruck schieren Entsetzens.

Die Veranstaltung war insgesamt ziemlich verblüffend und fesselnd. Dieses Medium gab die genauen Namen einiger Zuhörer bekannt, sogar deren Adressen, Orte und Daten, an denen Menschen verstorben waren. Als Mrs Duffy hinterher mit Christine und Fiona sprach, war ich noch tiefer beeindruckt. Sie sagte, Brian befinde sich in einem friedlichen Zustand, umgeben von Geistern, die nach ihm schauten, seine Mutter sei bei ihm, es sei an der Zeit, zu trauern und dann das Leben fortzusetzen. Sie bestärkte die beiden in ihrem Gefühl, ihn zu vermissen, erklärte ihnen aber auch, dass er weiterhin manches bewusst wahrnehmen könne. Das machte irgendwie Sinn, zumal sie ihnen nichts verkaufen oder sie zu ihrer Religion bekehren wollte. Damit war für mich die Sache vorbei.

»Entschuldigen Sie, junger Mann, aber entwickeln Sie Ihre Gabe?«

Gut, ich mochte diese Frau und die Botschaft, die sie meiner Freundin in diesem äußerst traurigen Moment übermittelte, aber nun sollte sie sich wirklich zurückhalten.

»Verzeihen Sie, aber ich weiß nicht, wovon Sie reden. Ich bin kein …«

Irgendwie schenkte sie meinen Worten keine Beachtung.

»Betty, wer führt einen guten Kreis, in den wir diesen jungen Mann einführen könnten?«

Der Begriff »Kreis« erzeugte in meinem Kopf sofort Bilder von Ziegen, Jungfrauen und schwarzer Magie und bereitete mir Unbehagen.

»Ist er das, der in der ersten Reihe saß, Mary?«

Betty Whitelaw sah genau so aus, wie ich mir ein Medium vorstellte. Ihr stahlgraues Haar war hinten zusammengeknotet, während eine weiße Strähne vor der Stirn den Eindruck erweckte, als hätte sie einen Schreck bekommen. Sie sprach sehr sanft mit meinen Freundinnen und reichte mir dann zwanglos ein Stück Papier mit Name und Adresse.

»Wenn Sie je das Gefühl haben, Marys Ausführungen genauer nachgehen zu wollen, würde ich diese Person empfehlen. Sie versteht sich sehr gut darauf, die Gaben eines Mediums zu entwickeln. Und schauen Sie nicht so besorgt, wir *scheinen* bloß verrückt, hahaha …«

Daraufhin entfernte sie sich. Als ich ihren Scherz hörte, fühlte ich mich schon besser – es fiel schwer, diese Frau nicht zu mögen. Doch dann dachte ich: *Verdammt, wie konnte sie wissen, was mir gerade durch den Kopf ging?*

Unser erster Besuch in der Spiritualist Church war hilfreich gewesen. Nur etwa eine Woche später beschloss Christine, ins normale Arbeitsleben zurückzukehren – oder es wenigstens zu versuchen. Offenbar brauchte sie mehr als alles die Arbeit, um nicht ständig die Ereignisse jener Nacht noch einmal zu durchleiden. Eine Frage beschäftigte sie immer wieder: Was hätten sie und ihr Bruder anders machen können, damit er weiterhin am Leben wäre?

Wir sprachen über das Medium. Mrs Duffy hatte gesagt, Christines Mutter sei bei IHM. Hätte sie sich das zufällig ausdenken können? Nein, da waren noch die zahlreichen anderen Botschaften. Nie wiederholte sie ihre Information. Jedem Menschen wurde die Nachricht übermittelt, die genau auf ihn zutraf.

»Und was ist mit der Botschaft an dich?«, fragte Christine. »Um was ging's denn dabei, ich mein, heißt deine Großmutter wirklich Sarah?«

Ich hatte oft über all das nachgedacht, wollte aber Christine nicht damit belasten, sie war damals so zerbrechlich. Ich antwortete nur, dass ich mir diese Dinge noch einmal durch den Kopf gehen lassen würde.

Wieder nahm mein Leben eine unerwartete Wendung. Jimmy, der Besitzer des Friseursalons, erzählte, er sei mit einem Finanzberater befreundet, der mir eine Hypothek beschaffen könne. Ich solle beginnen, nach einem neuen Wohnort Ausschau zu halten. Das entzückte und erschreckte mich zugleich. Der Gedanke, in ein besseres Viertel zu ziehen, war großartig, aber der an die Hypothek jagte mir Angst ein. Hätte ich in dem Moment doch gewusst, dass auch dieser Prozess dazu beitrug, reifer zu werden und die Vaterrolle voll und ganz anzunehmen.

Immerhin lernte ich, mich mit meinen Ängsten auseinanderzusetzen. Nachdem ich Katie in den Plan eingeweiht hatte, kamen wir zu der Überzeugung, in Dennistoun leben zu wollen – einem Bezirk in der Nähe des Alexandra Park, ungefähr eine Meile von der Glasgower High Street entfernt. Das wäre günstig für die Jungs und außerdem ziemlich nah der Innenstadt. Aber die Besonderheit dieser Gegend lag darin, dass jeder der *Eigentümer* seiner Wohnung oder seines Hauses war. Dort lebten Leute, die vorwärtskommen und etwas schaffen wollten für die Zukunft ihrer Kinder.

An dem Tag, als wir schließlich aus der Drumbottie Road auszogen und Richtung Garthland Drive in Dennistoun aufbrachen, fiel eine schwere Last von meinen Schultern. Wir kannten viele gute Menschen in Springburn und kennen sie glücklicherweise immer noch, aber mein Wunsch nach Veränderung war nicht mehr zu zügeln. Ich musste ihn verwirklichen. Mir war klargeworden, dass ich die Veränderung in meinem Leben nötigenfalls erzwingen konnte, dass ich nicht irgendwo stecken bleiben und ein Opfer der Umstände sein musste.

Wir kauften unsere erste Wohnung für neunzehntausend Pfund; das war mehr Geld, als ich mir damals hätte vorstellen können. Jeden Monat mussten wir ungefähr vierzig Pfund abbezahlen. Nicht so schlimm, wie ich befürchtet hatte, und wenn ich weiterhin bei den Leuten zu Hause arbeitete, konnte ich mir das mühelos leisten. Außerdem würde Steven ab dem folgenden Sommer die Vorschule besuchen, sodass Katie mehr dazuverdienen konnte. Sie arbeitete bereits in einem Café auf der Alexandra Parade, fünf Gehminuten von der Wohnung entfernt.

Paul gewöhnte sich in seine neue Schule sehr gut ein. Seine Lehrerin vermutete, dass er die Lesefähigkeit eines intelligenten Erwachsenen habe, dabei war er gerade erst sechs.

Obwohl unser jetziger Wohnort ruhiger und besser für die Kinder war, schienen die Leute in der Gegend nicht sehr gesprächig. Für Katie war es eine andere Welt. Es gab keine Nachbarn, die durch offene Fenster oder an Straßenecken miteinander plauderten. Sie war damit aufgewachsen, ihren Großvater fast jeden Tag zu besuchen; nun kontaktierte sie ihn meistens telefonisch. Der Mangel an Gesellschaft hatte zur Folge, dass wir mehr Zeit zusammen verbrachten und anfingen zu streiten. Unser Eheleben änderte sich.

An mehreren Sonntagen ging ich zum Abendgottesdienst in der Spiritualist Church. Jedes Mal sagte mir ein Medium, welches ich noch nie zu Gesicht bekommen hatte, in etwa das Gleiche wie Mrs Duffy.

»Oh, sind Sie ein Medium, Sir?«

Ich erhielt Nachrichten von meiner Großmutter und einmal vom Vater meines Vaters, die mir außerdem zu verstehen gaben, dass ich an einem Kurs teilnehmen sollte, um meine Gaben zu entwickeln. Ich hatte die Sache zwar nicht weiterverfolgt, aber auch den Zettel mit der Adresse nicht weggeworfen. Bald fing ich an, einschlägige Bücher zu lesen, und stellte fest, dass die Argumente sowohl für wie auch gegen Mediumismus und Spiritualismus sprachen. Auf diese Weise entdeckte ich so kluge Männer wie den Schriftsteller und Arzt Sir Arthur Conan Doyle oder den Physiker Sir William Crookes. Aufgrund der von ihnen beobachteten Phänomene vertraten beide die Vorstellung vom Leben nach dem Tod. Zugleich aber gab es schrecklich viel Kritik. Das eine oder andere Medium veranstaltete Séancen, bei denen in dunklen Räumen angeblich Puppen und andere unsinnige Dinge auftauchten. Sie gaben vor, in Trance zu sein, redeten mit seltsamen Stimmen – und zogen dafür den Leuten eine Menge Geld aus der Tasche.

Ich beschloss, irgendeine Art von Geist, der mir vielleicht beweisen wollte, dass er tatsächlich existierte, auf die Probe zu stellen. Auf ein Blatt Papier schrieb ich den Namen des Partners meiner Großmutter – Ummy – sowie eine Frage, die der Geist dann nach Möglichkeit beantworten konnte. Er sollte bestätigen, dass Ummy mir als Kind erschienen war. Von dieser Probe wusste außer mir niemand.

Eines Sonntagabends besuchte uns völlig unerwartet Katies Freundin Nina in der neuen Wohnung. Da die beiden offenbar ungestört miteinander reden wollten, entschied ich mich, sie allein zu lassen und die Spiritualist Church zu besuchen. Doch aufgrund einer merkwürdigen Abfolge von Ereignissen kam ich nicht bei der Kirche an, die ich kannte.

Als ich langsam durch die Straßen fuhr, um irgendwann rechts zur Kirche abzubiegen, hielt mich ein Mann an.

»'tschuldigen Sie, aber können Sie mir sag'n, wo die Spiritualist Church in der Berkeley Street ist?«

Diese Frage verblüffte mich, denn die Leute in Glasgow flüsterten normalerweise nur, wenn sie die Spiritualisten erwähnten. Ich hatte nie jemanden gehört, der sich auf der Straße laut nach ihnen erkundigte. Als ich ihm erwidern wollte, dass die Kirche, die er anscheinend suche, um die Ecke liege, und dass ich dorthin unterwegs sei, drückte er mir einen Zettel in die Hand. Darauf stand: 64, Berkeley Street. Mir fiel auf, dass wir uns direkt vor dieser Adresse befanden. Zur Nummer 64 auf dem Haus in georgianischem Stil deutend, bemerkte ich, dass durch die offene Tür einige Leute kamen und die Straße hinauf- und hinunterschauten. Meine innere Stimme drängte mich, aus dem Wagen zu steigen. Während ich neben dem Fremden stand, entdeckten wir an dem schwarzen Metallgeländer ein kleines Schild mit der Aufschrift *Spiritualist Church.*

Das erschien mir als eine Art Zeichen, und anstatt wie üblich um die Ecke zum Somerset Place zu gehen, betrat ich die Hausnummer 64. Es fühlte sich richtig an. Ich lauschte zunächst den gleichen Lobgesängen und Gebeten wie in der anderen Kirche, dann war es Zeit für den Auftritt des Mediums. Es kam eine Frau namens Mrs Hawthorn, um der Versammlung ihre Form von Spiritismus zu demonstrieren. Diese Dame unterschied sich deutlich von Mary Duffy. Ja sie war ganz anders als jedes Medium, das ich bisher erlebt hatte. Von dem Moment an, da sie den Mund aufmachte, dachte ich, Big Mary Hawthorn hätte gut in unsere Familie passen können.

»Wartet mal ’n Moment«, sagte sie, offenbar an die Geister gewandt. »Hab hier ’n kleinen Mann mit ’nem sehr lustigen Namen und versuch grade, den richtig hinzukrieg’n. Tummy … oder Gummy? Um Himmels will’n, sprich ihn klarer aus, okay?«

Ich war sprachlos, denn mir dämmerte, dass ich kurz davorstand, die Antwort auf meine geheime Frage zu erhalten. Aber ich wusste auch, dass Ummy sich bemühte, zu dieser stämmigen, ungelenken Frau durchzudringen. Das konnte ich deutlich spüren.

»Gut, du da!«

Sie zeigte direkt auf mich.

»Dieser kleine Mann mit 'em lustigen Namen will dir mitteil'n, dass du 'n damals wirklich geseh'n hast. Wart 'n Moment.«

Sie redete wieder mit ihm. Dann kam das Wort aus ihrem Mund, und sie konnte es nicht zurückhalten:

»Ummy, Ummy, Ummy.«

Sie sagte seinen Namen dreimal, wirkte dabei aber jedes Mal völlig verwirrt. Es war, als benutzte der Geist ihre Stimme und nicht ihr Gehirn.

»Ja!«, rief ich. »Ich hab Ihre Botschaft genau verstand'n.«

Sie schien zunächst verblüfft und schaute mir dann direkt in die Seele.

»In Ordnung, also hebste jetzt 'n Hintern hoch und gehst zu dem Kreis, der deine Gab'n weiterentwickelt. Und hör auf mit dieser Spielerei, die Probe aufs Exempel zu mach'n.«

Wenn ich je eines Beweises bedurfte, dass die Geister eine intelligente Kraft sind, so hatte ich ihn jetzt erhalten. »Ummy« war ein höchst ungewöhnlicher Name. Mrs Hawthorns Bemühen, darin einen Sinn zu finden, zeigte mir, dass er eigentlich nicht aus ihr kam, sondern aus einer äußeren Quelle. Ummy hatte meine Frage beantwortet. Den zweiten Teil der Botschaft über den sogenannten »Kreis« hatte ich allerdings nicht erwartet. Kurz bevor Mrs Hawthorn ihre Rede beendete, übermittelte sie mir eine letzte Nachricht:

»Wir werd'n für Barney da sein, sag das deiner Ma.«

Mein Onkel Barney starb im Laufe jener Woche, aber ich erzählte meiner Mutter nichts von der Äußerung des Mediums. Derlei hätte sie bestimmt nicht begriffen. Dessen ungeachtet öffnete sich mein Bewusstsein nun für so viele neue Möglichkeiten. Ich musste nur weiter nachforschen. Als Nächstes wollte ich diesen Kreis zur Entwicklung medialer Gaben aufsuchen und sehen, ob er irgendwie von Nutzen war. Schlimmstenfalls würde ich einen Abend meines Lebens vergeuden.

Christine fragte mich von Zeit zu Zeit, ob ich weiterhin zur Spiritualist Church ginge. Sie hatte das Gefühl, nicht mehr dorthin zurückkehren zu müssen, und ich war stolz auf sie. Noch immer wirkte sie zerbrechlich, aber ihre Stärke konnten all diejenigen spüren, die sie gut kannten. Ich zweifelte nicht daran, dass Christine bald wohlauf sein würde.

Während dieser Phase bekamen Katie und ich nicht allzu viel voneinander mit, denn sie arbeitete mehr als vorher. Inzwischen wohnte ihre Mutter Josie bei uns. Sie hatte sich von Katies Stiefvater Bob getrennt und war ein wenig verloren. Die Nähe zu Paul und Steven bot ihr Halt, setzte uns beide aber wohl auch unter Druck.

Tatsächlich hatte es oft den Anschein, als würde sich über unserer Familie eine dunkle Wolke zusammenbrauen. Wenn man die Veränderung mit aller Macht herbeiführt, geschehen mancherlei unerwartete Dinge. Am offensichtlichsten sind meist solche, die man sehen *möchte.*

***

Die inneren Fenster öffnen

Ich stand in der Mitte der West Princes Street in Glasgow, die mir bis dahin unbekannt gewesen war, und schaute mich um nach der Spiritualist Church. Auf dem Stück Papier, das Betty Whitelaw mir bei meinem ersten Besuch der Kirche in Somerset Place ausgehändigt hatte, stand nur: JEAN PRIMROSE, SPIRITUALIST CHURCH, WEST PRINCES STREET. Das war alles. Keine Hausnummer oder sonstige Angabe. Ich war mehrmals die ganze Straße hinauf- und hinuntergegangen, ohne ein Gebäude zu entdecken, das wie eine Kirche aussah.

Gerade als ich aufgeben wollte, trat eine schmale ältere Frau mit weißem, frisiertem Haar aus einem hohen schwarzen Portal und rief: »Suchen Sie nach mir?«

Ich sah sie daraufhin an und zuckte mit den Achseln, da ich keine Ahnung hatte, wer diese Dame war. Doch sie bewegte sich auf mich zu.

»Beeilen Sie sich, los, wir fangen gleich an.«

Ohne Fragen zu stellen, folgte ich ihr. Sie führte mich durch einen Gang mit gestapelten Stühlen zu einem größeren, nur schwach erhellten Raum. Etwa vierzig Personen saßen ringsum in einem weiten Kreis. Sie alle starrten mich an, als ich auf einem leeren, mir zugewiesenen Stuhl Platz nahm. Während meine Augen sich allmählich an die Dunkelheit gewöhnten, versuchte ich, einige Gesichter zu erkennen, aber das war wegen des diffusen roten Lichts fast unmöglich.

»Setzen Sie sich hier in meine Nähe und seien Sie nur still.«

Jeder schloss die Augen, als die weißhaarige Frau die Veranstaltung mit einem kurzen, an Gott und den Geist gerichteten Gebet eröffnete. Ich konnte mich kaum konzentrieren, geschweige denn meditieren, schaute aber fasziniert zu. Würden Geister in der Mitte des Raumes erscheinen? Oder Leute über Stühlen schweben? Mein ganzes Wesen war erfüllt von Aufregung, Angst und reiner Verwunderung.

Nach dem Gebet kehrte Stille ein. Die ältere Frau saß schweigsam auf ihrem Stuhl. Dann fixierte sie mich und flüsterte, ich solle die Augen schließen. Gegen meinen Willen befolgte ich ihre Anweisung. Ungefähr zehn Minuten lang geschah rein gar nichts. Als ich dann fast in Halbschlaf fiel, dröhnte plötzlich eine männliche Stimme mit indischem Akzent:

»Gut'n Abend, Dame, Herr, du liebe, liebe Güte!«

Meine Augen waren noch immer geschlossen, aber ich wusste, dass die Stimme von jemandem im Kreis kam, der vor mir auf der gegenüberliegenden Seite saß. Wenn das Channelling sein sollte, so klang es wie ein Comedy-Sketch aus dem Fernsehen. Die Geisterwelt wolle, fuhr der Mann fort, dass wir besser verstünden, wie wir unsere Kinder behandeln. Nachdem er aufgehört hatte zu reden, ertönte das Geräusch eines sich bewegenden Stuhls, als wäre jemand anders im Kreis aufgestanden, und eine Frau mit chinesischem Akzent erhob die Stimme. Sie fing an, über Liebe zu sprechen, und erklärte, wie wir alle in einem höheren Zustand die Geisterwelt betreten können, wenn wir uns in diesem Leben mehr lieben. Ich hatte bei diesen Weisheiten von hoch oben die Augen fest zugedrückt, beschloss nun aber, einen heimlichen Blick auf die Priesterin von Peking zu wagen, die sich irgendwo links von mir zu befinden schien. Seltsamerweise wollten sich meine Augen nicht öffnen.

Ich driftete ab in eine Art Traum und verlor für eine Weile den Kontakt mit meiner Umgebung. Da war so ein Gefühl, als würde ein Licht eingeschaltet. Später dachte ich daran, aufzuwachen, beschloss aber, ein bisschen länger in dem Zustand zu bleiben. Schließlich öffneten sich meine Augen von selbst in diesem dunklen, rötlich schimmernden Raum voll fremder Menschen.

Wieder schien es, als würden alle mich anschauen, dann fragte die ältere Dame sanft: »Bist du okay, mein Sohn?«

»Ja«, erwiderte ich sehr leise.

Was immer sich auch ereignet hatte, war nun vorbei. Ich fühlte mich ausgesprochen wohl.

Es stellte sich heraus, dass jene Frau tatsächlich Mrs Primrose war, nach der ich gesucht hatte, und dieser Ort ihre kleine Spiritualist Church. Am Ende der Meditation fragte sie der Reihe nach jede der anwesenden Personen, was sie erlebt habe. Einige ergingen sich in langen, komplizierten Berichten von spirituellen Geschehnissen, die völlig absurd klangen.

»Ich sah zwei Engel, der eine war Michael, der andere Raphael, und sie haben mich auf eine Reise in den Himmel mitgenommen …«

Andere sagten wenig, vielleicht nur, dass sie eine angenehme Meditation hatten und sich nun besser fühlten. Ich wusste, zu welcher Gruppe ich gehörte. Bei den ausgefalleneren Geschichten schien Mrs Primroses Gesichtsausdruck anzudeuten, dass sie diese zwar keineswegs glaubte, doch offenbar tolerierte. Wohin waren diese Leute eigentlich unterwegs?

Nach dem Ende der Sitzung war ich mir über meine Lektion ziemlich unsicher. Auf die Frage, was in mir vorgegangen sei, schilderte ich einfach meine Eindrücke. Erst als ich während der Teepause mit einigen redete, wurde mir bewusst, dass diese große Versammlung aus zwei unterschiedlichen Gruppen bestand: hier die erfahrenen und diskreten Stammgäste, die geerdet und klarsichtig schienen, dort die anderen, die offenbar gekommen waren, um ihre Fantasien auszuleben. Ich plauderte mit einer der Tee servierenden Damen namens Effie und fragte sie nach den Leuten, die länger gesprochen hatten oder angeblich Geistern gestatteten, durch sie zu sprechen.

»Glauben Sie wirklich, dass deren Ausführungen von hochentwickelten spirituellen Lehrmeistern stammen?«

Ich erinnere mich an ihr breites Lächeln, das mich zum ersten Mal anblitzte. Bei ihrer Antwort konnte sie ein kurzes Lachen nicht verbergen.

»Ihre Echtheit hängt nicht davon ab, ob ich sie glaube oder nicht. Aber wie dachten Sie darüber, junger Mann? Wenn Sie zum Nachdenken angeregt wurden, ist das eine Überlegung wert.«

Sie lachte wieder und schenkte einer Frau neben mir Tee ein.

»Etwas mehr Tee für Margaret, eine weitere Initiandin.«

In sich hineinlächelnd, fuhr sie mit ihrer Arbeit fort, und ich war so klug wie zuvor. Die Frauen hier schienen rätselhafte Bemerkungen zu mögen. Sie lebten in einer Welt, die aus dem rein Geistigen schöpfte, mussten daher ihren Glauben schützen und bewahren.

Trotz meiner leichten Bedenken nahm ich am darauffolgenden Donnerstag und während der nächsten Monate an den Versammlungen teil. Nach einer Weile verstand ich ein wenig besser, was sich im Einzelnen abspielte. Ich schloss Freundschaft mit den seriöseren Mitgliedern, die einen eher intellektuellen Zugang hatten. Wir tauschten Bücher aus und verbrachten Diskussionsabende zusammen. Ich wusste, dass einige medial veranlagte Menschen und Heiler aus dieser Gruppe hervorgegangen waren, aber nicht, wie man aufgrund der gemeinsamen Treffen imstande sein sollte, Botschaften zu übermitteln oder andere zu heilen.

Wann immer ich Mrs Primrose Fragen über die Geisterwelt

stellte, waren ihre Antworten genauso geheimnisvoll wie die von Effie.

»Es sind die Geister in *dieser* Welt, auf die du dich zuerst besinnen musst, mein Sohn. Bring sie rings um dich in Ordnung, dann ergibt sich alles von selbst.«

Damit ging sie Richtung Küche.

»Effie, haste noch 'n Tee für mich?«

Zu jener Zeit musste ich viele Dinge in Ordnung bringen. Katie war in ihre alten Gewohnheiten zurückgefallen, vergaß, Rechnungen zu bezahlen, und war diesbezüglich weiterhin zu jeder dreisten Lüge fähig.

»Katie, warum geht 'n kein Licht mehr? Hast du jemanden verständigt, der's reparieren soll?«, fragte ich eines Abends nach der Rückkehr von der Arbeit.

»Der Strom iss ausgefall'n. Anscheinend hab'n Arbeiter heut beim Aufbuddeln der Straße 'n Kabel durchgeschnitt'n.«

Als sie mir das zum ersten Mal mitteilte, sah ich keine Veranlassung, die Sache zu überprüfen. Ein anderes Mal wollte ich von zu Hause aus meine Mutter anrufen, aber die Leitung war tot.

»Kannste dir das vorstell'n, diese dämlich'n Arbeiter hab'n heut Morgen die Telefonleitungen gekappt. Hab denen klipp und klar gesagt, dass wir wegen dem Ärger 'n Rabatt auf die nächste Rechnung verlangen.«

Ich hätte fragen sollen: Wie viel sind wir schuldig? Doch aus irgendeinem Grund gab ich ihr einfach mehr Geld. Wahrscheinlich hatte ich keine Lust mehr, darüber zu streiten. Zugleich aber regte sich vielleicht tief in mir ein Schuldgefühl, weil ich ahnte, schwul zu sein.

Es fiel uns zunehmend schwerer, in den verschiedenen Bereichen des Lebens miteinander auszukommen. Der Zinssatz auf unsere Hypothek war dramatisch auf vierzehneinhalb Prozent gestiegen, mehr als doppelt so viel wie am Anfang. Wir konnten die Zahlungen einfach nicht mehr leisten. Das bereitete mir große Sorgen, aber anstatt ihnen lautstark Ausdruck zu verleihen, verinnerlichte ich sie und machte mich völlig verrückt. Meine Mutter hielt mir dauernd vor, es sei ein großer Fehler gewesen, die Hypothek aufzunehmen.

»Hab's dir gesagt, dass 'ne Hypothek total verkehrt iss. Haste die Nachrichten geseh'n? Diese Schlampe Thatcher wird unser verdammtes Land in 'n Ruin treib'n. Wär mit der gern mal fünf Minut'n allein in 'em Zimmer. Weiß nicht, was ich der antun würd.«

Das war zwar keine Hilfe, aber offenbar ihr Versuch, mich zu unterstützen. Ich hätte Arthur Scargill, dem Chef der Bergarbeitergewerkschaft und politischen Gegner Margaret Thatchers, die Telefonnummer meiner Mutter geben sollen. Mit Lizzy an der Seite wären seine Chancen, sich gegen Maggie durchzusetzen, vielleicht größer gewesen.

Nur zwei Jahre nach dem Einzug verkauften wir unsere Wohnung im Garthland Drive – und waren erstaunt, dadurch einen Gewinn von mehr als zehntausend Pfund erzielt zu haben. Das war wirklich verblüffend. Ich sprach mit unserem Anwalt, der mir riet, eine andere Wohnung zu kaufen, einen Teil des Geldes als Anzahlung zu verwenden und den Rest für die Begleichung der Schulden. Das alles klang großartig und befreite uns eine Zeitlang von mancherlei Druck. *Besorg dir etwas Geld, und deine Probleme werden gelöst.* Wahrscheinlich denken viele Leute so. Aber eigentlich ist das keine Lösung, wenn man feststellt, dass man mit seiner besseren Hälfte nicht mehr kommuniziert und dass beide gewisse Dinge voreinander verbergen. Über meine Erfahrungen in der Spiritualist Church konnte ich mit Katie nicht reden. Sobald sie mich danach fragte, gab ich nur vage Antworten, die das Gespräch schnell beendeten.

Katies umständliche Geschichten über Schulden beunruhigten mich nicht mehr – ebenso wenig ihre Rechtfertigungen für die Ausgaben. Ich lebte mein eigenes Leben – und war nun auf dem Weg, so viel wie möglich zu lernen über das Okkulte, den Spiritismus und andere übernatürliche Phänomene. Das war meine eigene private Welt, die ich niemand anderem öffnen wollte, zumal nicht jenen, die sie nicht verstehen würden. Mit Katie sprach ich im Grunde nur, wenn es um unsere Söhne ging, ihre Bedürfnisse und Wünsche, die Schule.

Schon bald verspürte ich den starken Drang, von meinem bisherigen Leben frei zu sein. Ich war siebenundzwanzig und hatte das Gefühl, mich selbst gerade besser kennenzulernen. Nach mehreren Jahren in Meditationsgruppen begann ich zu begreifen, dass die innere Arbeit mir gestattete, meine tiefsitzende Angst loszulassen. Die Wahrheit kam allmählich zum Vorschein. Die Gruppe bot einen Ort der Sicherheit und des Beistands, um diesen Prozess zu unterstützen. Selbstanalyse und Seelenerforschung halfen mir, zum wahren Ich zu gelangen, zu der Person, der ich mich die meiste Zeit meines Lebens fernzuhalten versucht hatte.

Doch es war nicht leicht, denn sobald man sich findet, muss man sich selbst genau betrachten. Und dann muss man die Verantwortung übernehmen für sein Handeln …

In mir reifte allmählich die Überzeugung, dass ich meiner Ehe entwachsen war. Ich liebte Katie weiterhin, wusste aber einfach nicht mehr, wie ich ihr das zeigen sollte. Damals hatte ich kein Verlangen oder Bedürfnis nach Sex. Vermutlich ärgerte es mich, dass ich mein Leben nicht erforscht und den Wunsch danach vergessen hatte oder verdrängen musste, als ich so jung Vater geworden war. Auch Katie hatte keine Gelegenheit gehabt, andere Interessen oder Ambitionen genauer zu untersuchen. Wie kann man ein Kind bekommen und heiraten, bevor man sich überhaupt ernste Fragen über das eigene Leben gestellt hat?

Wir beide stritten uns immer häufiger. Mittlerweile wohnte Katies Mutter seit Jahren bei uns, ich war erschöpft, und das Geld war nach wie vor sehr knapp. Mir wurde klar, dass ich nicht so weitermachen konnte. Nicht weil ich inzwischen wusste, dass ich schwul war – das gestand ich mir immer noch nicht ein –, sondern weil Katie nicht die Schritte unternehmen wollte, die ich im Sinn hatte. Ihr einziger Wunsch bestand darin, zusammen auszugehen und mit ihren Freunden übermäßig viel Alkohol zu trinken. Sie hasste meine Verbindung zur Spiritualist Church, die ich immer regelmäßiger besuchte. In ihren Augen wurde dort eine Art Geheimkult praktiziert.

Als wir schließlich eines Abends im Restaurant saßen, teilte ich ihr meinen Wunsch mit, die Ehe zu beenden. Katie reagierte zunächst wutentbrannt – und schlug dann vor, wir sollten es noch einmal miteinander versuchen. Aber dem war ich abgeneigt; außerdem wollte ich nicht wieder streiten.

Es war das Schwierigste, was ich bis dahin in meinem Leben getan hatte. Wenn ich an die Entscheidung zurückdenke, meine Kinder zu verlassen, übermannt mich noch immer ein quälender Schmerz. Ja, ich zog aus.

Ich versicherte ihnen, dass ich in der Nähe sei und sie mehrere Abende in der Woche sowie jedes Wochenende besuchen würde. Ich versuchte, mich weiterhin so gut wie möglich für die Familie zu engagieren. Ich liebe meine Söhne, und sie sollten unbedingt wissen, dass ich immer für sie da wäre, wenn sie mich brauchten.

Auch für Katie war die Situation sehr schwierig. Ich weiß, dass sie die gleiche Distanz zwischen uns spürte, aber wohl dachte, die Probleme könnten einfach unter einer Schublade versteckt oder sonst wie vertuscht werden. Ich war es leid, nach ihren Lügen zu suchen, und wollte lieber nach Wahrheiten forschen. Wer sich dafür in Gefahr begibt, kann nicht die üblichen Lösungen akzeptieren. Es war an der Zeit, eine verborgene Fähigkeit zu wecken, aufzuwachen und größere Erfahrungen zu machen, die mein begrenztes Leben nicht hatte bieten können. In mir war eine lebendige Kraft, und ich wollte herausfinden, wohin sie mich führen würde. Jedenfalls vertraute ich darauf, dass es einen hinreichenden Grund gab für den Entschluss, meinem normalen Dasein mit Frau und Kindern den Rücken zu kehren.

Das nächste Jahr meines Lebens war äußerst kritisch. Emotional war ich ausgelaugt und physisch erschöpft durch mein Bemühen, jeden Tag an vielerlei Orten zu sein …

Das neue Haus, das wir gekauft hatten, befand sich in Cumbernauld, einer Neubausiedlung außerhalb Glasgows, wo die Immobilien weitaus billiger waren als in der Stadt. Katie hatte Freunde und Familie dort, außerdem wohnten mehrere Mitglieder der Spiritualist Church in der Gegend. Es war schön, Leute um uns zu haben, die wir kannten, aber nicht leicht, unsere persönlichen Angelegenheiten von ihnen fernzuhalten, was wir gegenüber den meisten versuchten.

Mittlerweile verbrachte ich den Großteil meiner Zeit in Sammys Sozialwohnung in der Stadt. Er war mit einer anderen Frau zusammengezogen, aber unser Vater, der um Sammys Ruf wusste, hatte ihn gedrängt, die Wohnung zu behalten. So konnte ich wenigstens kostenlos dort übernachten.

Trotz der einschneidenden Veränderungen setzten meine Söhne ihren normalen Alltag fort. Sie gingen morgens zur Schule, brachten dann ihre Freunde mit nach Hause und spielten ihr neues Computerspiel – mein Gott, die ganze Welt veränderte sich. Katie und ich waren getrennt, zugleich jedoch bemüht, die Welt unserer Kinder deswegen nicht ins Chaos zu stürzen. Wenn sie mit Freunden ausgehen wollte, kümmerte ich mich um die Jungs. Zunächst schienen beide kaum Fragen zu stellen. Ob das daran lag, dass ich es nicht wollte, oder daran, dass sie einfach mit sich und ihren Dingen beschäftigt waren, kann ich nicht genau sagen. Irgendwann aber begriffen sie, und so brach mir das Herz, als Steven mich fragte, warum ich gehen müsse und wann ich zurückkäme. Damals war ich noch nicht imstande, ihm zu antworten. Anscheinend fehlten mir die Antworten, weil ich selbst sie erst finden musste. Es gab eigentlich nur einen Menschen, mit dem ich offen über meine Gefühle sprechen konnte.

Jim McManus war zu jener Zeit mein engster Freund. Er, der sich vor Längerem von seiner Freundin getrennt und kürzlich seinen Vater verloren hatte, machte seine eigenen Gefühlskrisen durch. Er war für mich da als Gesprächspartner, erlaubte mir aber auch, still und nachdenklich zu sein, wenn ich eher das nötig hatte.

Wir begegneten uns zum ersten Mal an einem Meditationsabend in der Spiritualist Church, wohin er mit einem der ständigen Teilnehmer gekommen war. Er fiel mir zunächst nicht besonders auf, vielleicht weil er als Katholik nicht allzu viel mit spiritualistischen Themen zu tun hatte. Er wollte eher lernen, wie man meditiert, und verbrachte deshalb die meiste Zeit mit unserer anderen Gruppe. Doch als er bemerkte, dass wir in der Kirche auch Abende der Heilung veranstalteten, erzählten mir die Freunde in der Meditationsgruppe von ihm und meinten, er besitze offenbar heilsame Kräfte. Danach besuchte er unsere Sitzungen öfter. Jim hatte bereits so etwas wie Heilungen bei einer neuen charismatischen Gruppe, der seine Mutter angehörte, innerhalb der katholischen Kirche kennengelernt. Daher interessierte er sich nun für die Heilungen, die wir praktizierten. Es war mir klar, dass sein Leben ebenso grundlegende Veränderungen durchlief wie das meine. So bestand von Anfang an eine natürliche Empathie zwischen uns.

Jim wohnte in Cumbernauld, nahe bei Katie und den Jungs. Er hatte sein Apartment verkaufen müssen, als er aufhörte zu arbeiten, um seinen Vater zu pflegen. Ich berichtete ihm von Sammys Wohnung, wo ich während meiner Aufenthalte in der Stadt übernachtete. Wenn dies sein Wunsch sei, fügte ich hinzu, könne er das zweite Schlafzimmer benutzen, bis sich seine Situation geklärt habe. Der Vorschlag behagte ihm. Er wollte keinen Mietvertrag unterschreiben, bestand sein Plan doch darin, eine Zeitlang durch Europa zu reisen und einfach sich selbst zu finden. Wie gesagt, wir hatten einen guten Draht zueinander, weil wir beide fast im gleichen Zustand waren und keiner dem andern in die Quere kam.

Es war ein anstrengender Trott: Nach der Arbeit fuhr ich zu meinen Söhnen, besuchte außerdem regelmäßig den Kreis zur Entwicklung medialer Gaben, kehrte dann in Sammys Wohnung in den Gorbals zurück – und am Ende des Tages schwirrte mir der Kopf. Ich vermied es, meine Eltern zu besuchen, vor allem um mir nicht Lizzys Standpauken anhören zu müssen. Meine Eltern besaßen schon immer die außergewöhnliche Fähigkeit, jedes Detail über mein Leben zu kennen, auch wenn sie eigentlich gar keine Möglichkeit hatten, es zu erfahren. Mit der Zeit wurde mir klar, dass man diese Fähigkeit durch die Elternschaft erwirbt. Daher waren die ersten Worte meiner Mutter, als ich sie schließlich doch anrief, keineswegs überraschend:

»Habt ihr euch getrennt, Katie und du? Schau, hab's deinem Vater gesagt: Die sind ause'nander. Wo wohnst'n jetzt? Bei unserm Sammy? Gib ja kein Geld aus, das du nicht hast …«

Ich konnte es nicht ertragen, dass sie Bescheid wusste, und fand, dass sie in meine Intimsphäre eindrang, über Dinge redete, die sie nichts angingen.

Bei Leuten, die auf einer geistigen Reise sind, habe ich im Laufe der Jahre ein merkwürdiges Phänomen festgestellt: An irgendeinem Punkt müssen sie offenbar die sogenannte »dunkle Nacht der Seele« durchwandern. Damit ist jene kritische Phase gemeint, in der man infolge bestimmter Ereignisse zu völliger Ohnmacht verurteilt ist. Alles wird einem zu viel, man hat nicht die Energie, gegen die Umstände anzukämpfen, die sich jeder Einflussnahme zu entziehen scheinen. In dieser Lage kümmert es einen nicht mehr, ob man weiterlebt oder stirbt. Einige Menschen, die in solch einen Zustand der Hilflosigkeit geraten, finden nirgendwo Halt und versinken dann in tiefer Depression, verlieren Hoffnung und Glauben. Doch wenn man Vertrauen hat in eine Macht, die größer ist als man selbst, in eine verborgene Kraft, die einem Beistand leisten wird, was immer auch kommen mag, dann geschieht während des freien Falls durch den Abgrund des Denkens und jenseits allen Fühlens etwas Unerwartetes, Einzigartiges.

Genau das habe ich durchgemacht und wäre dabei fast gestorben. Ich wusste einfach nicht mehr, wer oder was ich war. Zugleich aber hatte ich die ganze Zeit das intensive Gefühl, dass irgendwo in der Nähe ein intelligentes, spirituelles Bewusstsein existiert. Ich zweifelte nicht daran, der unsichtbaren Führung, die ich spürte, zu vertrauen. Dieser Glaube bedeutet, dass man sich entweder naiv und schwach vorkommt – oder aber mutig genug ist, der eigenen Überzeugung zu folgen.

In unserem Kreis hatte sich Mrs Primrose als starke Leitfigur erwiesen – hier eindringlich und hartnäckig, dort mitfühlend und fürsorglich, wie es die Situation jeweils erforderte. Sie hatte mir empfohlen, einen inneren Heilungsprozess durchzuführen, und von einem Mann gesprochen, den sie nur »John« nannte. Er – eine sehr väterliche Figur – gab mir jede Woche eine Heilsitzung, besänftigte Geist und Körper in einer mir bis dahin ungeahnten Weise. Es war Johns Arbeit, die in meinem Leben wirklich alles veränderte. Er legte mir nur seine Hände auf die Schultern, was nahezu die Wirkung eines Beruhigungsmittels hatte. Ich konnte nichts mehr denken und ließ mich durch die inneren Räume treiben. Irgendwann wurde ich mir wieder seiner Hände bewusst. Er sagte nie etwas, außer vielleicht: »Geht's dir gut, mein Sohn?«

Hinterher fühlte ich mich im Gleichgewicht. Nach sechs Wochen seines heilsamen Tuns hatte er mich von der Angst befreit.

Darüber hinaus wurde ich von Effie – jener Tee ausschenkenden Dame, die ich am ersten Abend im Kreis kennengelernt hatte und die meine große Freundin wurde – in geistiger Heilung unterrichtet. Effie war eine der unprätentiösesten Lehrerinnen, denen ich im Laufe meiner Entwicklung begegnet bin. Sie blieb stets der Realität verhaftet. Wenn man sich im freien Fall befindet, bedarf es eines Menschen, der mit beiden Beinen auf dem Boden steht.

Nach fünf Jahren im Kreis hatte ich einiges darüber erfahren, wer ich eigentlich bin. Obwohl ich nicht alles in meinem Leben vollständig begriff, fühlte ich mich nun doch zumindest wach genug, um die Welt aus einem ganz neuen Blickwinkel zu betrachten. Ich erkannte, dass ich seit jeher über mediale Gaben verfügt hatte, die nicht erst entwickelt werden mussten. Vielmehr war ich derjenige, der sich entwickeln musste. Es war notwendig, aufrichtig und ichbewusst zu sein, dann konnten meine angeborenen Fähigkeiten voll zur Geltung kommen. Das war die wichtigste Lektion, die ich bis dahin über Mediumismus gelernt hatte. Doch eines Abends war ich plötzlich aufgerufen, meine Gabe vor den überfüllten Rängen der Kirche zu demonstrieren.

Mrs Primrose, unser reguläres Medium, nahm an einer anderen spiritualistischen Sitzung in Glasgow teil. An ihrer Stelle sollte eine Dame bei uns sein, die allerdings nicht eintraf, und so schien es, als würde niemand die Leerstelle ausfüllen. In einem derartigen Fall trat normalerweise ein Medium aus der Versammlung vor, um die Leitung zu übernehmen, was an jenem Abend jedoch nicht geschah. Schließlich saßen drei von uns in Mrs Primroses Büro und fragten sich, was man den zahlreichen Zuhörern sagen würde.

»Stevie, warum hältst du nicht 'ne Rede über Mediumismus, das mögen sie bestimmt, meinst du nicht?«, fragte Mima, die Sekretärin der Kirche, unseren Vizepräsidenten. Ich befand mich ebenfalls im Büro, weil ich Lyrik vorlesen würde – ein fester Bestandteil des Gottesdienstes an Dienstagabenden –, blieb aber still und mischte mich nicht in die Diskussion ein, um die ausgewählten Gedichte einzustudieren.

Etwas in meinem Innern sagte mir jedoch, dass ich heute als Medium fungieren würde. Während der Autofahrt zur Kirche hatte ich tatsächlich eine Stimme gehört, die mir nahelegte, mich bereitzumachen. Das war sehr ungewöhnlich. Ich reagierte erschreckt, übermannt von Gefühlen nervöser Erwartung. Zu jenem Zeitpunkt hatte ich keine Ahnung, wofür ich mich bereitmachen sollte, nun aber wusste ich es. Ich ließ die beiden anderen weitere fünf Minuten über das Thema argumentieren. Wir waren schon spät dran.

Dann schaute Stevie mich an und sagte: »Gordon, machst du's? Du kannst es, ich weiß einfach, dass du's kannst.«

»Großartige Idee«, stimmte Mima zu. »Du übermittelst den Leuten immer gute Botschaften, wenn du sie im Kurs heilst.«

Ah ja?, dachte ich. Ob das zutraf oder nicht – ich war auf diese Sache nicht vorbereitet. Doch mit einem Mal wurde mir bewusst, dass ich mich nicht länger krank und ängstlich fühlte. Nachdem ich die Stimme vorher im Auto vernommen hatte, war mir genügend Zeit geblieben, meine Nerven zu beruhigen und einen klaren Kopf zu bekommen.

»Vertrau einfach dem Geist«, sagte Mima, während sie mir einen flehentlichen Blick zuwarf. Sie war für die Reservierungen zuständig, und die Leute hätten sich bei ihr beschwert, wäre bei einem abendlichen Gottesdienst kein Medium aufgetreten.

»Okay, ich versuch's. Aber ich hab keine Ahnung, was ich machen werde, und das müssen sie akzeptier'n.«

Wir gingen in die Halle, und ich bewegte mich durch die schmale Lücke zwischen den Stühlen nach vorn. An diesem Abend war kein einziger leer geblieben.

Mein erster Versuch als Medium hatte etwas völlig Spontanes. In diesem Moment bat ich wohl jede Gottheit, jedes Götzenbild unter der Sonne um Hilfe. Wenn ich fest daran glaubte, ein Medium zu sein, und dem Geist als Kraft *wirklich* vertraute, dann würde jetzt mein Vertrauen belohnt werden – oder ich würde am Ende vor versammelter Menge wie ein Idiot dastehen. Also sprach ich ein letztes stilles Gebet: *Bitte, Gott, ich verspreche, das Rauchen aufzugeben, wenn du dafür sorgst, dass die Sache hier funktioniert.* Das sollte genügen.

Ich erinnere mich nur vage an das, was geschah oder was ich sagte, weiß aber noch genau, dass ich, als ich aufstand, von der gleichen Ruhe erfüllt war, die ich auch unter Johns heilsamen Händen empfunden hatte. Ich fühlte, dass eine Kraft jedes Wort lenkte, das mir über die Lippen kam. Ich sprach nicht mit einer anderen Stimme, wie einige Personen im Kreis es taten, sondern vertraute einer verblüffenden Energie, die jenseits all dessen war, was ich je erfahren hatte. Es gab keinerlei Zweifel an den übermittelten Botschaften. Um ehrlich zu sein: Hinterher waren die Leute sprachlos. Als es vorbei war, ergriff mich wieder die nervöse Anspannung, und ich zitterte wie ein Blatt im Wind, während Stevie die Hinweise für die nächste Woche verlas.

»Wow, wie hast'n das geschafft?«, fragte Mima im Büro und drückte mich fest an sich.

»Nicht ich war's, Mima, sondern ein Geist oder etwas in der Art. Doch ja, du hast recht. Ich weiß nicht, was da gescheh'n ist.«

»Es *war* der Geist. Ich konnte die Veränderung spüren, als ich hinter dir saß, Gordon.« Stevie sprach in ruhigem und überzeugtem Ton zu mir. »Wart nur, bis Mrs P davon erfährt!«

Verdammt, daran hatte ich nicht gedacht. Wahrscheinlich hätte sie mich niemals auf das Podium steigen lassen, denn mein Entwicklungsprozess war noch nicht abgeschlossen. Außerdem hatte sie mir empfohlen, als Heiler tätig zu werden, nicht als Medium. Ich konnte mir also ihre Zurechtweisung ausmalen, als sie später am Abend die Kirche betrat. Zunächst wollte ich vor ihrer Rückkehr das Weite suchen, entschloss mich aber, die Sache durchzustehen.

Doch ich brauchte mir keine Sorgen zu machen. Nachdem sie mir in die Augen gestarrt und über Stevies Schilderung nachgedacht hatte, wurde sie sanftmütig.

»Gut, es wär sowieso irgendwann dazu gekommen, nur iss es jetzt früher passiert, als ich dachte. Aber von jetzt an werd ich dich persönlich mit aufs Podium nehmen, bis du gelernt hast, das richtig hinzukrieg'n. Hast du verstanden?«

Ja, das hatte ich, erleichtert über ihre Andeutung, sie habe immer schon gewusst, dass ich ein Medium sein würde. Mir dämmerte allmählich, dass Mrs Primrose viele Dinge wusste, die sie jedoch so lange nicht ansprach, bis ihr keine andere Wahl mehr blieb.

O mein Gott, ich sollte wirklich ein Medium sein! Genau so, wie Mary Duffy es prophezeit hatte – und auch Lizzys jüngere Schwester Sadie, zu der meine Eltern mich geführt hatten, als ich noch klein war.

An jenem Abend waren alle in der Kirche tief berührt von den Botschaften, die ich übermittelt hatte. Zugleich tauchten viele Fragen auf.

»Wie konntest du so mir nichts, dir nichts den Namen des Mannes dieser Frau herausfinden? Haste ihn einfach gehört, Gordon?«

»Woher kam denn die Nachricht, als du der einen Frau gesagt hast, dass sie in der Preston Street wohnt?«

Sämtliche Mitglieder des Kreises unterhielten sich über meine Eingebungen, und es herrschte große Aufregung. Die Sache war nur die, dass mir schleierhaft blieb, in welcher Weise ich sie empfangen hatte. Ehrlich gesagt, ich konnte mich an keines meiner Worte erinnern. Es war wunderbar, mitgeteilt zu bekommen, dass ich ein Medium sei, fühlte sich aber nicht so an, als hätte ich eine Prüfung bestanden oder irgendeine Technik erlernt. Diese Gabe war einfach in mir.

Nach jenem Abend begann mein Leben als Medium. Ich teilte das Podium einige Male mit meiner Mentorin, bis sie schließlich zu der Überzeugung gelangte, ich könne nun auch in den anderen Spiritualist Churches ringsum meine Gabe demonstrieren. Eine dieser Kirchen sollte die in Somerset Place sein, wo mir fünf Jahre zuvor mitgeteilt worden war, dass ich auf dem Podium stehen und das Gleiche tun werde wie Mary Duffy.

Der Mediumismus bildete jedoch nur einen Teil meiner spirituellen Seite. Ich verstand inzwischen, dass meine Entwicklung darauf abzielte, den Geist im eigenen Innern zu finden und mir meiner selbst mehr bewusst zu werden. Folglich nahm mein Leben abermals eine neue Wendung. In dem dunklen, emotional verworrenen Labyrinth entdeckte ich einen Pfad, der sich allmählich deutlicher abzeichnete. Heute sehe ich, dass ich ihn beschreiten und mir zu eigen machen musste. Das Potenzial zum Medium war immer schon in mir gewesen, ich musste mich nur entscheiden, ob ich es verwirklichen würde oder nicht.

Jeder Mensch trägt verborgene Fähigkeiten in sich, die in seinem Leben entfaltet werden können, obwohl damit auch Pflichten verbunden sind. Doch wenn man aufrichtig ist und sich seiner Gabe mit ganzem Herzen widmet, ist der Preis nicht allzu hoch.

Wer hingegen ständig Geheimnisse hütet, wird es schwer haben, in irgendeinem Bereich, der ihm viel bedeutet, ehrlich zu sein. Meine Gruppe half mir, die Angst loszuwerden, die mit solchen Geheimnissen einhergeht. Durch regelmäßige Meditation, die in den Zustand innerer Stille führt, wird man irgendwann schließlich dem wahren Ich begegnen. Genau das erlebte ich zu jener Zeit. Dabei wurde mir auch bewusst, dass ich seit meiner Jugend schwul gewesen war. Wahrscheinlich schlummerte diese Anlage ebenso in mir wie die mediale Gabe. Sobald man anfängt, die verborgenen Winkel des Bewusstseins zu entrümpeln, tauchen dort Dinge auf, mit denen man sich immer schon näher beschäftigen wollte, ohne es dann wirklich zu tun.

Jim und ich waren in einem Zustand, der uns nicht mehr gestattete, das Offensichtliche zu ignorieren. Wir lebten zusammen und empfanden tiefe Gefühle füreinander. Jim war still und ruhig – ganz anders als die Mitglieder meiner Familie. Dem Wunsch seiner Mutter entsprechend, hatte er sich zunächst zum Priester ausbilden lassen und später in verschiedenen Bereichen des Pflegedienstes gearbeitet. Er war von Natur aus fürsorglich. Auch ich sollte erfahren, dass er ein geborener Heiler war, der seine Gabe während eines Kurses in der Spiritual Church entwickelt hatte. Daher betrachtete er das Leben aus geistiger Perspektive – ein Mensch, mit dem ich wirklich reden konnte. Obendrein spielte er Gitarre, und ich sang sehr gern.

Ich wusste, dass Jim einige Zeit zuvor die langjährige Verbindung mit seiner Freundin gelöst und dann eine Beziehung mit einem Mann gehabt hatte, die schlecht ausgegangen war. Zwischen uns herrschte eine Freiheit, die ich bis dahin nicht gekannt hatte, obwohl ich natürlich weder meinen Eltern noch meinen Brüdern oder Katie etwas davon sagte. Wir liebten uns und fühlten, dass diese Liebe größer wurde. Es war eine äußerst verwirrende, beängstigende Phase, aber gerade dann muss man bisweilen ein Risiko auf sich nehmen, so wie ich es auch hinsichtlich meiner medialen Gaben getan hatte.

Wir beide hatten Jahre sexueller Unterdrückung hinter uns. Selbst wenn sich jemand aus unserer Gegend seiner Homosexualität bewusst war, konnte er niemals offen darüber sprechen, war sie doch mit einem Stigma behaftet. Im Rückblick frage ich mich, wie viel Leiden uns erspart geblieben wäre, hätten wir alle den Mut gehabt, unsere Gefühle freimütig zum Ausdruck zu bringen.

***

Damals traten zwei weitere Personen in mein Leben. Die erste war eine Expertin des tibetanischen Buddhismus, deren Nichte – wie es der Zufall wollte – mit meinem Bruder Sammy liiert war. Sie hieß Dee und war eine liebenswerte, wirklich reizende Person. Auch Mutter mochte Dee – ja jeder, der mit ihr bekannt war –, denn sie hatte einfach eine warmherzige Ausstrahlung. Sie meinte, dass ich unbedingt ihre Tante treffen sollte, die sich für ganz ähnliche Dinge interessiere wie ich. Das fesselte meine Aufmerksamkeit, und so akzeptierte ich das Angebot, ihr am darauffolgenden Sonntag zu begegnen. Da die Tante auf dem

Land in der Nähe von Stirling wohnte, schien dies eine besonders günstige Gelegenheit, meine Söhne auf den Tagesausflug mitzunehmen.

Dee und ich plauderten während der ganzen Fahrt über das Leben, über Beziehungen, die zerbrechen oder neu beginnen, und es war klar, dass sie mich, obwohl wir uns kaum kannten, ziemlich gut verstand. Ich mochte sie sehr, aber mit ihrer Tante bewegte ich mich auf einer völlig anderen Ebene, nicht nur wegen des Buddhismus. Sie war für alle meine Ausführungen in verblüffender Weise empfänglich – und ich ebenso für die ihren. Schon im ersten Augenblick unserer Begegnung merkte ich, dass sie ein natürliches Medium war, ja mehr noch: eine zutiefst weise Frau.

Ihr buddhistischer Name war Dronma, und so nenne ich sie bis heute. Sie ist eine erfolgreiche Künstlerin, ansässig in einem Bergdorf, das an manchen Tagen über den Wolken liegt.

Meine Söhne liebten diesen Ort auf Anhieb. Kaum waren wir einander vorgestellt worden, warf sie sich einen Mantel über in der Annahme, dass wir sogleich zusammen ins Freie gehen würden. Wir folgten ihr, derweil sie flott über Feldwege ins Gelände marschierte und dabei den Jungs Lektionen in Botanik erteilte. Bald wussten sie, dass bestimmte Pflanzen verzehrt werden können, während andere zum Heilen oder zum Färben eingesetzt werden konnten. Dronma war eine echte Naturgewalt, deren Gespräch vom einen Thema zum nächsten wechselte. Doch jeder Gegenstand, den sie erörterte, enthielt eine Frage, die wir vielleicht bedacht, aber noch nie gestellt hatten. Ich überlegte, ob alle Buddhisten so sind, und schon sagte sie:

»Weißt du, Buddhisten sind normalerweise still und meditativ. Wahrscheinlich bin ich lauter als die meisten.«

Entweder war diese Frau eine geborene Hellseherin oder der Ort, an dem wir uns befanden, lag zwischen zwei Welten, der natürlichen und der übernatürlichen. Mein Sohn Paul meinte sogar: »Dronma, der Ort hier ist wie Mittelerde, nicht wahr?«

Auch die Kinder nahmen das Ätherische um diese Frau deutlich wahr.

Später schliefen Dee und die Jungs vor dem offenen Kaminfeuer ein, das den Duft von Kiefernzapfen und Torf verströmte. So konnten Dronma und ich in Ruhe miteinander reden. Ich erfuhr, dass sie auf ihrem eigenen geistigen Weg war, aber auch Beziehungsprobleme durchstehen musste. Unser Gespräch verlief derart harmonisch, dass wir bald die Sätze des Gegenübers vervollständigten. Ich weiß nicht warum, doch sie gab mir das Gefühl, auf dem richtigen geistigen Weg zu sein – und dass es, ungeachtet mancher Kritik daran, schlimmer wäre, meine Gaben nicht zu nutzen. Zugleich schien es, dass auch ich ihr helfen konnte, einige Dinge zu verändern.

Als wir dann aufbrachen, kam sie zum Auto, lehnte sich ins Fenster und sagte ein paar Worte, die mir Mut machten, auf die nächste Ebene meiner Beziehung mit Jim zu gelangen:

»Gordon, ich weiß, wir haben viel miteinander beredet, und es sieht so aus, als hätte jeder von uns einige persönliche Angelegenheiten zu regeln, aber auf der Beziehungsebene beunruhigt dich etwas, worüber wir nicht gesprochen haben. Das fühle ich einfach. Vielleicht kann ich dieses Problem nicht für dich lösen, aber ich ahne, dass es gut sein wird, wenn du dich sozusagen der Strömung hingibst und sie bejahst. Manchmal sollen wir genau das tun.«

Wow, das war genau die Antwort, die ich hören wollte, und sie kam von einer Fremden.

Die andere Person, die auf der Bühne erschien, war Tom Barker. La Barker – so nenne ich ihn heute – ist der Bruder von Frances, die man ermordet hatte. Wie die Begegnung mit Dees Tante geschah auch jene mit Tom zum idealen Zeitpunkt. Nachdem ich mit meinem besten Freund Jim schließlich eine sexuelle Beziehung angefangen hatte, ging ich umher wie in Trance, tief besorgt darüber, wie die anderen über mich denken würden. Eines Tages schlenderte ich durch die Buchanan Street in Glasgow und hörte plötzlich eine vertraute Stimme, die nach mir rief. Sie war klar und fest und ließ mich innehalten.

»Entschuldigen Sie, entschuldigen Sie.«

Ich drehte mich ein wenig zur Seite und sah, dass ein sehr gut gekleideter schlanker Mann mit blondem Lockengewirr auf dem Kopf sich näherte.

»Sind Sie nicht der Sohn von Cousine Lizzy? Sammy, nicht wahr?«

Ich lächelte, denn mir war sofort klar, dass es sich um Tom handelte. Lizzy hatte mir immer wieder geraten, ihn zu treffen.

Er war mir nur einmal vor langer Zeit zu Gesicht gekommen. Im offenen Lancia fuhr er in die Mansel Street und blieb ungefähr dreißig Sekunden, um meiner Mutter Hallo zu sagen. Sie bestand darauf, dass er aus irgendeinem Grund nicht schwul sei.

»Nee, nee, unser Tom iss kein Schwuler, der redet bloß nett, das iss alles.«

Damals, als ich mitten in der persönlichen Krise steckte, hätte mir sonst wer über den Weg laufen können! Wenn man bedenkt, dass ich diese Straße schon unzählige Male durchquert hatte, war es ein besonderer Zufall, gerade jetzt auf ihn zu stoßen.

»Gordon, Tommy. Ich bin Gordon.«

»Oh, Gordon, du bist der Jüngste, richtig. Aber nenn mich bitte Tom.«

Er legte Wert auf den ursprünglichen Namen, obwohl der aus seinem Mund eher wie »Dom« klang.

»Wirklich interessant, dass ich dich treffe, denn einer meiner engen Freunde hat neulich von dir gesprochen. Du bist doch der Friseur, oder?«

Meine Paranoia war so groß, dass ich befürchtete, er würde gleich sagen: Weiß schon, dass du schwul bist.

»Du wohnst in Cumbernauld, stimmt's?«

»Äh, ja.«

»Okay, wär es möglich, mir die Haare zu schneiden? Ich bin mit keinem meiner Friseure so ganz zufrieden und hab gehört, dass du dein Handwerk verstehst. Ich wohn nur fünf Minuten von dir entfernt.«

Er hatte das Wort »schwul« kein einziges Mal ausgesprochen. Das erleichterte mich.

»Sicher, Dom, äh, Tommy.«

Er zog einen schwarzen Füllfederhalter mit goldglänzender Kappe aus der oberen Jackentasche, schrieb seine Telefonnummer auf einen kleinen Zettel und reichte ihn mir.

»Lagst zuerst schon richtig, Lieber, ich heiß Dom. Ruf mich später an, dann mach'n wir einen Termin für meinen Haarschnitt aus.«

Er drehte sich auf den Absätzen wie ein Tänzer und glitt förmlich die Straße in entgegengesetzter Richtung entlang. Leute schauten ihm nach, aber er nahm keine Notiz von ihnen, oder vielleicht doch, sich des gewünschten Effekts durchaus bewusst. Schließlich verschwand er in einer Menge von Passanten, die alle stehen blieben und das Phänomen namens Dom staunend beäugten.

Die Begegnung mit Tom in seinem Zuhause unterschied sich völlig von der auf der Straße. Er war strenger, mehr wie die anderen Barkers, die ich kannte – Tante Annie, Frances und seine Schwester Margaret, die in der Nähe meiner Eltern wohnte. Tom stellte mich seinem Partner Robert vor, den er »Dada«

nannte. Ihre Wohnung, ausgestattet mit Kristalllüstern, Ledersofas und schweren Samtvorhängen, wirkte nobler als jede andere, die ich bisher gesehen hatte. Da war überhaupt kein »schwuler Touch« …

Nach unserer ersten Verabredung schnitt ich Tom regelmäßig die Haare, und wir lachten jedes Mal herzhaft, wenn er Geschichten aus seinem Leben erzählte.

»Was würdest du sagen: Bist du jemand, der ein halb gefülltes Glas als halb voll oder als halb leer bezeichnet?«, fragte ich ihn eines Abends.

Nach kurzer Überlegung erwiderte er: »Nun, mein Lieber, hängt ganz davon ab, wem ich's übers Gesicht geschüttet hab.«

Er brach in schallendes Gelächter aus, und seine Hände öffneten sich, fast so, als würde er Applaus erwarten. Immer wieder brachte er mich zum Lachen mit Schilderungen, wie er mit Leuten umging, die wegen seiner Homosexualität auf ihm herumhackten. Er war – um seinen Ausdruck zu benutzen – nicht einfach nur »extravagant«.

»Es gibt die Extravaganten, dann fünfzig Meilen entfernt die Fabelhaften, und schließlich gibt es La Barker.«

Natürlich diente ihm sein tuntiger Humor auch als Schutzmechanismus.

Eine besonders grobschlächtige Frau fragte ihn einmal: »Sie sind also 'ne Schwuchtel. Wie iss'n das so?«

Tom ließ sich nicht aus der Ruhe bringen, richtete sich zu seiner vollen Größe auf, schaute ihr direkt in die Augen und lächelte, bevor er entgegnete: »Nun, meine Liebe, warum fragen Sie nicht Ihren Mann, ich war die ganze letzte Nacht mit ihm zusammen.«

Die Frau machte auf dem Absatz kehrt und suchte das Weite. Der Unterkiefer hing ihr bis zum Boden herunter.

Doch Toms Leben bestand nicht nur aus sarkastischen Bemerkungen, witzigen Neckereien und schwulen Späßen. Viele Male wurde er zusammengeschlagen. Die Glasgower Polizisten seien die schlimmsten Verbrecher, sagte er, ohne je sein Verhalten zu ändern, was immer ihm auch widerfuhr. Es tat mir gut, zu erfahren, wie er sich als Homosexueller in dieser Stadt behauptete. Von ihm lernte ich, mich meiner selbst niemals zu schämen – und dass gerade die Leute, die Probleme mit Homosexuellen hatten, oft verborgene Wünsche hegten, derer sie sich schämten. Daher waren wir für sie lediglich Spiegel, die ihnen die eigenen Abgründe vor Augen führten.

Tom und Robert bestärkten und ermutigten mich sehr, und das werde ich ihnen nie vergessen. Sie halfen mir, hinter die Fassade von Vorurteil und Unwissenheit zu blicken, mit der man der Homosexualität begegnet, und dabei meine Persönlichkeit weiter auszubilden.

Meiner Ansicht nach treten bestimmte Personen in unser Leben, sobald wir bereit sind, ihnen in die Arme zu laufen. Es mag zuweilen hart sein, wird jedoch wesentlich leichter, wenn man Menschen um sich hat, die ungeachtet der Umstände wirklich authentisch sind. Sie haben Kritik und Urteil der anderen überwunden, sind mit sich im Reinen, weil sie sich lieben und vertrauen. So hatte ich zwei Menschen gefunden, die völlig verschieden waren, aber überzeugt von der Aufrichtigkeit gegenüber dem eigenen Selbst. Dronma und der fabelhafte La Barker brachten mir eine wertvolle Lektion bei: *Nur zu, mach's trotzdem!*

* * *

In zwei Welten leben

Wer hätte das gedacht? Ich war nun ein neunundzwanzigjähriger Friseur, Vater von zwei Kindern, mit einer Exfrau und einem homosexuellen Partner – und führte Zwiegespräche mit Toten. Inzwischen hatte Christine den Friseurberuf aufgegeben, um sich als Sozialarbeiterin ausbilden zu lassen. Ich wiederum arbeitete auf Provision neben Katies Onkel John bei *City Barbers*, einem viel besuchten Salon in der Stadt. Je mehr Haare man schnitt, desto mehr Geld verdiente man. Ich erinnere mich an einen jungen Mann Anfang zwanzig, der fragte, ob ich ihn vor dem Haareschneiden beraten könne. Er meinte, sein üblicher Friseur mache das so, und betrachtete mich erwartungsvoll im Spiegel. Ich fragte zurück, wo er sich normalerweise die Haare schneiden lasse und wie viel er dafür bezahle.

»Ich geh zu Irvin Rusk. Kostet ungefähr dreißig Pfund. Weshalb?«

»Okay«, erwiderte ich. »Wir verlangen ’n Fünfer, und hier ist die Beratung. Hätten Sie gern die Nummer eins, zwei, drei – oder die vier, hinten und an ’n Seiten einiges ab, und wie viel soll oben weg?«

So regelten wir die Dinge bei *City Barbers*.

Nach wie vor versuchte ich, meine zahlreichen Verpflichtungen unter einen Hut zu bringen, aber am wichtigsten war mir das Zusammensein mit meinen Söhnen. So fuhr ich weiterhin nach Geschäftsschluss so oft wie möglich zu ihnen. Auch die Besuche am Wochenende behielt ich bei. Samstags nach der Arbeit holte ich sie ab und sonntagabends setzte ich sie zu Hause wieder ab.

Die Jungs waren zehn und sieben. Noch immer schien der richtige Zeitpunkt nicht gekommen, ihnen von meiner Beziehung zu Jim zu erzählen. Sie kannten und mochten ihn, und wenn sie am Wochenende oder in den Ferien über Nacht blieben, war es offensichtlich, dass wir zusammenlebten.

Paul tat sich in der Schule hervor und erhielt allerhand Auszeichnungen für seine Arbeit. Es fiel leicht, stolz auf ihn zu sein. Steven war ebenfalls sehr klug und bekam gute Noten, war sportlicher als sein Bruder, liebte Fußball, Tennis und auch Schwimmen. (Er spielte ganz gut Tennis, konnte mich aber nie schlagen. Das ist meine Geschichte, Steven; wenn du später einmal dein Buch schreibst, kannst du den Spielstand ändern.)

Etwa ein Jahr nach der Trennung von Katie wurde mein emotionaler Zustand allmählich ausgeglichener. Obwohl ich gerade so viel verdiente, um zwei Haushalte zu führen, konnten doch die Jungs, ungeachtet der Umstände, weiterhin ein gewisses Gefühl von Normalität empfinden.

Katie und ich waren gerade dabei, wieder miteinander zu reden. Sie bat mich, mehr über mein Leben zu erzählen, aber das fiel mir damals immer noch schwer. Ich versuchte, mich an meine neue Situation zu gewöhnen, und nahm, ehrlich gesagt, weiterhin Reißaus vor jedem, der mich über meine Angelegenheiten ausfragen wollte.

Sie wiederum sah sich weiteren Problemen gegenüber, als ihr Großvater Joe starb. Ein äußerst schmerzlicher Verlust für die ganze Familie, denn Joe war das Zentrum ihrer Welt und ein großartiger Mensch gewesen. Paul litt darunter ebenso sehr wie seine Mutter. Wohl zum ersten Mal merkte ich, wie er seine Fassung verlor. Als ich ihn an jenem Sonntagabend nach Hause fuhr, blaffte er mich vom Rücksitz des Wagens an. Ich weiß noch, wie weh mir das tat.

Zu jener Zeit zerbrach Sammys Beziehung mit seiner neuen Freundin, also brauchte mein Bruder wieder seine Wohnung. Jim und ich zogen von dort an den schlimmsten Ort der Welt. Alle Nachbarn schienen Junkies zu sein, und regelmäßig kam es zu Messerstechereien. Fast jede Nacht sahen wir Polizeiautos und Rettungswagen vorfahren, die dann meistens mit Blaulicht und Sirene davonbrausten. Wie sehr sehnte ich ein Leben in Ruhe und Frieden herbei! An schlechten Tagen fragte ich mich tatsächlich, ob der Aufenthalt in dieser Hölle eine Art Buße oder karmische Vergeltung für meine Homosexualität war.

Eines Morgens kurz vor dem Erwachen träumte ich von einem Gespräch mit einem älteren Mann und Mary Duffy, jenem Medium, dem ich zum ersten Mal mit Christine begegnet war. Wir drei standen in einem Park – es war der Glasgow Green in der Nähe der Wohnung meiner Eltern. Dort fand ein Volksfest statt, wie jedes Jahr im Juli. Der Mann zeigte nach Westen, und in dieser Richtung sah ich die Spiritualist Church in der Berkeley Street, wo ich die großartige Botschaft von Ummy empfangen hatte.

Schließlich sagte Mrs Duffy zu mir: »Das wird dir Seelenfrieden bescheren, mein Sohn.« Dann wachte ich auf, aber der Traum ging mir nicht mehr aus dem Kopf. Ich erzählte Jim davon und dachte, die Bilder würden verschwinden, doch dem war nicht so.

Am Abend des gleichen Tages arbeitete ich in einer der kleinen Kirchen Glasgows. Terri, eine Sekretärin aus der Kirche in der Berkeley Street, fragte mich, ob ich nächsten Sonntag bei ihnen auftreten könne. Mary Duffy sei erkrankt und habe ihre Teilnahme absagen müssen. »Wie seltsam«, erwiderte ich, berichtete ihr über meinen Traum von Mary an diesem Morgen und versprach zu kommen.

Auf dem Podium in der Berkeley Street war ich nie zuvor tätig gewesen. Nach der Veranstaltung führte mich Terri für eine Tasse Tee in eine Wohnung im Untergeschoss, von deren Existenz ich nichts wusste, und bat mich um weitere freie Termine. Außerdem erwähnte sie, dass der Mitgliederkreis einen Hausmeister brauche, der sich um die Kirche kümmere und hier wohne. Einen solchen zu finden schien ihnen nicht einfach, weil mögliche Interessenten vielleicht fürchteten, in diesen Räumen könnten sich Geister herumtreiben. Darüber mussten wir beide lachen, und dann hatte ich eine Idee: Wenn Jim, der gerade einen Teilzeitjob suchte, hier als Hausmeister einziehen würde, hätte unser schreckliches Dasein im Ostteil der Stadt ein Ende. Ich weihte Terri in meinen Plan ein, worauf sie versicherte, das Thema bei der nächsten Sitzung des Ausschusses zur Sprache zu bringen.

Gerade als ich die Kirche verließ, sprach mich eine andere Sekretärin an und fragte, ob ich mir vorstellen könne, am großen Ereignis in Somerset Place mitzuwirken und das 100-jährige Bestehen der Kirche zu feiern. Ich würde zusammen mit Mary Duffy und Albert Best arbeiten, einem der anerkanntesten Medien weltweit. Damals hatte jeder, der sich für Spiritismus und Mediumismus interessierte, von ihm gehört.

Ich respektierte Mary als Medium, aber dieser Mann war wirklich der Beste. Sein Name war schon bei meinem ersten Besuch der Spiritualist Church in Begleitung von Christine genannt worden. Mary Duffy hatte vorgeschlagen, ihn zu kontaktieren, aber es stellte sich heraus, dass er in Indien weilte. Er verbrachte nämlich viel Zeit im Ausland. Mary war überzeugt, dass Brian, Christines verstorbener Bruder, durch Albert in Erscheinung treten würde. Inzwischen war Christine auf ihrem Weg weiter vorangeschritten, während ich Albert bereits zweimal in der Kirche in der Berkeley Street erlebt hatte. Seine Genauigkeit verblüffte mich – das beweiskräftigste Medium, das ich je gesehen hatte. Er war der Onkel des Fußballspielers George Best – mit der gleichen magischen Aura und den gleichen grün funkelnden Augen. Tatsächlich hatte er mir, wie von Mary Duffy prophezeit, eine Botschaft von Brian übermittelt und für hinterher ein persönliches Gespräch angeboten; aber nach dem Gottesdienst musste ich rasch aufbrechen, um die Kinder abzuholen.

Seit einigen Jahren war ich mehr und mehr in der Gegend von Glasgow herumgereist, dann in ganz Schottland, um verschiedenen Spiritualist Churches zu dienen. Eine wachsende Zahl von Menschen begann sich für meine medialen Fähigkeiten zu interessieren. Man überhäufte mich mit Anfragen für Auftritte, um Geld für wohltätige Zwecke zu sammeln. Ich hatte keine Ahnung, wie die Leute über mich dachten oder was ich als Medium eigentlich tat, denn in meinem Leben passierten zu viele Dinge, die mir für solche Fragen keine Zeit ließen. Doch die Bitte, auf dem gleichen Podium wie Mary und Albert zu arbeiten, registrierte ich sehr wohl. Sie zeigte mir, dass die spiritualistisch gesinnte Welt mich ernst nahm.

Der Gedanke, mit diesen beiden herausragenden Medien in Aktion zu treten, beunruhigte mich. Als ich gerade meine Sorge mit Jim teilte, läutete das Telefon. Terri meldete sich und sagte, Jim habe den Job als Hausmeister bekommen, wir könnten die Wohnung nehmen und schon in zwei Wochen einziehen. Das würde um Mitte Juli sein während des zweiwöchigen Glasgower Volksfestes. Da dämmerte mir, dass ich in meinem Traum Mary und einen älteren Mann gesehen hatte, in dem ich nun Albert Best erkannte. Sie waren im Park Glasgow Green gewesen, und er hatte auf die Kirche in der Berkeley Street gedeutet. Alle Details passten zusammen. Jim und ich würden aus unserem furchtbar finsteren Wohnort befreit und ins Zentrum von Glasgow ziehen, wo eine friedliche Stimmung herrschte, genauso wie Mary es mir im Traum mitgeteilt hatte.

Unser neues Zuhause war atemberaubend. Eine schöne, große Wohnung in georgianischem Stil mit hohen Decken, ruhig und ohne Nachbarn. Ich glaube wirklich, dass ich so zum ersten Mal in meinem Leben wahren Seelenfrieden fand.

Zugleich aber nahte jener besondere Abend mit Albert Best, an dem ich teilnehmen sollte. Mary Duffy konnte nicht in die Stadt kommen, weil sie sich unwohl fühlte. Dennoch schätzten sich die Mitglieder des Kreises glücklich, dass Albert und ich anwesend waren, um vor zweihundertfünfzig Gästen unsere medialen Gaben zu demonstrieren. Seither habe ich als Medium vor bis zu fünftausend Menschen in Australien und Amerika gestanden und gearbeitet, aber nie war ich aufgeregter als neben diesem kleinen Iren aus Belfast.

Ich erinnere mich, wie er mir direkt in die Augen schaute und fragte: »Hörst du wirklich Geister, mein Sohn?«

Ich wusste darauf keine Antwort und erwiderte nur seinen Blick. Er machte keine Witze. Glaubte er, ich würde mir das alles ausdenken? Meine Beine zitterten fast so wie am ersten Abend in der Kirche von Mrs Primrose, aber diesmal war die Situation doch anders. Ich musste meine Wahrheit nicht nur dem Publikum beweisen, sondern jemandem, der auf seinem Gebiet eine Legende war.

Jener Abend war einer der Momente in meinem Leben, von denen ich nicht mehr genau erinnere, was ich sagte, aber wie immer die Worte lauteten: Sie haben ihre Wirkung getan. Ein Medium weiß, ob und zu welchem Zeitpunkt es eine gute Verbindung zur anderen Seite hat. Die Botschaften, die aus der Geisterwelt durchdringen, bekommen dann eine ganz präzise Form. Derart im Fluss, stellt es niemals Fragen, sondern übermittelt nur exakte Aussagen.

Albert Best mochte meine Darbietung. Am Ende der Sitzung erklärte er, es versetze ihn in Hochstimmung, mit einem echten jungen Medium zu arbeiten. Er sei beglückt, in mir das große Potenzial zu erkennen, dass ich meine Gabe mit um die Welt nehmen und vielen Menschen helfen werde.

Das war die größte Ehre, die einem Medium von jemandem wie ihm zuteilwerden konnte. Er war einer, der die Wahrheit sagte, und auch wenn er überzeugt war, der andere sei unecht oder einfach verblendet, hielt er mit seiner Meinung nicht hinter dem Berg.

Was das Zwiegespräch mit Toten betraf, war dies die beste Bestätigung, auf die ein junges Medium hoffen durfte. Darüber hinaus wurden wir Freunde für den Rest seines Lebens. Ich vermute, er hat allen, mit denen er zusammenarbeitete, von mir erzählt und sie ermuntert, mich für eine Demonstration meiner Fähigkeiten einzuladen. Ich bin stolz, dass Albert Best an mich glaubte. Das bedeutete mir als Medium mehr als jede sonstige Anerkennung, und noch heute kann ich sein Wesen deutlich fühlen, wenn ich mich an die Worte erinnere, die er mir ans Herz legte:

»Gordon, hilf Menschen mit deiner Gabe. Genau dafür ist sie da.«

Damals wusste ich davon nichts, aber es war Albert Best, der Professor Archie Roy an der Glasgow University vorschlug, meine mediale Tätigkeit genauer zu verfolgen. Roy war Professor emeritus der Astronomie und besonders daran interessiert, die Aussagen eines Mediums zu überprüfen. Manchmal wohnte er öffentlichen Demonstrationen bei, führte aber auch zusammen mit der Statistikerin Tricia Robertson strenge wissenschaftliche Untersuchungen an der Universität durch. Das Ganze begann als privates Projekt, aber die Ergebnisse waren so bedeutsam, dass Professor Roy dann drei Arbeiten darüber veröffentlichte. Zu den Untersuchungen gehörten sogenannte Doppelblindversuche, um auf beiden Seiten des Experiments etwaige Verzerrungseffekte zu verhindern. Meine Trefferquote lag bei 98 Prozent. Offenbar ist das unter allen getesteten Medien die höchste.

Einige Jahre später sah Jim seine Mutter hinübergehen in die geistige Welt. Wir beide gewannen Albert lieb, ehe auch er von uns schied. Eines Abends legte sich meine alte Lehrerin Mrs Primrose anmutig schlafen und erwachte auf der anderen Seite.

Aber der Tod war für mich nicht der Stachel, der er hätte sein können. Ich erkannte, dass er nicht immer das Schlimmste ist, das uns in dieser physischen Welt ereilt. Manchmal ist es schrecklicher, einen geliebten Menschen leiden zu sehen, als ihn loszulassen.

Um diese Zeit begegnete ich einem älteren Herrn namens Gordon Gunn. Eines Tages kam er für eine private Sitzung zu mir in die Kirche in der Berkeley Street. Ich hatte diesen Mann vorher nie gesehen und wusste nichts von seinem schweren Verlust. Doch schon zwei Minuten nach Beginn der Sitzung drang seine geliebte Frau aus der Geisterwelt durch und erteilte ihm die schärfste Rüge, die ich in meiner Tätigkeit als Medium je vernommen habe. Ich solle ihm mitteilen, wie wütend sie auf ihn sei, weil er in seiner Einsamkeit ohne sie an Selbstmord dächte. Am Ende der Sitzung gab er zu, entsprechende Tabletten zu haben, die er sicherlich genommen hätte, wäre ihm an diesem Tag nicht die Botschaft seiner Frau zuteilgeworden. Dass sie davon Kenntnis hatte, machte ihn sprachlos. Bald begriff er wohl, was mir bereits klar war – nämlich dass wir nicht sterben können. Wir können nicht sterben wegen des Lebens in uns. Seine Frau hatte sich an ihn gewandt, weil sein Kummer so groß war, dass dieser wie ein langsam wachsender Tumor ihn allmählich aufzehrte. Der Mann machte die Hölle auf Erden durch, bis seine geliebte Frau gleich einem Blitzstrahl erschien und ihn förmlich nach draußen katapultierte. Das stimmte mich sehr froh.

Ungeachtet des Altersunterschieds wurden Gordon Gunn und ich enge Freunde, und so half er mir auch, in Glasgow einen neuen Salon namens *Gentry* zu eröffnen. Er war im Ruhestand, liebte aber die Vorstellung, dass Jim und ich gemeinsam im eigenen Salon arbeiten. (Jim ließ sich nun ebenfalls zum Herrenfriseur ausbilden.) Gordon ermutigte uns dazu und lieh uns das Geld zur Gründung des Geschäfts.

Manchmal ärgerte es ihn, dass ich für meine Sitzungen nie Geld verlangte. Er war ein erfolgreicher Geschäftsmann – und ein echter Aktivposten, wenn man gerade seine eigene Firma aufbaute. Schon bald lief unser Salon im Westend von Glasgow prächtig. Wir hatten die Idee, neben den üblichen Haarschnitten traditionelle Rasuren mit feuchtheißen Handtüchern sowie Gesichtsbehandlungen durchzuführen. Der Salon war auf alt gemacht, und das lockte viele Magazine und Zeitungen an, die Fotos machen wollten.

Trotz der regen Tätigkeit im Salon versuchte ich, meine medialen Gaben so oft wie möglich zu demonstrieren, und nahm das alles sehr ernst. Eines Abends fuhr ich los, um eine Kirche etwa zwanzig Meilen außerhalb Glasgows zu besuchen. Mit Chrissie, der Vorsitzenden der Kirchengemeinde, hatte ich vereinbart, dass wir uns an der Abzweigung nach Motherwell treffen. Doch unterwegs verlor ich die Orientierung, und als ich schließlich am Treffpunkt eintraf, hatte sie ihn bereits verlassen, offenbar in der Meinung, ich würde nicht kommen. Ich besaß nicht die genaue Adresse des Veranstaltungsortes und war außerdem noch zu spät dran. Doch plötzlich hatte ich einen Geistesblitz. Die Versammlung sollte in der öffentlichen Halle der Pfadfinder stattfinden. Ich fragte einen Fußgänger, wo sich die Polizeistation befinde, denn dort würde man mir sicherlich Auskunft geben können.

Es war ein sehr regnerischer Abend. Auf dem Parkplatz der Polizeistation angekommen, stieg ich aus, lief durch den sintflutartigen Schauer und stürmte durch die Türen zur Aufnahme. Atemlos und triefend stand ich in meinem langen Regenmantel da und bat den diensthabenden Beamten, mir bitte den Weg zu den örtlichen Pfadfindern zu zeigen. Sein Blick gab mir zu verstehen, dass er gerade einzuschätzen versuchte, ob ich vielleicht einer dieser perversen Verrückten war. Also holte ich tief Luft und erklärte ihm, dass ich ein Medium sei und jetzt gleich auftreten müsse.

Natürlich war es nicht das erste Mal, dass jemand einen Witz über mich machte nach dem Motto »Wenn du wirklich ein Medium bist, werden dich die Geister bestimmt leiten«. Doch schließlich gab er mir die benötigten Hinweise, und schon war ich wieder draußen.

Ich fand die Halle mühelos und erspähte dann durch die Glastüren eine ziemlich große Menschenmenge, die im Innern versammelt war. Das Glück schien mir gewogen, denn die Veranstaltung hatte offenbar noch nicht begonnen. Mit heftig pochendem Herz infolge der ganzen Hektik eilte ich hinein und entschuldigte mich ausgiebig für meine Verspätung. Die Leute wirkten ein wenig überrascht darüber, mich zu sehen, und ein Mann, der auf dem Podium vor ihnen stand, fragte mich, wer ich sei und was mich hierher geführt habe.

»Ich heiße Gordon Smith«, erwiderte ich verwirrt. »Ich bin das Medium.«

Erst als meine Augen den Raum absuchten, machte ich eine schreckliche Entdeckung. Aus dem Augenwinkel konnte ich nun ein großes Plakat erkennen, auf dem stand: *Jesus Saves All Sinners* (Jesus rettet alle Sünder). Ich sollte gar nicht an diesem Ort sein, bei einer Zusammenkunft der wiedergeborenen Christen. Es war die falsche Pfadfinderhalle!

Keine Sekunde ausharrend, lief ich zu meinem Wagen zurück, bevor man mich vielleicht bestürmen und abführen würde, um mir den Teufel auszutreiben.

Zu Hause angekommen, rief ich Chrissie an, die ohne jedes Mitgefühl in hysterisches Gelächter ausbrach.

Eines Tages, als ich in unserem Salon einem Mann die Haare schnitt, wurden meine Gedanken plötzlich in eine Art Tagtraum gezogen, der mir jedoch völlig real erschien. Ich befand mich in einem Büro, wo auch meine Mutter zugegen war, in Begleitung meines Vaters und meines Bruders Jonny. Ich fiel fast in Ohnmacht, als ich die Stimme des Arztes hörte, der zu meiner Mutter sagte, sie habe Kehlkopfkrebs. Sofort raste ich in den hinteren Teil des Ladens und suchte nach meinem Funktelefon. Ich rief Lizzy zu Hause an, aber sie nahm nicht ab; also gab ich die Mobilnummer meines Bruders ein, doch das Klingelzeichen nahm kein Ende. Anschließend erzählte ich Jim, was mir gerade widerfahren war. Er kannte mich gut genug, um zu wissen, dass ich mir derlei nicht ausdachte – dass ich mit beiden Beinen fest auf dem Boden stehe, zumal wenn es um meine Familie geht.

»Warst du besorgt um deine Mama, oder hat sie was gesagt?«

»Nein, es iss einfach so passiert und war total wirklich. Ich hab's nicht nur geseh'n, sondern auch deutlich gefühlt.«

Bestimmte Dinge in der Vorstellung zu sehen ist eine Sache, aber wenn man das Geschehen so intensiv empfindet, als spielte es sich im eigenen Innern ab … Nun, das zeigte mir, dass es sich hier nicht um eine bloße Vorstellung handelte. Diese heftigen Gefühle, die mich erschütterten, durchzuckten wohl auch meine Mutter. Ich brauchte nur eine Bestätigung. Sobald ich Gewissheit hätte, würde ich auch spüren, was als Nächstes zu tun wäre.

Zehn Minuten später wurde bei uns zu Hause der Hörer abgenommen. Jonny war am Apparat.

»Jonny, hat Mutter Krebs?«

Am anderen Ende herrschte Schweigen, dann bestätigte mein Bruder, was ich bereits wusste. Er und meine Eltern waren nach dem Arztbesuch gerade in die Wohnung zurückgekehrt und hatten noch niemanden angerufen. Ich wollte gleich vorbeikommen, um bei meinen Eltern zu sein, aber klugerweise riet er mir, noch ein wenig Geduld zu haben. Die ganze Familie werde bald eintreffen, weshalb es für mich vielleicht besser sei, so lange zu warten, bis alle wieder gegangen waren, damit ich mit Lizzy allein sprechen könne. Ich stimmte zu, aber in mir rumorte es ständig, während ich in Gedanken die Geisterwelt befragte: *Was kann ich für meine Mutter tun? Was ist das Beste für sie?*

Die Antworten blieben aus. Offen gestanden, ich hatte auch nicht mit ihnen gerechnet. Es gibt Phasen in unserem Leben, da wir keine Hilfe erhalten können, und traurigerweise war eine davon nun eingetreten. Meine Mutter besaß eine Kämpfernatur, sie war zäh und mein Vater weise. Er wäre die beste und einfühlsamste Person, die sie an ihrer Seite haben konnte.

Es ist furchtbar, wenn in der Familie Vater oder Mutter krank wird. Beide geben dir alles, was sie haben, arbeiten für dich, ernähren und kleiden dich, vor allem aber lieben sie dich auf ihre einzigartige Weise. Und dann, in einem Moment wie diesem, wenn du mit Antworten und Lösungen und Hoffnung zu ihnen eilen solltest, bist du zur Hilflosigkeit verurteilt.

Die Krankheit meiner Mutter war in einem Stadium, in dem sie behandelt werden konnte – durch eine operative Entfernung des Kehlkopfes. Doch das würde innerhalb von Tagen, nicht Wochen, geschehen müssen. Der Eingriff bot viel Stoff zum Nachdenken. Die so gesprächige Lizzy ohne Stimme! Auf dem Weg zu ihr traf ich an jenem Abend Dronma. Sie hatte am selben Tag erfahren, dass bei ihrer Tochter ein Magentumor diagnostiziert worden war. Dronma befand sich also in einem ähnlichen Zustand wie ich, versuchte herauszubekommen, wie sie sich diesem Problem nähern und ihr Kind am besten unterstützen oder beraten konnte.

Dronma fragte sich, ob es meine Mutter nicht ein bisschen tröste zu erfahren, dass ihre Tochter, die nicht einmal dreißig war, diese schreckliche Krankheit hatte und ebenfalls entscheiden musste, sich einer Operation zu unterziehen oder nicht. Wer weiß schon, was in einer solchen Situation richtig oder falsch ist …

Als wir in der Wohnung meiner Eltern eintrafen, schien Lizzy aufgrund der Nachricht, die sie kurz zuvor erhalten hatte, noch immer unter Schock. Sie saß auf dem Rand ihres Stuhls und wirkte so klein und verängstigt, wie ich sie in meinem ganzen Leben nie zu Gesicht bekommen hatte.

Es war unerträglich, sie in diesem Zustand zu sehen. Die stärkste Person, die ich kannte, hatte sich in ihre Innenwelt zurückgezogen. Erst als Dronma von ihrer Tochter erzählte, gab meine Mutter zu erkennen, dass sie uns hörte. Ich glaube, sie hatte echtes Mitgefühl mit dem Mädchen, und da Dronma das Wort »Krebs«, das die meisten Mitglieder meiner Familie vermieden, offen aussprach, war sie erschüttert und lauschte uns.

Dann teilte ich ihr mit, was ich fühlte. Was immer sie beschließe, sagte ich, jeder von uns liebe sie und stünde ihr zur Seite. Die nächsten Sätze kamen mir ganz spontan über die Lippen:

»Mama, du bist eine sehr starke Frau, und wenn du es schaffen willst, weiß ich, dass du dazu in der Lage bist. Ich hoffe, du kannst diesen Krebs einfach als etwas sehen, das das Glück deiner Familie bedroht und uns verletzen will. Ich bin sicher, wenn du ihn so betrachtest, wirst du die Kraft finden, ihn zu bekämpfen. Es ist nur ein weiterer Kampf, Ma, und ich habe nie miterlebt, dass du vor einem Kampf gekniffen noch dass du einen verloren hast.«

In diesem Augenblick ging ein Ruck durch meine Mutter, und ich wusste, dass sie die Situation noch einmal überdachte. Plötzlich streckte sie den Rücken durch und holte tief Luft.

»Verflucht«, sagte sie, »du hast recht. Ich bin verdammt, wenn dieser Lump mich schlägt.«

Sie ließ den Blick durch das Zimmer schweifen und war wieder Lizzy.

»Sammy, ich lass mich operier'n«, rief sie, um dann, auf Dronma deutend, hinzuzufügen: »Und Sie sag'n Ihrer Tochter, dass die 's genauso mach'n soll. Fahr zur Hölle, Krebs!«

Einige Tage später wurde meiner Mutter der Kehlkopf entfernt. Den Ärzten zufolge hatten sie bei dieser einen Operation den ganzen Krebs beseitigt.

In unserer Familie hatte wohl niemand gedacht, dass der Schnitt durch ihren Körper so extensiv sein würde. Als ich Lizzy an jenem Abend nach der OP besuchte, blieb mir vor Schreck der Mund offen stehen. Ein Blick zu meinen Brüdern und Schwestern verriet mir, dass sie ebenso fühlten wie ich. Der gesamte Halsbereich war bis zum oberen Teil des Brustkorbs mit einem Verband versehen. Sicherlich wollte ein jeder von uns auf der Stelle in Tränen ausbrechen. Lizzy sah völlig erschöpft aus. Es schien verkehrt, dass derart viele Menschen um sie herumstanden und nicht zu sprechen wagten, also starrten wir sie nur an, während sich auf unseren Gesichtern gleichermaßen Entsetzen und Mitgefühl abzeichneten.

Lizzy war wach, aber durch Drähte und Schläuche an medizinische Geräte angeschlossen – und natürlich ohne Stimme, worauf wir im Grunde nicht vorbereitet waren. Es herrschte, gelinde gesagt, eine äußerst bedrückende Atmosphäre – als hätten wir soeben erkannt, dass unsere Heldin zusammengeschlagen und außer Gefecht gesetzt worden war. Doch ihre erste Reaktion vor der ganzen Familie zeigte uns, dass sie einen anderen Kampf wirklich gewonnen hatte. Bevor die Krankenschwester uns den Zutritt gewährte, hatte sie einen kleinen Notizblock mitsamt Stift neben dem Bett zurückgelassen und unserer Mutter empfohlen, die Sätze zu notieren, die sie mitteilen wolle.

Gerade als die stille Anspannung im Raum einen unerträglichen Höhepunkt erreicht hatte, beschloss Lizzy, nach dem Schreibwerkzeug zu greifen. Betty und Joan sprangen los, um zu helfen, aber sie schleuderte ihnen einen energischen Blick entgegen, der besagte, dass sie allein zurechtkomme. Wir alle traten einen Schritt zurück. Dann machte sie eine so schnelle Kopfbewegung, dass wir alle gebannt in ihre Richtung schauten und beobachteten, wie sie etwas auf das Blatt kritzelte, um es uns vor Augen zu halten. Auf den ersten Blick sahen wir ein großes Smiley und bei näherer Betrachtung die Worte darunter: *Kopf hoch – oder raus hier!* Lizzy lächelte breit, als wollte sie lachen.

Gerührt lachten wir alle und weinten und umarmten einander. Sie war eigentlich schon wieder ganz okay.

Wenige Wochen nach der Operation wurde Lizzy ein Sprechventil eingesetzt. Interessant war, dass ihre Stimme nun beim Fluchen noch fester wurde. Wir führten das einfach auf ihr gutes Sprechmuskelgedächtnis zurück.

Durch dieses Gerät änderte sich ihre Stimme. Sie war kratzig und rauchig, klang aber immer noch nach Lizzy. Als sie besser sprechen gelernt hatte, sagte sie einmal zu mir:

»Gordon, hab beschloss'n, dass ich LEBEN will, bis ich sterbe.«

Das waren genau jene Worte, die ihr Bruder Barney einige Jahre zuvor ausgesprochen hatte, nachdem bei ihm Lungenkrebs diagnostiziert worden war. Gleichsam ein Motto der Familie – und vielleicht der Aufschrei aller Glasgower Dickschädel.

Dennoch war es eine schwierige Zeit. Mein Vater war infolge seiner rheumatoiden Arthritis fast gelähmt, außerdem wurde sein Gehör immer schwächer. Wenn man die beiden zu Hause besuchte, überstrapazierte Lizzy ihr neues Sprechventil, um sich ihm gegenüber verständlich zu machen, während der arme Papa verzweifelt bemüht war, ihrem Wortlaut zu folgen. Sie schob die Finger grob ins Ventil, um ihm mehr Lautstärke zu entlocken.

»Sammy, du tauber alter Hund, hörste mir verdammt nochmal zu?«

»Gordon, kann nicht hör'n, was diese Frau sagt, außer ihre Flüche, das iss alles, was ich aus 'm Ventil mitkrieg.«

»Gordon, hör zu, der redet bloß Mist, weiß genau, dass er mich hör'n kann und nur so tut, als würd er mich nicht hör'n. Seine ganzen Schwestern war'n genauso, total blöd …«

Diese vertraute Art der Kommunikation erleichterte mich irgendwie, zumal bevor ich auf Reisen gehen musste. Das geschah jetzt immer öfter. Kurz zuvor hatte ich die Arbeit an einem Dokumentarfilm für die BBC mit dem Titel *Mediums Talking to the Dead* (Medien im Gespräch mit den Toten) abgeschlossen. Die Sendung erhielt großen Zuspruch, sogar von Seiten vieler Skeptiker. Außerdem war mir von Hay House Publishers gerade ein Vertrag für drei Bücher zum Thema Mediumismus und Leben nach dem Tod angeboten worden, was weitere Reisen zur Folge haben würde, um dafür zu werben. So wäre es wohl eine Untertreibung gewesen zu sagen, mein Leben habe sich ein bisschen verändert. Ich hatte keine Ahnung, wohin mich dieser Weg führen würde, und wäre nie auf die Idee gekommen, die Welt zu bereisen, einigen wunderbaren Menschen zu begegnen und Erfahrungen zu machen, die noch meine kühnsten Träume übertrafen.

Apropos Träume. Zehn Jahre vor dem Tod meiner Mutter hatte ich den tiefsten Traum überhaupt. Ich flog gerade von London nach Glasgow. Davor hatte ich einige TV-Produzenten getroffen, die mit mir eine Fernsehserie über Medien drehen wollten. Ich muss wohl ziemlich erschöpft gewesen sein, denn aus unerfindlichen Gründen träumte ich, auf einem Flug aus Zürich zu sein. Dort war ich nie gewesen – das erste seltsame Detail dieses Traums. Warum Zürich? Dazu kam, dass ich im Traum unterwegs war, um beim Begräbnis meiner Mutter eine Rede zu halten. Tatsächlich hatte ich nur eine Stunde früher, kurz vor dem Abflug aus London, mit ihr telefoniert – das zweite merkwürdige Detail. Wer weiß schon, was Träume sind? War dieser Traum eine Vorahnung – oder lediglich ein Ausdruck meiner schlimmsten Ängste, die an die Oberfläche stiegen, um mich wissen zu lassen, dass sie weiterhin in mir schlummerten?

Als an jenem Abend die Räder der Maschine auf der Landebahn in Glasgow aufsetzten, hatte der Traum – oder was immer er war – mit dem Augenblick selbst nichts zu tun. Ich schreckte aus dem Schlaf auf. Ich war nun Anfang vierzig. Ein großes Versprechen wartete darauf, eingelöst zu werden, und das Gefühl freudiger Erregung brannte in mir, während das Flugzeug langsam ausrollte und zum Stehen kam. Die Stimme des Stewards dröhnte aus den Lautsprechern: »Meine Damen und Herren, willkommen in Glasgow!«

***

Mein besonderer Dank geht an Mark Booth
und all seine Kollegen beim
Verlag Coronet and Hodder & Stoughton.